本书为以下项目的阶段性研究成果：
山东省哲学社会科学规划项目"指导性案例的参照技术及其实践应用研究"
上海市高水平地方高校资助项目"世界法治文明演进与中国法治理论发展

# 指导性案例如何参照：
# 历史经验与现实应用

孙光宁 等 著

The Reference of Guiding Case:
Historical Experience and Practical Application

知识产权出版社
全国百佳图书出版单位
—北京—

**图书在版编目（CIP）数据**

指导性案例如何参照：历史经验与现实应用／孙光宁等著 . —北京：
知识产权出版社，2020.3
ISBN 978 - 7 - 5130 - 6734 - 8

Ⅰ.①指… Ⅱ.①孙… Ⅲ.①案例—中国 Ⅳ.①D920.5

中国版本图书馆 CIP 数据核字（2020）第 007893 号

责任编辑：李学军　　　　　　　　　责任校对：谷　洋
封面设计：刘　伟　　　　　　　　　责任印制：卢运霞

**指导性案例如何参照：历史经验与现实应用**

孙光宁　等　著

| | | | |
|---|---|---|---|
| 出版发行：知识产权出版社 有限责任公司 | 网　　址：http：//www.ipph.cn | | |
| 社　　址：北京市海淀区气象路 50 号院 | 邮　　编：100081 | | |
| 责编电话：010 - 82000860 转 8559 | 责编邮箱：752606025@qq.com | | |
| 发行电话：010 - 82000860 转 8101/8102 | 发行传真：010 - 82000893/82005070/82000270 | | |
| 印　　刷：北京九州迅驰传媒文化有限公司 | 经　　销：各大网上书店、新华书店及相关专业书店 | | |
| 开　　本：720mm×1000mm　1/16 | 印　　张：15 | | |
| 版　　次：2020 年 3 月第 1 版 | 印　　次：2020 年 3 月第 1 次印刷 | | |
| 字　　数：235 千字 | 定　　价：79.00 元 | | |
| ISBN 978 - 7 - 5130 - 6734 - 8 | | | |

# 目 录
CONTENTS

## 第一章

# 指导性案例援引技术的制度规定及其反思

案例指导制度在审判实践中并未产生预期的广泛影响，重要原因之一是，对于如何在裁判文书中援引指导性案例缺少具体规定。《〈关于案例指导工作的规定〉实施细则》（以下简称《细则》）中的相关规定对此进行了细化和完善，但是仍然存在一些缺陷和不足。在启动程序方面，《细则》确定了两种途径：主动参照和被动回应诉讼方引述。前一种途径缺乏有效的激励机制；后一种途径虽然没有受到普遍重视，但却值得大力提倡。在确定待决案件与指导性案例的相似点方面，《细则》确定基本案情和法律适用两个方面都需比较，但是，法律适用并不适宜作为相似性的判断标准。在直接援引对象方面，《细则》确定法官只能将裁判要点作为裁判理由援引；实际上，指导性案例的其他部分（尤其是裁判理由部分）也完全能够成为援引的对象。更重要的是，要实现案例指导制度的突破，应当修改《细则》中的部分规定，确定指导性案例的正式效力，即"不得单独作为裁判依据被援引"。

在不断深入的司法改革中，作为借鉴法治先进国家判例制度的重要成果，案例指导从酝酿到运作都备受关注。案例指导制度的应然价值包括统一法律适用、提高审判效率、提升法官素质、维护司法权威等。虽然最高人民法院发布了多个类型的指导性案例，但是这些案例在目前司法实践中并没有充分体现出以上应然价值。实证研究表明，案例指导的实践效果远低于制度初创时部分研究者的乐观预估和制度制定者的愿景。[①] 其中比较突出的表现是：

---

① 秦宗文、严正华：《刑事案例指导运行实证研究》，载《法制与社会发展》2015 年第 4 期，第 48 页。

只有极少数审判活动明确提及参照了相关指导性案例，绝大多数指导性案例并没有直接被裁判文书援引。① 充分研习指导性案例有助于培养法官的业务素质和能力，这种间接方式固然重要，却无法充分彰显案例指导制度，而且原有的公报案例也完全具备此种功能。质言之，要真正发挥案例指导对司法实践的积极推动作用，直接援引指导性案例（尤其是在裁判文书中）是最主要、最关键的方式。

在 2010 年底的《关于案例指导工作的规定》中，最高人民法院只是在第 7 条提到，出现类似案件时，主审法官"应当参照"相关指导性案例，但并没有明确具体的援引方式。这种付诸阙如的规定被认为是影响案例指导实际效果的重要原因，毕竟，在司法权威仍然有待提高的背景下，大多数法官更希望以正式的明确规定为依据，减少个人决策所带来的职业风险。2015 年2 月的《关于全面深化人民法院改革的意见》（即《"四五"改革纲要》）规定："改革和完善指导性案例的筛选、评估和发布机制。"这一规定并没有纳入"参照适用"机制，个中缘由可能在于该机制过于复杂，即使是最高人民法院，也没有在案例指导制度运行的这几年中积累足够成熟的经验。2015 年6 月的《〈关于案例指导工作的规定〉实施细则》为地方法院提供了如何援引指导性案例的部分规定，是对案例指导制度实施之后各界研讨的总结。总体而言，在具体案件中参照适用指导性案例，主要包括以下几个阶段：首先在程序上启动对待决案件（系争案件）和指导性案例进行比较；其次由主审法官确定二者之间的相似性；最后法官在裁判文书中直接援引指导性案例。以上程序前提、实体条件以及具体对象等内容集中体现在《〈关于案例指导工作的规定〉实施细则》的第 9 条到第 11 条。但是，从主审法官具体审判案件的角度来说，以上规定仍然存在着不少疏漏或者不当之处，对其进行细致的分析和反思，有助于继续完善案例指导制度，也能够见微知著地推动司法改革的深入。

---

① 根据中国裁判文书网的数据，以"指导性案例"为关键词进行搜索，从 2011 年第一批指导性案例发布，到 2015 年 7 月，大约有 250 份裁判文书中出现了"指导性案例"的字样。但是，这些案例中很多都是诉讼一方提出援引要求，只有很少一部分得到了法官回应；主动参照指导性案例的裁判文书，无论是从自身的数量还是其所援引的指导性案例的数量，都可谓屈指可数。

## 第一节　程序前提：主动参照与被动回应的优劣

在英美法系的司法过程中，出于遵循先例的原则，法官应当积极主动地寻找与待决案件类似的先例，进而作出裁判。我国的司法实践更接近于大陆法系的判例制度，法官仍然以制定法为首要法律渊源，并没有直接主动适用判例（指导性案例）的强制义务。从案例指导的实际运行来看，地方法院的法官仍然基于路径依赖而很少适用指导性案例。考虑到这一情况，《〈关于案例指导工作的规定〉实施细则》分别在第11条和第9条作出规定，在审理案件过程中，主审法官应当查询相应的指导性案例，并应当在发现与待决案件类似时参照适用指导性案例。[①] 可以说，这种规定专门强调了指导性案例的地位，强调案件承办人员（主要是法官）应当在平时就注意了解相关指导性案例，这样才能在审理过程中及时查询并参照指导性案例，我们可以将这种方式称为"主动参照"。

虽然有了这种正式规定的强调，但是，主审法官在参照指导性案例方面未必能够达到"主动"的程度。缺少细致的操作性规定是首要原因，长期沉浸于制定法和司法解释环境中的法官们，对于指导性案例及其适用的陌生是相当根深蒂固的。在缺少个案作参考的背景下，地方法院的法官更为保守，同时也更为稳妥的选择是"不敢越雷池一步"。更重要的是，在最高人民法院关于案例指导的正式制度规定中，只有比较笼统的奖励内容而缺少惩戒内容。[②] 作为推荐指导性案例的最主要主体，不少地方高级人民法院也发布了一些内部司法文件，对发现、收集、整理和推荐指导性案例的工作进行了更

---

[①] 《〈关于案例指导工作的规定〉实施细则》第11条规定："在办理案件过程中，案件承办人员应当查询相关指导性案例。"第9条规定："各级人民法院正在审理的案件，在基本案情和法律适用方面，与最高人民法院发布的指导性案例相类似的，应当参照相关指导性案例的裁判要点作出裁判。"

[②] 在《关于案例指导工作的规定》中，没有涉及对法官适用指导性案例的奖惩措施，《〈关于案例指导工作的规定〉实施细则》第14条规定："各级人民法院对于案例指导工作中作出突出成绩的单位和个人，应当依照《中华人民共和国法官法》等规定给予奖励。"

为细致的规定，例如强制中级人民法院和基层人民法院定期或不定期提交备选案例，为选编指导性案例设置专门人员，对入选各级指导性案例的法官及相关人员进行表彰和物质奖励等。① 但是，从最高人民法院到地方高级人民法院的规定中，对于应当援引指导性案例而未援引的情况，都没有确切细致的规定。在"案多人少"成为目前审判领域的突出问题的背景下②，主审法官将更多的精力放在解决案件数量而非质量上，"不求有功但求无过"成为其主导目标倾向。而且，主审案件被最高人民法院遴选成功的可能性较低。最终形成的结果是，即使有了正式规定，也无法从正反两个方面有效激励主审法官适用指导性案例，"主动参照"的方式难以推动法官在其裁判文书中援引指导性案例。

特别值得关注的是，《〈关于案例指导工作的规定〉实施细则》还专门在第 11 条增加了一种法官必须对是否援引指导性案例进行回应的强制规定："公诉机关、案件当事人及其辩护人、诉讼代理人引述指导性案例作为控（诉）辩理由的，案件承办人员应当在裁判理由中回应是否参照了该指导性案例并说明理由。"这种方式是首先由诉讼一方援引指导性案例，其次由主审法官进行回应。相比于法官的主动参照，这种方式是法官的"被动回应"；在前一种方式缺少有效激励的背景下，后一种方式由于有了"应当"的强制色彩，对于援引指导性案例来说更加值得提倡。

首先，被动回应的方式能够有效推动指导性案例的了解、认知和研习，进而提升其被援引的可能性。在主动参照方式中，强制惩戒措施的缺位是其主要缺陷；而在被动回应的方式中，法官负有规定的强制义务，必须对两造援引指导性案例进行回应。无论是肯定、否定，还是修正、完善和补充，都必须以了解和分析相关指导性案例为前提。随着指导性案例在数量上的不断增加，诉讼当事人及其律师更有机会发现类似的指导性案例，进而将其作为

---

① 以下司法文件对选编指导性案例工作进行了更加细化的规定：《辽宁省高级人民法院关于加强参考性案例工作的意见（试行）》《陕西省高级人民法院参阅案例发布制度》《北京市高级人民法院关于北京法院参阅案例工作的规定（试行）》《江苏省高级人民法院关于加强案例指导工作的实施意见》和《山东省关于完善案例指导制度的规定》等。

② 罗东川：《案多人少的"瓶颈"能否打破》，载《人民法院报》2011 年 3 月 9 日，第 5 版。

争辩理由。如果法官怠于研习指导性案例，就无法有效作出回应。相比于普通的业务学习，这种具有强制效力的倒逼机制能够更有效地推动法官了解指导性案例，自然也增加了指导性案例被援引的机会。"裁判争议的法院经常关注其他法院在类似案件中已经公布的判决，由此在自己的裁判中吸收其他法院的评判经验。法院尤其要考虑在审级上高于自己的法院——当事人可以在那里提出上诉——的判决。通过公布联邦最高法院、州高级法院，甚至于州法院和初级法院的判决和判决导言，产生了内容十分广泛的法院判决（判例）汇编。这些判例虽然对于法院并不具有约束力，但是如果没有令人信服的理由，任何一个法院都不会对其上级法院的判决持反对立场。"① 在法院的人事和职权配置日益呈现出"精兵简政"的总体趋势下，司法实践对法官的业务素质和能力提出了更高的要求，法官应当对包括指导性案例在内的各种法律资源给予高度重视和充分了解。这不仅是顺应司法改革趋势的需要，也是维护法治统一性的需要。

其次，法官对援引指导性案例进行回应，是重视律师意见的表现。《"四五"改革纲要》在推动裁判文书说理改革部分对重视律师意见作出了专门规定。② 法官不仅要在裁判文书中回应律师意见，而且还要提升说理水平。结合《〈关于案例指导工作的规定〉实施细则》所确定的被动回应方式可以看出，指导性案例将由此逐渐成为裁判文书说理中的重要对象和素材。参与诉讼过程的各方都能够将其作为论证说理的依据。"律师们对于先前案件和法院面前的这个案件之间的某些相似之处的法律意义可以有充分的理由抱持不同的观点。在此事件中，所有事情都取决于法官是否考虑先前案件据以裁判所使用的规则是一种应该被扩展或限制的规则。"③ 虽然法官最终确定裁判结果并在裁判文书中表述理由，但是，现代司法过程日益呈现出开放的趋势，各方参与者在论证说理的基础上充分表达其观点，法官吸收其中符合法律规

① ［德］施瓦布：《民法导论》，郑冲译，法律出版社 2006 年版，第 79－80 页。
② 《"四五"改革纲要》明确，应当"重视律师辩护代理意见，对于律师依法提出的辩护代理意见未予采纳的，应当在裁判文书中说明理由。完善裁判文书说理的刚性约束机制和激励机制，建立裁判文书说理的评价体系，将裁判文书的说理水平作为法官业绩评价和晋级、选升的重要因素"。
③ ［英］克罗斯、哈里斯：《英国法中的先例》（第 4 版），苗文龙译，北京大学出版社 2011 年版，第 212 页。

定或者精神的部分，最终实现兼听则明的效果。这种正当程序精神和对话协商的司法民主，是符合司法规律的。法官被动回应关于指导性案例的援引问题，也是其具体表现之一。

再次，以援引指导性案例为标准，有助于推动律师行业的有效竞争。法治进程的深入必然伴随着律师行业的发展。在这个过程中，如何避免"劣币驱逐良币"的恶性竞争，实现律师行业的健康有序发展，是需要正视的重要问题。在律师的权利保证与惩戒措施都不断完善的背景下，律师行业的竞争更多地应当集中在业务素质和能力上。就案例指导制度而言，在已有规定的基础上，能否以及如何在承接案件中引述指导性案例，完全可以作为衡量律师业务能力和水平的标准。德国律师的相关执业实践可以作为参考：如果律师的观点不以持续性或确定性判例为根据，而是建立在不同观点之上，当事人的主张肯定不会得到支持。基于律师责任法的原因，律师是不会提出这样的诉讼的。否则，律师将需承担赔偿责任。[①] 对于我国来说，最高人民法院所发布的指导性案例具有与时俱进的特点，最新发布的指导性案例能够体现出对法律规范在适用中的扩展、变通和细化等内容。具备较高业务素质的律师，应当及时跟进这些内容，并灵活运用于执业活动中。能力较差的律师则无法做到这一点。当事人聘请律师，实质上是购买了后者的法律服务，服务水平的高低可以部分地通过援引指导性案例来判断。律师的职业定位是为当事人利益服务，应当穷尽可能的途径与措施为其当事人争辩，指导性案例当然也是其中的重要资源。"只有利益攸关的当事人才会最为关心自己的前途和命运，也就是控辩双方会努力寻求一切资源来说服法院接受本方的观点和主张，允许他们援引指导性案例不仅是为实践中零星的操作提供规范指引，也能辅助法庭有效审理案件、准确适用法律。"[②] 换言之，相比于法官来说，律师更有动力去援引指导性案例作为说理依据，《〈关于案例指导工作的规定〉实施细则》所提供的被动回应方式具有强制的性质，法官的不同回应（尤其是其中肯定的部分）也能够体现不同律师在审判过程中的业务素质。

---

① 王洪亮：《德国的判例编撰制度》，载《法制日报》2005 年 3 月 10 日，第 11 版。
② 牟绿叶：《论指导性案例的效力》，载《当代法学》2014 年第 1 期，第 117 页。

最后，强制法官回应援引问题，体现了指导性案例作为法律人共识的地位。在被动回应的方式中，律师、检察官和法官等法律职业群体都参与其中，并表达自身意见。这实质上是一种对话和协商的过程。意大利的判例制度特别能够印证这一结论：司法实践并不赋予最高法院的判例以某种形式上的权威和影响力，而是通过理论学说对具体判例的批评和支持，来消解或者强化其权威和影响力。判例并不是一个通过制定某个关于司法组织的法律规范就可以建立并正常运作，而是一个需要法律共同体各方面的合力和共同参与才可以运作并且避免产生重大弊端的制度。① 在中国，相应的核心分析对象就是指导性案例。"法律职业共同体是一个解释共同体，它绝不仅仅是一个解决纠纷的群体，而是一个不断地、细致地废止规则、确立新规则的共同体。"② 一旦既有的法律规则确定，法律职业共同体就必须基于这些规则进行分析、对话和协商。相比于制定法和司法解释等抽象规则，指导性案例中所体现的规则更加灵活多样，不仅能够查缺补漏，更能够与时俱进。同时，最高司法机关还赋予了其正式效力。每个指导性案例都经过了多级法院的层层遴选，是司法实务中的精品案例，包含着大量符合司法规律的内容。这些都意味着指导性案例应当并且已经成为法律职业共同体的共识，而且是独具价值、难以替代的共识。基于这种定位和正式规定，所有法律职业群体都应当重视指导性案例，不仅体现在推荐和遴选过程中，更要以直接援引的方式体现在个案审判中。一旦形成了良性循环，案例指导制度必将发挥更加积极的作用。

当然，对于被动回应方式，我们还是应当保持一定的警惕性，不能将援引指导性案例的所有希望都寄托其中。虽然主审法官有回应援引指导性案例的义务，但是，出现简单回应甚至搪塞也都是有可能的。这种阳奉阴违在实质上会架空被动回应方式的效果。对此，诉讼一方还可以通过申请二审或者再审等司法程序，继续引述相关指导性案例。支持这一策略的理由仍然是案例指导所追求的统一法律适用。"如果真的存在关于先例的理性学说，那么，

① 薛军：《意大利的判例制度》，载《华东政法大学学报》2009 年第 1 期，第 89 页。
② 张文显：《法律职业共同体引论》，载《法制与社会发展》2002 年第 6 期，第 21 页。

其基础就应当是将基于法律的裁定视为对将来案件有约束力的或者有说服力的。历经时间和案件，基于法律和正义方面的原因，一致性是非常重要的。在一个可以预期法官们能够作出清晰裁判的系统中，'有理由预期'他们能够通过现在与以后的相关案件来检测这些裁定的可接受性。"① 质言之，出于维护法治一致性或者统一性的需要，二审或者再审法官仍然应当遵守指导性案例及其所确定的规则适用方式，而且《〈关于案例指导工作的规定〉实施细则》所提供的被动回应方式，同样适用于二审或者再审阶段。来自最高人民法院的观点也认为："当事人提出上诉或者申诉，上级法院依法并参照指导性案例，可能对案件作出改判或者撤销原判发回重审。因为违背指导性案例的裁判，本质上违背了指导性案例所适用的法律规定、司法解释所反映的法理精神和裁判要点。上级法院要切实履行监督指导职能，督导下级法院在审判工作中参照指导性案例，不断统一裁判尺度，公正高效地审理相关案件，实现审理案件法律效果和社会效果的有机统一。"② 即使出现了初审法官敷衍回应的情况，在后续的司法程序中也可以再次通过被动回应方式对援引指导性案例问题进行审查，增加了指导性案例发挥实际影响力的机会。

## 第二节　实体条件：在基本案情和法律适用中确定相似性

无论是通过主动参照方式还是被动回应方式，在司法程序中启动了援引指导性案例之后，法官需要对待决案件和指导性案例之间是否具有足够的相似性进行判断。只有确定相似性的存在，才能参照指导性案例作出判决。对此环节，《〈关于案例指导工作的规定〉实施细则》第9条规定："各级人民法院正在审理的案件，在基本案情和法律适用方面，与最高人民法院发布的

---

① ［英］佩策尼克：《修辞与法治：一种法律推理理论》，程朝阳、孙光宁译，北京大学出版社2014年版，第211页。

② 张军：《充分发挥案例指导作用　促进公正高效权威的社会主义司法制度建设——在全国法院案例工作会议上的讲话》，载胡云腾主编：《中国案例指导》（第一辑），法律出版社2015年版，第294页。

指导性案例相类似的，应当参照相关指导性案例的裁判要点作出裁判。"由此可见，待决案件和指导性案例之间的相似性，需要从基本案情和法律适用这两个方面进行确定。这一规定同样存在着疏漏之处。

在基本案情方面确定相似性，这一点已经基本形成了共识。"参照指导性案例判案的首要环节，是在与制定法条文相关联的若干指导性案例中寻找到与待决案件最为相似的一个。这就需要对待决案件与指导性案例中的法律事实进行分析和选择，判断两者的案情相似性，这种相似性主要体现在必要事实上。案件相似性的判断过程，就是按照一定的价值标准，在若干具有关联性的指导性案例中选择、确定与待决案件事实最为接近、裁判效果最好的一个，从而参照适用。"[1] 基本案情决定着法律适用，缺少了这一基本前提，就无法在待决案件与指导性案例之间确定相似性。由此，问题的关键在于：法律适用能否作为待决案件与指导性案例之间具有相似性的判断标准。《〈关于案例指导工作的规定〉实施细则》第9条对此持有肯定意见，但是，这一判断存在着不少值得质疑的地方。

首先，如果将法律适用界定为对实体法规则的扩展或者细化，那么，指导性案例将失去存在的意义。在进行案件之间的比较时，"法律适用"是一个比较模糊的概念，其侧重点可以聚焦于"法律"，也可以聚焦于"适用"。就前一种情况来说，指导性案例都是对现行有效的制定法或者司法解释进行具体解说的案例，其"裁判要点"部分更是直接概括了该指导性案例中体现的主要规则。从已经公布的正式文本来看，这些裁判要点完全可以独立于基本案情而存在，成为自洽的抽象法律规则，只不过这种规则是对现有实体法规则的重复、扩展或者细化。这个意义上的指导性案例几乎等同于提供抽象规则、具有准立法性质的司法解释，或者说是对司法解释的修补与完善。但是，这也从侧面削弱了指导性案例自身存在的意义：不断更新的司法解释在功能上完全等同于指导性案例，而且对于地方法院的法官来说更加驾轻就熟。之所以规则伴随着案例存在而并非单独公布，正是为了在待决案件和指导性案例之间进行基本案件（事实）上的相似性比较。可以说，案件事实层面上

---

[1]　于同志：《论指导性案例的参照适用》，载《人民司法》2013 年第 7 期，第 62 - 63 页。

的比较是决定性和压倒性的。只要案件事实部分（尤其是关键事实部分）具有相似性，就可以决定法律适用上的相似性，进而参照指导性案例形成类似的判决结果。在这个过程中，法律适用上的相似性是附随性的，并非与基本案件事实中相似性的比较位于同一层面上；《〈关于案例指导工作的规定〉实施细则》第9条将二者等同对待，存在着理解上的偏差。

其次，如果将法律适用界定为适用法律规范的方式方法，那么，指导性案例的"指导"意义将过于宽泛。"法律适用"聚焦于"适用"时，实际上强调的是如何对现有的法律规范进行解释、论证和推理，其与法律适用方法或者法律适用的规则，没有本质区别。例如，指导性案例3号、6号、11号、13号等案例中，都重点使用了目的解释方法，尤其是指导性案例13号，两个焦点争议都是基于法条或者法典的目的进行解释之后形成裁判结果。① 如果出现了需要适用目的解释方法的案件，那么，这样的待决案件是否能够属于"法律适用"相类似的情况？《〈关于案例指导工作的规定〉实施细则》第9条对此的答案是肯定的，那么，问题仍然存在：法官究竟在裁判文书中选择哪一个指导性案例作为援引对象？将众多运用目的解释方法的指导性案例都罗列其中，显然并不恰当。法律适用有其自身的途径，这些途径被理论界称为法律方法论或者法学方法论，包括法律解释、法律论证、法律推理、利益衡量和漏洞补充等。如果待决案件与指导性案例的相似性仅仅存在于方法论（法律适用方法）的意义上，那么，这种指导性案例只是对其研习者有提升业务素质的意义，而不能直接在待决案件的裁判中被援引而发挥作用。从这个意义上说，法律适用仍然不应作为待决案件与指导性案例之间相似性的判断标准。

再次，将法律适用作为案件之间比较的标准，在案例指导制度的借鉴对象——判例制度中，也没有获得理论与实践的支持。相比于案例指导制度及判例制度，尤其是英美法系的判例制度，要更加成熟、丰富和完善。其他大陆法系国家的判例制度也是以此为主要借鉴对象的。这种典型的判例制度也

---

① 孙光宁：《目的解释方法在指导性案例中的适用方式——从最高人民法院指导性案例13号切入》，载《政治与法律》2014年第8期，第144页。

一直强调，案件事实上的相似性是先例与待决案件之间相似性的最主要判断标准，几乎没有提及法律适用也能够成为以上标准。"区别系争案件与先例的事实和合理使用先例确定的法律规则，是律师和法官的最核心职责。其中的核心问题其实是划定界限问题，即面对新情况时，先例确定的法律规则是扩展适用还是限缩适用。问题总是一样的：系争案件的事实与先例的事实是否存在关键而决定性的区别，以使系争案件应当适用与先例不同的法律规则。"① 这种适用先例的过程，并非绝对的演绎推理或者归纳推理，而更多地是一种类比推理的运用过程。其具体步骤主要包括：（1）寻找一个可资作为类比基点的先例；（2）识别先例与问题案件之间在事实方面的相同点和不同点；（3）判断是事实上的相同点还是不同点更为重要；（4）根据前述判断决定是遵循先例还是区分先例。② 虽然案件事实的审视过程中不可能完全去除既有法律规范的影响，法官的目光也总是在事实与规范之间不断往返，但是这种往返和相互比照也是以二者的区分作为前提的，特别是对于案件之间的比较来说，基本事实之间的比较是更主要的。在判例制度的语境下，审判过程中的争议都是针对基本事实是否一致，或者是否具有足够相似性而进行的，几乎没有专门提出要求在法律适用问题上也必须具有足够的相似性。既然案例指导制度以判例制度为主要借鉴对象，那么，就应当尊重判例制度经过长期运作积累下来的成功经验，无须将法律适用也作为比较待决案件与指导性案例之间相似性的判断标准。

最后，在中国司法的语境中，将法律适用也作为判断案件相似性的标准，是一种求全责备的倾向，这很可能会进一步降低指导性案例被援引的可能性。根据《〈关于案例指导工作的规定〉实施细则》第9条的规定，只有在基本案情与法律适用都类似的情况下，指导性案例才能被援引。相比于单独的案件事实标准，以上的要求明显是更加严格了。这种强调在最高人民法院研究室对《关于案例指导工作的规定》进行解读时就存在："类似案件不仅指案情类似，更重要的是指争议焦点即法律问题类似，只有基本案情类似，同时

---

① ［英］赞德：《英国法：议会立法、法条解释、先例原则及法律改革》，江辉译，中国法制出版社2014年版，第457页。
② 兰磊：《英文判例阅读详解》，中国商务出版社2006年版，第686-692页。

当事人诉讼争议的法律问题也类似的，才可以参照。"① 在案例指导制度正式运作的时间并不长并且各方面经验都比较欠缺的背景下，最高人民法院的这种规定是比较保守的，是对援引指导性案例设定了较高的标准。但是，这种高标准的设定也恰恰为指导性案例的援引增加了更加严格的门槛。我们可以从审判主体的角度对此展开分析。一方面，作为专职审判人员，地方法院的法官在意图援引指导性案例时，面临着更多的困难。原有《关于案例指导工作的规定》第7条中，对"应当参照"这种模糊甚至自我矛盾的效力设定，就已经使法官在援引指导性案例时踟蹰不前；在实施细则中设定的高标准则将使这种消极影响进一步加剧。我国法官普遍对案例识别的技术与方法相对陌生，对案件事实分析的框架、法律推理的起点等问题缺乏具体认知。因此，对于哪些事实是法律上"相同"的事实、哪些是不同的事实、哪些是事实点的不同或者关键事实的细微变化是否会对案例的适用产生影响，法官可能难以判断。② 换言之，在缺乏系统比较训练和相关能力的背景下，主审法院对于基本案情层面上的比较都可能存在问题，对于由此而决定的法律适用问题，就更加难以入手进行准确判断了。最终的结果很可能就是法官"知难而退"，以拒绝援引指导性案例作为裁判理由，从而使案例指导制度的实效无从发挥。

另一方面，人民陪审员在参与审判活动时对于指导性案例中的法律适用问题难以表达准确意见，这也阻碍了指导性案例被援引。人民陪审员角色和作用的变化，是司法改革中的重要内容。《"四五"改革纲要》明确："拓宽人民陪审员选任渠道和范围，保障人民群众参与司法……逐步实行人民陪审员不再审理法律适用问题，只参与审理事实认定问题。"经过改革和完善之后，陪而不审的情况将逐步减少，人民陪审员将更加积极地参与审判活动。他们具有丰富的社会阅历，了解社情民意，对风俗民情和市井社会有更为直观的感受，并且具有识别和判断案件证据材料、认定案件事实的能力。由人民陪审员认定案件事实，能够将普通民众的朴素观念带入案件审理中，弥补

---

① 胡云腾：《如何做好案例指导的选编与适用工作》，载《中国审判》2011年第9期，第85页。

② 胡国均、王建平：《指导性案例的司法运用机制——以〈关于案例指导工作的规定〉的具体适用为视角》，载《法治论丛》2012年第4期，第123页。

法官专业知识的不足，使案件裁判更好地反映社会大众的日常情感。① 相比于抽象的制定法和司法解释，指导性案例更容易为人民陪审员所认识和接受。最高人民法院也认为："指导性案例以其具体、直观、生动、形象、喜闻乐见的独特优势，成为宣传、培养社会主义核心价值观的生动教材，宣传和彰显法治，强化规则意识，引领价值导向……引导、教育和启示社会公众自觉学法、知法、守法、用法。"② 可以说，指导性案例是人民陪审员在审判活动中发挥积极作用的良好契机，特别是在指导性案例的数量和种类不断增加的情况下。在人民陪审员参与审判的案件中，如果出现了可以援引指导性案例的机会，仍然要求在法律适用方面具有相似性，那么，这种过高的要求也会成为人民陪审员要求援引指导性案例时的严重阻碍，同时会降低案例指导制度和人民陪审制的实践效果。

从以上几个方面可以看到，将法律适用也作为待决案件和指导性案例之间相似性的判断标准，会直接影响到裁判文书中援引指导性案例。在这种过重的论证负担背景下，法官很难准确进行相似性判断。在实体层面上，判断案件之间的相似性一直就是难题。虽然类比保证规则和类比保证理由等可以为我们判断类似案件提供一定保证，③ 但是，这种保证从来就不是终极的、一劳永逸的。甚至可以认为，"比较点的确定主要不是依据一个理性的认识，而是很大程度地根据决断，因而取决于权力的运用。"④ 质言之，相似性的判断并非在实体意义上能够完全确定的，而是需要经过程序性的论辩才能够为具体个案提供裁判结果。这里，指导性案例再次展现了作为法律职业群体共识的性质，因为参与诉讼的各方主体都能够以指导性案例作为论证自身观点的理由。强化指导性案例在司法程序中的动态意义，可能比单纯从实体方面比较相似性更为关键和重要，也更符合司法过程的程序意义。

---

① 最高人民法院司法改革领导小组办公室：《〈最高人民法院关于全面深化人民法院改革的意见〉读本》，人民法院出版社 2015 年版，第 178 页。

② 郭锋：《指导性案例的价值、效力与适用》，载胡云腾主编：《中国案例指导》（第一辑），法律出版社 2015 年版，第 345 页。

③ 张骐：《论类似案件的判断》，载《中外法学》2014 年第 2 期，第 533 页。

④ ［德］考夫曼：《法律哲学》，刘幸义等译，法律出版社 2004 年版，第 116 页。

## 第三节　直接对象：裁判要点作为论证理由而非裁判依据

在经历了程序启动，并由法官确定了待决案件与指导性案例足够相似之后，就需要在裁判文书中具体援引指导性案例。这种援引与以往的直接将制定法或者司法解释等规范性文件作为裁判依据存在着不少差异，并且在《关于案例指导工作的规定》中并没有直接涉及。而《〈关于案例指导工作的规定〉实施细则》第 10 条和第 11 条分别规定："各级人民法院审理类似案件参照指导性案例的，应当将指导性案例作为裁判理由引述，但不作为裁判依据引用。""在裁判文书中引述相关指导性案例的，应在裁判理由部分引述指导性案例的编号和裁判要点。"这是对如何在裁判文书中援引指导性案例进行的具体规定，也是对《关于案例指导工作的规定》空白之处的准确补充。简而言之，在需要援引指导性案例时，法官应当在裁判文书中引述指导性案例的裁判要点作为形成最终结论的裁判理由。

裁判要点（裁判要旨）一直是判例制度或者指导性案例中的焦点问题之一，甚至关于其存废的问题也有着相左的意见。在英美法系的先例中，并没有明确的裁判要点，只有以 Ratio 形式存在的、由后来者总结的裁判要旨。而在大陆法系的判例制度中，多数都设置了单独的裁判要旨，其内容也基本上是从案件中总结出来的抽象规则，与制定法并没有多少本质区别。在判例或者指导性案例的正式文本中设置裁判要点，具有明显的优势，例如，有助于裁判者迅速查找、比较相似性，同时便于在裁判文书中援引。但是，这种设置情况也受到了不少质疑。"在裁判之前添加类似法条的要旨，这种做法是多么危险。这些要旨不过是判决理由中蒸馏出来的结晶，与案件事实密切相关，在很大程度上本身也需要解释。"[1] 对专设裁判要点部分的质疑，一方面来自其内容中的抽象规定与制定法并无差异；另一方面则在于，裁判者在司法过程中需要援引判例或者指导性案例时，很容易将所有的精力都聚焦于裁

---

[1]　[德] 卡尔·拉伦茨：《法学方法论》，陈爱娥译，商务印书馆 2003 年版，第 233 页。

判要点，而忽略本应比较的案件事实等方面。这样会使指导性案例的正当性证明变成空中楼阁，并使指导性案例客观上变成另一种形式的条文化的司法解释，甚至是成文法。有三个方面的内容在裁判要旨中很难被包括进来：案件事实、支持判决结论的法律论证、判决的逻辑与法律结论，而这三方面的内容是司法先例的独特价值和生命力所在。[①]

从《〈关于案例指导工作的规定〉实施细则》的具体规定来看，案例指导制度很明显遵循着后一种思路：不仅在指导性案例的官方正式文本中专门设置裁判要点部分，而且将其作为援引指导性案例的直接对象。这种定位除了存在着前述可能受到过分重视而忽略其他部分的弊端之外，还可能对指导性案例在审判中发挥积极作用产生一些消极影响，应当对其进行适当调整。具体原因至少可以包括以下几个方面。

首先，裁判要点的效力定位过低，权威性不足，难以使法官产生足够的动力去援引指导性案例。《〈关于案例指导工作的规定〉实施细则》专门强调，裁判要点只能作为裁判理由而非裁判依据。相比于制定法和司法解释，这种效力定位明显偏低。裁判要点所归纳的抽象规则，在内容上与制定法和司法解释并没有实质区别，而且是对后两者的细化、扩展和延伸，具有与时俱进的特点。裁判要点在实体意义上完全可以成为裁判依据；只是限于既有的权力架构，司法机关不宜直接以案例的形式确定抽象规则。最高人民法院在原初的观点认为："基于我国宪政制度的考虑，将先前的判决作为有实际拘束力的法律规范来对待，缺乏立法基础，也无相应诉讼制度支撑，因此，指导性案例应不具有正式的法律效力，不属于正式的法律渊源，不能被裁判文书直接援引。"[②] 相比于这一观点，《〈关于案例指导工作的规定〉实施细则》允许裁判文书中以将裁判要点作为裁判理由的方式援引指导性案例，已经是一种进步。但是，对于审判案件的法官来说，参照指导性案例需要进行大量的对比工作（包括基本案情和法律适用），并且援引裁判要点需要付出

---

① 张骐：《再论指导性案例效力的性质与保证》，载《法制与社会发展》2013 年第 1 期，第 102 页。

② 胡云腾等：《〈关于案例指导工作的规定〉的理解与适用》，载《人民司法》2011 年第 3 期，第 36 页。

额外的论证负担和风险。而且，在指导性案例的文本中，还有专门设置的"相关法条"部分。根据最高人民法院的解释，明确标示法条可以表明指导性案例是"以案释法"，可以使指导性案例明显区别于西方判例，避免不必要的误解；有利于法官正确理解和把握裁判要点的法律依据，便于裁判案件时引用相关法条；有利于检索、查询和参照适用指导性案例，也便于按照法律体系和法条顺序分类汇编和清理案例。① 对于具体审判过程而言，法官完全可以在研习指导性案例的基础上，直接援引"相关法条"部分，而无须将裁判要点作为裁判文书的论证理由。这种做法既能够规避上述风险，又能够在实体意义上准确确定裁判依据。但是，最终的结果却使指导性案例被"架空"，并没有在裁判文书中被直接援引，即使只是作为裁判理由。

其次，指导性案例的裁判理由部分更为丰富和全面，更适合作为直接的援引对象。在每个指导性案例的正式文本中，都有"裁判理由"部分，对整个案件中所涉及的事实和法律进行细致说明。从篇幅上看，裁判理由部分要远远大于裁判要点部分，可以说，前者是后者的展开分析，后者是前者的凝练和概括。在裁判理由部分中，法官经常准确地归纳案件的焦点争议，同时对各方意见（尤其是律师意见）进行评述，确定是否采纳相关意见并给出理由。相比于更为接近抽象规则的裁判要点，裁判理由部分以更加翔实的内容充分体现了案例的具体、生动和直接。同时，对形成裁判要点中抽象规则的原因和过程，裁判理由部分也比较详细地交代了来龙去脉，使指导性案例文本的读者能够"知其所以然"，而恰恰是这些说明和支撑裁判要点的部分，对于细致比较待决案件与指导性案例之间的相似性，有着更为直接的实践意义。当然，裁判要点中所概括的所有规则，在裁判理由部分也都能够得以体现。如果法官援引指导性案例，将裁判理由部分作为直接对象，能够更加丰富裁判文书的细致论证与说理，特别是裁判理由部分专门论及了裁判要点的形成过程与理由的内容。《"四五"改革纲要》中针对裁判文书说理进行的改革，基本要求是繁简分流，而需要援引指导性案例的案件，大多是属于其中

---

① 胡云腾、吴光侠：《〈关于编写报送指导性案例体例的意见〉的理解与适用》，载《人民司法》2012 年第 9 期，第 32 页。

需要细致全面说理的情况。仅仅依靠裁判要点，容易显得说理不够充分，特别是在回应诉讼一方援引某一指导性案例的要求时：诉讼一方并不受到《关于案例指导工作的规定》及其实施细则的约束，完全可以直接引述裁判理由部分的内容，而要对此进行回应，法官也需要运用裁判理由部分的内容，而且这个部分经常对最终裁判结果产生直接而重要的影响。简而言之，裁判理由部分在内容上更加丰富和全面，在形式上也同样是指导性案例正式文本的必要结构，相比过于抽象的裁判要点，更适合于在裁判文书细致说理时作为直接援引的对象。

再次，在判例制度的实践中，法官援引的对象并不仅仅局限于裁判要点，而是更加广泛。英美法系的先例中不存在裁判要点，难以与指导性案例直接比较；当然，也正是由于裁判要点的"缺席"，使裁判文书的任何部分都能够被后案援引，甚至部分附录的法官异议意见，也能够成为特定案件中推翻先例的理由。司法判决案例被援引的时候，应该标明该判决在案例汇编中的案件名称，已经汇编该判决的案例汇编的具体名称、出版日期、卷号和页次。在伦敦大学先进法学研究所出版的《法律援引集使用指南》（*Manual of Legal Citations*）一书中，有最全面的英国及英联邦国家案例汇编简列表，其中，官方或者半官方的案例汇编的援引效力优于其他的案例汇编。[①] 这种仅仅引用先例名称和编号的做法，在专设裁判要点的大陆法系判例中，也有类似的实践，法官在援引时同样不仅仅局限于裁判要点。比较典型的是德国的司法实践：在民事判决书中，经常性引用《德国最高法院民事判例集》（BGHZ）。刊登在德国 BGHZ 上的判例汇编均有"判例"的地位，不但德国下级法院要遵守，即使德国最高法院在审理同类案件时，也会不厌其烦地在判决书中引用本院先前作出的判例。一个著名的案件，往往不但被收录到 BGHZ 中，还会被收录到诸如《新法学周报》（NJW）、《法学家》（JZ）等这些著名的德国法学刊物当中，并且以类似 BGHZ 的汇编方式加以汇编。相关的裁判文书通常都会把引用某案的所有刊物在论著中一一列明。[②] 在援引这些判例时，

①　杨桢：《英美法入门》，北京大学出版社 2008 年版，第 121－122 页。
②　欧宏伟：《联邦德国最高民事判决书评介》，载《法律适用》2007 年第 6 期，第 92 页。

一般德国法官并不具体重述裁判要点，而仅仅是在论证相关的理由之后，明确标明支持该理由的判例集页码。而这些页码未必都是裁判要点所在的页码，任何论述理由或者观点也都可能被援引。① 以判例法为主要特色的法国行政法领域中，判决书援引判例的对象也不限于裁判要点，例如，在一个关于行政赔偿的案件中，判决书的原文表述为：所有错误都应该由制造者来承担责任，尽管有些命令有相反的规定（例如：1940 年 6 月 7 日，Dameveuve Hoareau 案，第 194 页；1946 年 6 月 14 日，Villede Marseille 案，第 164 页；1951 年 7 月 28 日，Damele Saux 案，第 458 页；等等）。司法机构的有些命令正是如此表示的，特别是，1960 年 5 月 19 日的一份法庭决定，Dame veuve Pitiot 案，第 305 页，是一个可以参考的例证。② 这种援引判例的方式与德国司法实践中的做法比较类似，也只是提及案件名称及其具体援引理由所在页码，并未直接援引裁判要点。就案例指导制度满足法官工作实际中的需求而言，甚至有观点认为指导性案例的裁判文书原文也可以作为援引的直接对象：裁判文书所蕴含的对法律价值的理解和判断，独特的裁判方法、技巧以及裁判思路等，正是后案法官希望从指导性案例中得到的。虽然直接援引指导性案例的裁判文书在一定程度上可能破坏对指导性案例的规范化运用，但是这种随意的适用却能最大限度地挖掘指导性案例的作用，并通过后案法官的不断适用与发展创设新的裁判规则，从而保持指导性案例的生命力。③ 鉴于先例制度或者判例制度的成熟经验，《〈关于案例指导工作的规定〉实施细则》将援引对象仅仅限于裁判要点，虽然有一定的合理性，可能也是案例指导制度运行初始的现实选择，但是，相比于充分发挥指导性案例的实际作用而言，仍然显得过于狭窄。随着案例指导制度逐步被接受，扩大直接援引对象的范围应当成为重要的完善举措。

---

① 一般来说，如果法官认为自己在裁判文书中的说理得到先前某个判例的支持时，就会在行文中随即标明这个判例的具体编号，如 BVerfGE 26, 141 [156]，这指的是《联邦宪法法院判例集》第 26 卷，以第 141 页开始的那个判例，其中具体引证的内容在第 156 页。需要特别指出的是，裁判文书中引述法学专著中的观点，也采取类似的做法，仅仅标注出版物的页码。

② ［英］布朗、贝尔：《法国行政法》（第五版），高秦伟、王锴译，中国人民大学出版社 2006 年版，第 311 页。

③ 江南：《指导性案例的适用机制——以法官的思维路径为中心》，载《人民司法》2013 年第 15 期，第 83 页。

最后，在进行适当限定的基础上，裁判要点完全可以作为裁判依据被裁判文书援引。如前所述，裁判要点在实体内容上与制定法至少是司法解释，没有本质区别，能够承担裁判依据的任务，只是在形式上需要顾及权力架构而不宜直接作为裁判依据。有观点甚至认为，指导性案例的裁判要点应当作为一种"排他性判决理由"而被援引①，实质上肯定了其重要的效力地位。法国行政法领域中的判例制度也明确："就判例法而言，从两方面看，客观上，违者即受制裁；主观上，服从者都感到有义务去执行，这表明判例准则具有法律准则的一切特性。"② 而《〈关于案例指导工作的规定〉实施细则》中较低的效力定位却很大程度地影响了指导性案例被接受，进而被援引的程度。为了改变这一状况，有观点建议直接修改《最高人民法院关于司法解释工作的规定》，除"解释""规定""批复"和"决定"四种司法解释之外，增加指导性案例为一种新的司法解释。③ 这一观点值得商榷：从性质、特点、形式和运作方式上，司法解释和指导性案例还存在着很大的不同。而且，《"四五"改革纲要》等司法改革的纲领性文件，都是将司法解释与案例指导并列作为完善法律统一适用的机制。更重要的是，列入司法解释的一种样态，将进一步降低指导性案例及其裁判要点的效力定位，更加不利于其在裁判文书中被援引。但是，值得肯定的是，上述制度变革建议的延伸意义在于，如果能够成为一种司法解释，那么指导性案例就可以在裁判文书中直接作为裁判依据，对其被援引十分有利。也有观点认为，指导性案例的效力位于制定法与先例的效力之间。④ 从提升指导性案例的效力定位角度来说，笔者认为，可以将《〈关于案例指导工作的规定〉实施细则》第 10 条中的"不作为裁判依据引用"，修改为"不单独作为裁判依据引用"。这种修改仅仅增加了"单独"两字，但在保持案例指导整体制度稳定的基础上，肯定了指导性案例的效力能够作为裁判依据之一。这样，结合实施细则中第 11 条的规定，对

---

① 黄泽敏、张继成：《指导性案例援引方式之规范研究——以将裁判要点作为排他性判决理由为核心》，载《法商研究》2014 年第 4 期，第 37 页。

② ［法］里韦罗、瓦里纳：《法国行政法》，鲁仁译，商务印书馆 2008 年版，第 377－378 页。

③ 陆幸福：《最高人民法院指导性案例法律效力之证成》，载《法学》2014 年第 9 期，第 101 页。

④ 雷磊：《法律论证中的权威与正确性——兼论我国指导性案例的效力》，载《法律科学》2014 年第 2 期，第 47－48 页。

于具体案件的审理而言，主审法官可以将裁判要点与其他制定法或者司法解释并列为裁判依据而直接援引。由此，指导性案例便获得了作为裁判依据的形式合法性，而且更接近于制定法的效力，对其被援引是大有裨益的。而且，从举轻以明重的角度来说，连饱受诟病，甚至一定程度上僭越立法权的司法解释，都能够作为正式裁判依据；那么，内容上更加细致全面，形式上同样由最高人民法院发布的指导性案例更有资格作为裁判依据。①

除了裁判要点之外，援引指导性案例的直接对象还包括案件编号。这表面上看并不是一个重要问题，但是，我国指导性案例目前的结构设计更加侧重于强调性质与反映时间两项功能，而"n号"的设计相对于美国案例编号使用多个层次与分类的结构来说，查询检索功能相对较弱；随着指导性案例的数量不断增加，此种排列方法对检索将会造成很大的困难。② 2015年5月，最高人民法院发布了《关于人民法院案件案号的若干规定》及《人民法院案件类型及其代字标准》《各级法院代字表》等配套标准，对案件编号问题进行了统一而细致的规定。对于案例指导制度来说，完善案例编号也是十分重要的，对于法官及时有效检索进而援引指导性案例，都有很强的操作意义。将来对相关实施细则进行修订时，应当增加对指导性案例案件编号上的新规定，这种做法也是吸收其他国家判例制度经验的结果。

作为吸收判例制度的成果，案例指导一直备受关注，从地方法院的前期探索，到最高人民法院多次在五年改革纲要中提及，最终通过《关于案例指导工作的规定》正式确立。每一步都伴随着理论界与实务界的热烈讨论。而《〈关于案例指导工作的规定〉实施细则》则通过细致的规定将这些关切逐步转化为对审判活动产生直接影响的操作规程。以上整个过程体现了一种从宏观到微观、从应然价值到实然影响、从试点探索到制度建构的趋势。随着越来越多的指导性案例被裁判文书直接援引，案例指导制度对司法实务的促进

---

① 当然，笔者的这一建议还需要对其他相关规定进行附带修改，主要是《关于裁判文书引用法律、法规等规范性法律文件的规定》。这种附带修改也只需要增加指导性案例的内容，无须为了对应和衔接而对诉讼制度进行大规模修改，能够尽量以最小的完善措施，在维持现有制度稳定的基础上，最大化增加指导性案例被援引的可能性。

② 罗四维：《判例编号的结构与功能——以最高法院公布的指导性案例为主要素材》，载《法制博览》2013年第1期，第90页。

作用也更加显现。

　　但是，总体而言，最高人民法院对于指导性案例的援引问题仍然持有比较保守的态度，从《关于案例指导工作的规定》的付之阙如到其实施细则中强调"不得作为裁判依据"，都能够说明这一点。虽然案例指导制度发挥实践作用需要一个循序渐进的过程，但是没有必要将其延展得过于拖沓，各种司法制度（尤其是诉讼制度）的相互配合，不会使指导性案例成为恣意裁判的"潘多拉魔盒"。相反，最高人民法院的保守与摇摆会降低地方法院的法官参照指导性案例的积极性。长此以往，案例指导制度就会失去公信力而成为被架空和虚置的花瓶制度。

　　要在循序渐进的发展中提高指导性案例的效果，关键节点并不在于援引程序如何启动，或者待决案件与指导性案例之间的相似性如何确定，而是在于确立指导性案例的正式效力，尤其是直接作为裁判依据的效力，即使不能"单独"成为裁判依据。这种"正名"会直接推动指导性案例被援引的动力与可能性。"如果将指导性案例仅仅停留在'软约束力'上，指导性案例可能仅仅成为一个单纯的咨询性的案例分析意见，发挥的是与学理解释类似的参考作用，无法形成有效、常态的案例指导制度。在我国，法律职业共同体尚未完全形成，司法人员执法水平参差不齐，职业素养不高，司法权无法独立行使。特别是在遇到缺乏专业素质和敬业精神的执法人员或者案件的处理遇到各种外部干预的情况下，仅具有'软约束力'的指导性案例可能不堪一击。"[①] 只依靠单一的案例指导制度不可能一步到位地实现司法的公正与统一，同样，也不会仅仅因为指导性案例成为直接裁判依据，就导致法官随意裁判，进而导致司法不公。相反，援引高质量的指导性案例（及其裁判要点）会推进裁判质量的提升，推进司法公正的实现。从这个意义上说，案例指导要寻求发展上的突破，应当聚焦于提升指导性案例的正式效力，以达到"纲举而目张"的效果。

---

　　① 孙国祥：《从柔性参考到刚性参照的嬗变——以"两高"指导性案例拘束力的规定为视角》，载《南京大学学报》（哲学·人文科学·社会科学版）2012年第3期，第137页。

## 第二章

# 英美法系先例援引技术及其
# 对案例指导制度的启示

判例援引技术是判例法制度有效运作的根本支撑，探析英美法国家的判例援引技术可从微观视角剖析判例制度的运作原理，习得判例制度的精髓。制度发挥最佳效果需要技术等因素的配合，判例援引技术是使判例法制度在世界法律体系中独树一帜的关键，对此需要进行精细化的研究。在援引判例时，英国主要运用区别技术规避先例；美国也会出现不遵从先例的情况。英美判例法国家遵循先例是原则，法官在遵循先例时，通常会通过以下流程实现判例的援引：首先，检索与分析出相关判例；其次，比对检索后的判例与待解决案件的相似性；最后，遵循逻辑推理援引先例作出裁判。

## 第一节　判例制度：判例援引技术的制度基础

判例是历史的产物，时间是最伟大的作者，判例制度也不例外，甚至堪称是一项时间的伟大代表作。当判例制度这项伟大的工程以近乎完美的姿态呈现在世人面前时，除了追随、敬仰外，好奇与追问也接踵而至。在英国，判例成为先例而具有拘束力可追溯至 13 世纪。"在 1237 年，'我从没听说过这样的事'在真正的英国式的辩论中已经被采用。"[1] 为了研究的

---

[1]　Carleton Kemp Allen, Law in the Making (Seventh Edition), the Clarendon Press, 1964, p. 189.

便利，我们试图沿着历史残缺的脚印对判例制度的重要阶段以人工的缝合形式进行重构。

（一）萌芽时期

"判例制度只是在中世纪才开始形成。当时经院哲学相信一般性定义，而普通法则相信专门术语，专门术语把利用类推的方法由此及彼进行推理的好处掩盖了。判例被看作关于永恒的法律原则的陈述。"① 据现有资料记载，判例的雏形形成于中世纪，而判例的援引肇始于著作。其中，格兰威尔（Glanvill）引用 1 个，弗莱塔（Fleta）引用 1 个，利特尔顿（Littleton）引用了 11 个，布林顿（Britton）1 个也没有引用。13 世纪，法官开始在审判实践活动中将目光转向先前的判决，试图以先例证成判决。在判例制度的萌芽时代，布拉克顿具有典型性，他在著作中指出："如果遇到新的前所未有的情况，因此在王国内没有先例，而此前有类似的案件发生，那么让我们对当前的案件以同样的方式判决，因为这是实行类似情形类似对待的好机会。"② 13 世纪后期，新情况、新问题不断涌现，其中在托马斯案件中，土地转让的条件、残留权等疑难问题引起了财政法院、枢密院以及议会的关注，而最终议会下令查阅以往的案卷以试图找到一个先例。此外，知悉先例是成为法官和法官助理的基本要求，"法官和将成为法官的助理的通则是，认为自己清楚地知道法庭惯例（consuetudo curiae）是什么，因而不需要讨论以前的案例。"③ 但是，在这一时期，判例还处于形成制度的前夕，"波洛克和梅特兰在《英国法的历史》中将这一时期称为布拉克顿时代"④。

布拉克顿时代孕育出判例制度的雏形，而 13 世纪出现的依据国王年号而汇编的判例集进一步促进了判例制度的发展。判例在当时的司法活动中成为法官论证判决的重要依据。"在 14 世纪初叶，律师会庄重地提醒法官，你将

---

① ［英］克里夫·施米托夫：《英国"依循判例"理论与实践的新发展——判例应当具有拘束力吗？》，潘汉典译，载《法学译丛》1983 年第 3 期，第 10 页。

② Carleton Kemp Allen, Law in the Making (Seventh Edition), the Clarendon Press, 1964, p. 188.

③ Frederick Pollock and Frederic William Maitland, The History of English Law, Before the Time of Edward I (Second Edition), Volume I, Cambridge University Press, 1923, p. 184.

④ Frederick Pollock and Frederic William Maitland, The History of English Law, Before the Time of Edward I (Second Edition), Volume I, Cambridge University Press, 1923, Book I, Chapter VII 的内容。

作出的判决是英格兰以后颁发圣职拒授令的根据。"① 判例在法庭论证过程中起着越来越重要的作用。但是，在这一时期，判例出现了反向援引的情形，即针对他人援引的判例可以判例无相似之处进行反驳，而这就是现今普通法制度中区别技术的雏形。② 在这一时期，法官对判例的援引有着较大的自由裁量权。判例制度仍处于自发发展时期。限于当时的编纂技术，《年鉴》中记载的案例缺乏精确化。在司法实践中，法官还尚未形成统一遵循先例的做法，遵循先例的原则尚未确立，当时，"法律界人士大体来说仅关心在当前案件实现具体的正义，而法律的一贯性、连续性问题，以及应如何处理一般的判例问题，皆被置于他们的关心之外"。③ 但是，遵循判例的原则在司法活动中逐步形成，年鉴时代仍然是判例制度积蓄力量的关键时期，判例的作用在逐步加强。"到1469年，法官们不仅接受遵循先例作为法庭辩论的惯例并且正建立有关判例的法律哲学。……当没有先例的时候，法官必须求助自然法，它是所有法律的基础。"④

虽然判例在《年鉴》时代不足以成为一项制度，但是判例的汇编为援引判例开启了使判例制度长期生存的模式。也有观点认为《年鉴》并非使判例成为判例制度的唯一因素，而称《年鉴》与判例制度的建立有联系是个历史错误。⑤ 不仅如此，将《年鉴》与欧洲大陆的判例汇编对比可以发现，因英

---

① Carleton Kemp Allen, Law in the Making (Seventh Edition), the Clarendon Press, 1964, p. 190.

② 例如：史丹顿·斯塔德利的约翰案和温彻斯特的主教案显示出（有关账目的）令状在于对抗第三人。"赫里：是的，我还能给你找到一些（相反的判例）。亨特：这并不奇怪。那个案件（主教案）假定了监护权的存在，另一个案件（斯塔德利案）因为具有一项服务（将监护权交给领主）而得到支持，这对本案件并不适用。在本案中，我们不是监护人而是詹姆斯的佃农，他以100先令的对价将房屋租给我们，这些钱实际上（自然被认为）是土地的收益，并且进了他的腰包。所以，看起来他才是报账人。"Anon., Y. B. 2Ed. Ⅱ (S. S. i), 109. 转引自 Carleton Kemp Allen, Law in the Making (Seventh Edition), the Clarendon Press, 1964, p. 192。

③ ［日］望月礼二郎：《英美法》，郭建译，五南图书出版公司1999年版，第90页。

④ Anon., Y. B. 8 Ed. Ⅳ (Mich. pl. 9). 转引自 Carleton Kemp Allen, Law in the Making (Seventh Edition), the Clarendon Press, 1964, pp. 197 – 198.

⑤ 同时期的欧洲大陆各国已然存在判例汇编的情形，"早在14世纪的法国就有编辑判例报告的传统，到15世纪和16世纪，法国的做法蔓延到欧洲大陆各国，法国的培伯（Pape）还因编撰工作的出色而赢得一定的声誉。在意大利，那不勒斯的阿芙里特的报告显示在法庭上先前的判例被援引。当时复印的判例集有四百多卷，并且判例小册子的数量也一定很可观。"参见 John Hamilton Baker, The Common Law Tradition: Lawyers, Books, and the Law, the Hambledon Press, 2000, pp. 107 – 115.

国司法中采用陪审制,《年鉴》中缺乏对案件事实的详细描述,而欧洲各国编纂的判例集却有着详细的事实与法律的记载。简言之,年鉴时代,人们对判例的遵循是追求一种简单的司法判决的前后一致性的朴素动机。"特定案件中天才的解决方案并没有总括成一个法律有机体,除非有人去这样做。"①虽然同时期的英国与欧洲大陆同时出现判例集的雏形,但是二者在法律制度方面分道扬镳,个中原因与英国特殊的政体、历史演变、文化观念、思维方式、制度、习惯等有着密切的关联,特别是这样一种独特的法律制度是"自然演化"的产物,在其生发过程中,历史场域中的每一种因素无论是否被人类认知,都有着重要的意义。唯有各个因素的配合才能生产出堪称是时间的代表作的产品。

(二)发展时期

16世纪,《年鉴》退出历史舞台,而这为私人判例集的出现提供了出场的重要机遇。顾名思义,私人判例集主要是法学家个人的汇编,虽然不具有官方性质,但是其编纂比《年鉴》更为细致和精确。具体表现为判例集中进一步细分了判决理由和附带意见,区别技术得到进一步发展。但是,最为重要的是"遵循先例"开始受到尊重。Robins v. Sanders 案中:这些经常如此作出的判决应该无争议地作为依据。在哈伯特的报告中,星室法院拟定:"法院的先例像法律一样建立在理性和正义之上,先例在具有正义时,才具有法律价值。"② 但是,单个判例是否具有拘束力,曾引发争论。③ 17、18世纪,是私人推动判例向制度化转变的重要时期,一些代表性的人物,对判例制度的发展起到了不可或缺的作用,比如曼斯菲尔德勋爵(Lord Mansfield)。他除了反对单个判例的效力外,还坚持判例的确定性和一致性,正如柯克

---

① Dawson, Oracles of the Law, p. 174. 转引自 John Hamilton Baker, The Common Law Tradition: Lawyers, Books, and the Law, the Hambledon Press, 2000, p. 114。

② Courteen's Case, Hob. 270. 转引自 Carleton Kemp Allen, Law in the Making (Seventh Edition), the Clarndon Press, 1964, p. 206。

③ 支持论者认为:"(1)保护相信以往判例的公民的需要;(2)保证律师在为客户提出建议和准备案件时有一个更为确定的依据的重要性;(3)保证法庭作出判决的一致性的需要。"参见 Jim Evans, Change in the Doctrine of Precedent During the Nineteen Century, in Precedent in Law, edited by Laurence Goldstein, Clarendon Press, 1987, p. 47。

一样，他反对无知的机械的运用先例，并运用与当前案件的基本原理无关的先例。私人对判例的观点折射出当时的判例还不具有强制约束力。私人判例集时代的另一个重要事项是对判决理由和附带意见进行了区分，又为现代判例制度中的区别技术提供了基础。19 世纪中期，遵循先例的原则在上议院和下级法院中初步显现。在这一阶段，法院主要是遵循自己审判的先例，而上级法院的先例具有约束力的观念得以在英国审判系统中逐步推广。

（三）确立时期

现代判例集时代是以英国 1865 年成立专门的"判例集编撰委员会"为标志，该委员会编撰的案例在司法活动中具有了较强的约束力。19 世纪成为判例制度发展的关键时期，Beamish v. Beamish［（1861）9 HCL 274］中参审法官对上议院应当受自己先前判例的约束取得多数同意，伦敦有轨电车案成为遵循先例原则确立的标志性案件，上议院在裁定中认为"本院对某个法律问题的判决对本院来说是终决性的，而且……除议会法令外，任何规定都不能对本院判决中所被指称的错误情形作出纠正。"1944 年，在扬诉布里斯托尔飞机有限公司案中，上诉法院判道："本院有义务遵循自己和那些拥有同等司法管辖权法院的先前判决"。1966 年，上议院以声明的方式确立了遵循先例的原则。

值得注意的是，判例汇编是判例援引技术的基础。判例汇编是为了方便法官援引先例，确保遵循先例原则能够得以延续至今的一个必备的形式条件。在英国，判例汇编经历了漫长的发展过程。判例汇编必须要对众多的先例进行筛选，这与美国的法院未将所有的判决付诸出版主要是为了减轻工作负荷的初衷一致。"公布时进行一定的选择，上议院判决选百分之六十五，上诉法院判决选百分之二十五，高级法院判决选百分之十公布。一方面，就可能淘汰大量不一定要视为先例的判决。另一方面，这样可以避免英国法学家淹没在泛滥的先例之中。"① 在美国，对先例的要求更高，美国的判例制度缺乏

① ［法］勒内·达维德：《当代主要法律体系》，漆竹生译，上海译文出版社 1984 年版，第 358 页。

自发生成的特殊环境，与英国不同，美国只承认官方出版的判例。在有些情况下，明确判决书中结论与其他部分的区分对于确定先例会变得毫无意义。为什么呢？因为某个案件是否构成先例还要以其被官方案例公报（case reporter）公开出版为前提。在美国，不是所有的法院判决都必须且能够出版的。"就联邦法院系统而言，地区法院的判决都没有公开出版，联邦巡回法院只有不到 20% 的案件得以出版，"① 联邦最高法院的所有判决都是公开出版的。"20 世纪 70 年代之后，各联邦上诉法院纷纷制定判决书有限公布规则之后，如今超过四分之三的判决书是未公布的，公布的判决才有先例约束力，而未公布的判决没有先例约束力。"② 只有法院指定或授权的出版机构出版的判决才是官方出版，其他任何机构，如 Westlaw、Lexis 等出版的案例不被承认是公报案例。同时，"法院出于信息公开的需要将判决书公布于纸面或网络均不被视为该案例已被出版。"③ 在当时司法环境下，法官为将主要精力投入疑难、重要案件的解决，在很多简单案件的判决书中，缺乏详细的说理论证，实际可借鉴的意义不大。因此，"他们希望如此草就的判决书仅仅拘束熟悉案情的两造当事人，而不让其约束未来的法官和当事人。"④ 在对判例历史的梳理过程中，难免挂一漏万。但是，判例制度的形成路径是探究判例的援引关键和前提。在清晰明确的宏观判例制度的指引下，该路径还为研究微观的判例援引技术提供了充沛的理论基础。总而言之，英美法系国家的判例制度是研究判例援引技术的基础语境。研究英美法中判例援引技术需要在判例法制度的语境下解读判例意义，以充分展示援引判例技术在实践中的具体运行。

---

① 　Tony Mauro, Judicial Conference Group Backs Citing of Unpublished Opinion, Legal Times, April 15, 2004.

② 　E, S. Weisgerber, Unpublished Opinions: A Convenient Means to an Unconstitutional End. 97. I. J. 621, 622 (2009).

③ 　参见加州法院的官网：http://www.courtinfo.ca.gov/opinions/nonpub.htm.

④ 　Tony Mauro, Supreme Court Votes to Allow Citation to Unpublished Opinion. Federal Courts, Legal Times, April 13, 2006.

## 第二节　实质性事实及其判决理由：判例援引技术中的具体内容

### （一）判例中的事实

判例法国家援引先例主要比对案件的相似性，而案件是否类似取决于待决案件与先例间的事实是否构成类似，但是事实问题本身也是一个十分复杂的问题，研究判例援引技术无法绕开事实问题。卢埃林认为，"事实之外的东西不能作为判决的依据。超越事实一英尺外的规则都要受到怀疑。"① 在理论上和实践中，对于事实的确认往往有不同的方法。拉兹认为，在一个先例中，法院没有专门提及的事实不作为先例中的事实问题看待，即如果先例法院显示事实 A、B 和 C，并且宣布了其规则 X，而当前案件包括事实 A、B、C 和 D，D 是一个支持非 X 的事实；那么当前法院可以假定 D 不存在于先例中，作出非 X 的决定。

在考察分析判例中的事实时，在判例法国家中，具体个案中的事实通常由多个部分构成。具体可分为必要事实、非必要事实以及假设事实等。而非必要事实与假设事实又可统称为其他事实。必要事实通常直接决定法官在判例中确立的判决理由，对判决结论的形成起着至关重要的作用；必要事实是法官遵循先例时进行比对案件相似性的关键事实。"必要事实，指对于做成判决结论有必要的基础事实，经判断本案例事实与前案例的必要事实相类似时，则前案例必要事实所得的结论，对于本案例具拘束力。"② 对于遵循先例有着成熟技术的普通法国家而言，其仍尚未形成明确具体的识别必要事实或者关键事实的操作模式，并且对何为必要事实、关键事实，在理论界和学术界未达成一致的观点。产生分歧的主要原因是对于必要事实或者关键事实由谁确定尚未达成一致。对必要事实或者关键事实的确定具体分

---

① K. N. Llewellyn, The Bramble Bush, Oceana Publications, 1960, p. 47.
② 潘维大、刘文琦编著：《英美法导读》，法律出版社 2000 年版，第 58 页。

为两种观点：一是必要事实或者关键事实由判例中的法院确定；二是对于案件的必要事实或者关键事实是由后案法官解释获得的。对于第一种观点，可知必要事实或者关键事实能够直接决定具体的法律适用。由此推出，当判例中的判决结果已经产生时，可以推断出判例中法院认为的必要事实或者关键事实。对于这些对判决结论的形成具有拘束力的事实通常可视为案件中的必要事实或者关键事实，对于判决结论形成无关的事实则为其他事实或者非必要事实。"前法院判决内容中，何者是必要事实，并具判决拘束力，是由前法院的法官所决定的，后案法官无须再作判断。"[1] 对于第二种观点，因为持该种观点的人认为案件的必要事实是由待决案件的法官解释以获得的。因而待决案件的法官可以决定是否应当遵循先例。列维认为，"前任法官之所以为重要的事实，其存在与否对现任法官来说则可能是完全地无关紧要。易言之，前任法官的意图是什么并不重要，重要的是现任法官在试图将法律看成是一相当连贯的整体时，其所构想的具有决定性的事实分类。为了得出他自己的结论，现任法官可以抛弃前任法官所奉若圭臬的因素，而去强调那在前任看来可能是完全无足轻重的方面。"[2] 当然，具体区别案件事实的方法是下面所要讨论的内容，此处只是指出事实对先例拘束力的重要影响。

（二）判例中的判决理由

判决理由是法官对法律问题的详细阐述，是判例法国家的特色，对研究英美等普通法国家的判例援引技术是不可或缺的重要组成部分。英美等判例法国家中承认法官造法，但无论奉行法律宣布理论还是法律创造理论，判例法国家普遍承认先例中存在或产生了法律，它是处理当前案件的依据。"在一个判例上，重要的不是具体的判决，具体的判决仅仅涉及具体的个案，而是规则，规则作为法律上具有决定意义的观点支撑着具体的判决，从规则引申出具体的判决。"[3] 在英美法系国家，先例中的法律适用通常体

---

① 潘维大、刘文琦编著：《英美法导读》，法律出版社 2000 年版，第 61 页。

② ［美］艾德华·H. 列维：《法律推理引论》，庄重译，中国政法大学出版社 2002 年版，第 5 页。

③ ［德］H. 科殷：《法哲学》，林荣远译，华夏出版社 2002 年版，第 205 页。

现在判决理由中，法官在判决理由中确立的法律规范（规则或者原则）对类似的后案具有法律上的拘束力。比如在 Osborne v. Rowlett［（1880）13 Ch. D. 774］一案中，加西尔法官认为："本案判决中唯一作为权威可拘束后来的法院的是这个案件据以建立的原则。"法官在判例中所作的陈述通常以判决理由的形式呈现，判决理由承载了判例法的基本精神。值得注意的是，对于一个案件的陈述可以有许多，并不是所有的陈述都具有拘束力。"只有那些在早期判例中可以成为该案件的判决理由（ratio decidendi）的陈述，一般来讲，才能在日后的案件中被认为是具有拘束力的。"[①] 法官并不在判决理由中直接明确地表明其所具体适用的法律。判决理由主要是由先例法官确认的或用以由待决案件的法官从中解释以获得可适用于当下案件审理需要的法律规范。遵循先例主要是遵循先例中适用的法律规范（包括规则或者原则）。因而，判决理由既是先例中得以被遵循的主要场域，又可作为区别技术论证的主要依据。

（三）英美判例法国家遵从先例的例外

1. 英国：区别技术

区别技术是指当待决案件的法官发现先例中的必要事实或者关键事实及其法律适用问题方面存在差异时，法官可以以上两个方面存在的差异作为区分先例与待决案件的主要依据，规避适用先例。英美法系国家遵循先例的例外，主要用于司法实践中规避适用先例的情形。在运用区别技术区分案件时，判断是否援引先例或者规避先例主要是通过必要事实或者关键事实及法律适用两个方面进行。当待决案件的法官发现先例与待决案件在必要事实或者关键事实方面存在不同，法院无须遵循先例。在确认先例与待决案件在必要事实或者关键事实存在不同时可通过以下两种情况作出判断：一是当法官发现先例中的必要事实没有出现在待决案件中，可判断二者之间存在不同；二是待决案件的法官经比对发现，待决案件中既有的必要事实或者关键事实，在先例中却没有出现。当待决案件的法官发现实践中出现以上两种情况或者一

---

① ［美］E. 博登海默：《法理学：法律哲学与法律方法》，邓正来译，中国政法大学出版社1999 年版，第 546 页。

种情况时，可以判断这两个案件不构成类似，不遵循先例。而当待决案件的法官发现先例与待决案件之间在法律问题方面不相同时，也可以不遵循先例。值得注意的是，具体案件可能涉及一个或者多个法律问题，当待决案件中涉及的法律问题在先例中同样也出现时，而这个出现的法律问题不是待决案件的主要法律问题时，法院仍可以不遵循先例。

在判例法国家，待决案件的法官规避适用先例主要通过运用区别技术来区分必要事实或者关键事实以及法律问题两个方面。详而言之，当司法实践中出现的一个先例是依照先前判例的事实得出结论，而当下待决案件与这个先例在必要事实或者关键事实等出现实质差异时，该先例通常对审理待决案件的法官不具有事实上的拘束力。区别技术的核心意义是为避免先例形成的权威带来僵化的、不公正的审判结果，目的是维护公平正义。英美等判例法国家中的判例并没有在案例中明确表明必要事实或者关键事实以及具体的法律规范，通常由待决案件的法官予以归纳阐明。判例的存在形态为法院的待决案件法官通过增加或者减少先例以及待决案件的事实要素借助于区别技术规避适用先例提供了基础。比如先例中事实由Ⅰ、Ⅱ、Ⅲ组成，得出的适用法律规范为Y，当待决案件现在有事实Ⅰ、Ⅱ、Ⅲ时，则根据遵循先例的原则，待决案件的法官也应当适用Y作裁判。如前所述，遵循先例的原则本质是实现类案类判，体现法院相同情况相同处理的原则。但是为实现法律维护公平正义的价值，对不类似的案件也应当差异处理。基于此，当待决案件的法官认为遵循先例将有违实现个案正义时，同时，法官认为适用该先例将会影响案件的公正审理，可以通过增加先例中的重要事实规避先例的适用。待决案件的法官可宣称先例中的事实Ⅳ是必要事实，而待决案件中却没有出现与事实Ⅳ相类似的事实。因为待决案件缺乏与先例中的事实Ⅳ类似的必要事实，两个案件不构成类似。进而得出先例无法适用于本案的结论，规避适用先例。

2. 美国：不被遵从的先例

如同法律并不会被所有人完全遵守一样，美国法院的法官在审理案件时也并不一定会不折不扣地完全遵循先例。在美国的司法语境下，不遵从先例主要有两种情形：一是司法抵制，二是司法创新。

通常情况下，美国的司法体制要求下级法院在审理案件时需要遵循上级法院的判例，但是在具体的司法实践中，下级法院的法官们依然有办法可以不遵从上级法院的判例。"由于对某一既存的先例心存抵触，有些法官在尽力规避这些先例。他们通常设法将眼下正在审理的案件与先例加以区分以避免有关规则的适用和类似结果的出现。"① 下级法院的法官抵制上级法院的判例的一个心理筹码是高昂的上诉费可能阻却败诉的当事人通过上诉的方式寻找帮助，下级法院的法官们认为抵制上级法院的判例并不一定会被推翻。美国的司法抵制通常呈现出两种形式：一种是一些少数派法官在其反对意见中对先例公开表明批判的态度；② 另一种是在非常罕见的情况下，下级法院的法官也可能公开对上级法院的先例说不。③

通过司法创新的形式不遵从先例不仅有助于规避那些无法适应社会发展需要的先例判决，而且对产生具有现实意义的新的判决具有重要意义。在美国，以司法创新的形式不遵从先例的主力是联邦最高法院。在美国的联邦最高法院，普遍将遵循先例原则视为司法政策。法律是社会中的法律，当法律无法适用不断变革的社会现实时，先例中确立的法律规范便约束了法律前进的步伐。为了打破此种束缚，联邦法院的法官们勇敢"亮剑"：布朗案推翻了隔离但平等的先例原则；罗伊案认定堕胎是公民的宪法权利，一改一度认为堕胎是非法行为的认识。诚如庞德所言，"法律必须保持稳定，但它不能一成不变"，而"作为一种法律渊源，普通法之遵照先例原则之所以取得成功，主要在于它糅合了确定性与进化力之双重功能"。④

---

① 林彦：《乞讨是言论自由吗？——美国乞讨权诉讼中的核心问题》，载《清华法学》2008 年第 5 期，第 8 页。

② Planned Parent Hood of Southeastern Pa. v. Casey, 505 U. S. 833, 944（Rehnquist, concurring in the judgement in part and dissenting in part）.

③ Tony mauro, Alabama Judge Declares War on. US Supreme Court：State Justice Says Colleagues Should Actively Resist Juvenile Death Penalty Ruling, Legal Times, March 3, 2006.

④ ［美］罗斯科·庞德：《普通法的精神》，唐前宏、廖湘文、高雪原译，法律出版社 2001 年版，第 128 页。

# 第三节　判例援引技术流程一：检索出相关判例并分析其判决理由

普通法语境下，待决案件的法官在审判实践中援引判例作裁判彰显了判例拘束力，形成了遵循先例原则。任何国家都有判例，但是判例是否具有拘束力以及司法活动是否有遵循先例原则成为划分普通法系与大陆法系的根本。在英美法系国家援引判例的操作模式是实现遵循先例原则重要的技术支撑。判例援引技术或者操作模式既是研究判例法制度的核心，又是研究普通法的微观视角。判例的检索与分析是判例援引技术的首要阶段。

（一）判例的构成概况

在英美国家，司法实践中的遵循先例原则使判例援引成为审判活动的核心。司法的关键是进行案件分析与法律适用，判例法制度也不例外。判例中并不是所有的内容都有约束力，蕴含在判例中的法律规范是普通法语境意义下的法律发现，这与"我国的司法实践中进行法律发现的第一步检索出可能解决案件事实的相关条文"[1] 的意义不同，英美法法律发现首先是找到法律规范。但是，法律规范存在于判例之中，找到可适用的规范的前提是找到相关判例。判例成为制度后，其运作体系应当与司法相互配合，在判例的检索方面，普通法系提供了更为细致、严谨的判例编纂程式，判例通常包含表2 -1 中的七个部分。

表 2 - 1　判例的组成与作用

| 组成 | 作用 |
| --- | --- |
| 1. 案件名称 | 为查找相关判例提供方便 |
| 2. 法院级别与判决日期 | 通过法院级别可确定判例对哪一级法院具有拘束力，判决日期主要用于识别判例是否构成先例 |

---

[1]　黄茂荣：《法学方法与现代民法》，法律出版社 2007 年版，第 222 页。

续表

| 组成 | 作用 |
|---|---|
| 3. 案件事实 | 案件事实是先例中的必备要素，其中的必要事实或者关键事实对先例的判决以及对判断待决案件与先例是否构成类似起着至关重要的作用 |
| 4. 原告的诉求 | 阐明判例中起诉的原因 |
| 5. 先例 | 考察先例的审判经过对判决结论的得出起着至关重要的作用 |
| 6. 双方的辩论观点 | 可以有效掌握双方的争议焦点以及法官对案件的基本看法 |
| 7. 待解决的问题 | 待解决的问题是判例需要解决的核心问题，判决结论基本上是围绕待解决的问题而作出 |

对于英美判例法国家而言，上表所示的七个部分构成了判例的骨架，判决理由蕴含了法官对法律问题的阐述，待决案件的法官发现法律规范主要依赖于判决理由。判决理由是判例的血脉，与判例的基本组成形式共同形成了完整的判例。判例的七个组成部分为判例检索提供了良好的运作基础。当法官找到判例时，可在判决理由中进行法律发现，寻找适用于待决案件的法律规范。法律发现在普通法语境下意义更为特殊，可称为真正意义上的法律发现。

（二）分析判例中的判决理由

普通法系缺乏法律教义学体系带来的便利，"法律教义学能够使庞杂的法律系统以一种逻辑严谨、体系完整的样态作用于司法实践中，这种规范化、秩序化、融贯性以及逻辑自洽性的规范体系，迎合了司法实践的需求。"[1] 但是，判例法制度以经验性与大陆法系的规整性和体系性抗衡，维持着自身的特殊法律位置。法官的经验抑或是法律规则、法律原则隐含于判决理由中。

1. 倒置检验法确定判决理由

当一个案件中的某一部分被剔除或者改变时，能否改变案件的结果，当案件结果发生实质变化时该部分就是本案的判决理由；相反，当案件被作出相反判决结果的规则时就不构成本案的判决规则或者原则，进而也就不是本

---

[1] 汤文平：《民法教义学与法学方法的系统观》，载《法学》2015 年第 7 期，第 108 - 114 页。

案的判决理由部分。①

2. 通过实质事实逆推判决理由

判例成为先例是基于一项判决在本质上是多元知识、思维结构、智慧、事件、人物、情节、环境交互碰撞的产物，它在提供先前经验、智慧的同时也在考验着法官，如何援引、援引的是哪方面对法官提出了更高的要求。古德哈特认为，只有建立在实质性事实的基础上得出的结论才是判决理由，对此应当先找到实质性的事实。判例中的实质性事实是确定法律规则和原则最重要的一步。分析和识别实质性事实时可遵循以下步骤：

第一，当判例中没有法官意见或者意见中没有事实主张时，判例报告中的实质性事实为判例报告中的全部，除非存在明显的例外情况。比如可将人物、时间、地点、种类和金额推定为非实质性事实。但是当有法官意见时，法官特别强调此类情形不受此限。

第二，当法官意见中有事实主张时，要遵从法官的事实主张。

第三，法官特别强调的非实质性事实则被认为不是实质性事实。

第四，法官默认非实质性事实的即被认为是非实质性事实。法官作出结论依据的事实为实质性事实，而没有被选中的事实，默认为非实质性事实。此种情形为防止误解法官的意图，应当对因为没有明示为非实质性事实就假定其为非实质性事实时更加谨慎。

第五，所有被强调的事实当然为实质性事实。法官为防止判决产生的规则模糊不清、外延过于宽泛，也会在判例中特别强调实质性事实。②

第六，一个案件中有多种法官意见并形成一致判决结果，但是法官对判决结果所依据的事实有不同意见时，实质性事实取决于法官认同的数量。

---

① 在英美法系国家，倒置检验法具体可通过以下方式进行："首先认真确定假定的法律主张，其次在其中插入改变其意思的词语。最后询问是否法院认为这一新的主张是恰当的，并且已确信，判决结果是一样的。如果答案是肯定的，那么无论原来的主张有多么好，这个案件都不是这一主张的先例，但是如果答案是否定的，则这一案件就是原始主张或者也可能是其他主张的先例。一句话，当一个案件的结果仅取决于案件的一个主张或原则时，判决理由一定是如果没有它案件会被作出相反判决的一般规则。"参见 Rupert Cross, J. W. Harris, Precedent in English Law, Clarendon Press, 1991, p. 52。

② A. L. Goodhart, "Determining the Ratio Decidendi of a Case", Yale Law Journal, vol. 40, 1930, p. 161.

"联邦最高法院认为，在此类案件中，赢得最多支持的一派意见应被视为法院的意见。"① 即一个案件中有 a、b、c 三个事实和三名审判法官，当三个事实分别被三名法官认为是实质性事实时，事实 a、b、c 全部为实质性事实；当事实 a 或 b 或 c 被两名法官分别认为是唯一实质性事实时，则其中被两名法官认定的一个事实当然为实质性事实，尽管另一名法官认为其他两种事实也为实质性事实。但是，司法实践中也经常会出现无法形成多数意见的情形，后罗伊时代最重要的堕胎案即卡西案就是一个复数意见②。在该案中法官对实质性事实认定的结果是 5∶4 从而无法形成一致或多数意见，而该案最终的意见为由奥康纳执笔、肯尼迪和苏特复数的意见。尽管复数意见无法当然形成判决中的拘束力，但是在司法实践中，后来的法官仍会将先前判决中的复数意见视为权威。换言之，复数意见在英美法的司法实践活动中也可成为先例。

比如，在 Royal Bank of Scotland v. Etridge（no2）案中，妻子在不知情的情况下与银行签订了一份以丈夫为受益人的担保合同，后来银行因丈夫无法偿还债务便要求妻子承担担保责任，但是妻子认为自己签订的担保合同受到丈夫的不当影响，向法院提起诉讼，请求撤销担保合同。如前所述，判例法国家的法官通常会选择以下途径对案件作出裁断：首先，考察检索到的案件是否有拘束力，检索作出判决的法院级别；其次，识别案件中法官的意见，判断法官意见是否达成一致或者形成多种意见；最后，依据推理模式从判决部分识别出判决理由，进而找到判例中的法律原则或者规则。具体到本案而言，英国的上议院为作出本案判决的法院并由 Lord Nicholls、Lord Hobhouse、Lord Scott 三名法官组成合议庭。Lord Nicholls 法官的意见获得其他两位法官的支持，因而，本案的法律原则、规则应当以 Lord Nicholls 法官的判决意见为线索进行查找和识别。Lord Nicholls 法官认为签订担保合同时，银行对妻子在签订担保合同时应当告知详尽的法律规定、义务，否则妻子可对担保合同的真实性以受到丈夫的不当影响为抗辩依据，法院可作出撤销担保合同的

---

① Marks V. United States, 430 U. S. 188, 193 (1977).
② Planned Parent hood of Southeastern Pa. v. Casey, 505 U. S. 833 (1992).

判决。判决理由是基于实质性事实得出的，在识别实质性事实时，Lord Nicholls 法官的判决意见中认定的事实为法官作出判决的实质性事实。援引该案的法官接下来可进行事实的比对程序，若待解决的案件事实与先例中的实质性事实类似，法官可援引从先例中的判决理由中产生的法律原则和规则。

# 第四节  判例援引技术的流程二：识别实质性事实及其援引先例

法官对判例进行初步检索和分析的目的是找到先例，而先例中的实质事实是法官形成判决理由的事实依据。先例在判决理由中确立的法律规范的意义依托于实质性事实。在纷繁复杂的案件事实中，实质性事实既可成为比对案件相似性的事实，又可成为决定判决理由的事实。案件事实的相似性决定着先例中的原则或规则是否能够适用于当下案件。"决定案件最终法律判断的并非案件的全部事实，而是那些和法律评价直接相关的要件事实。"① 因此，先例中的实质性事实与待解决案件中的事实间的相似性成为遵循先例原则的前提。

（一）实质性事实的表现形式

如前所述，案件事实包括必要事实、非必要事实以及假设事实三个部分，其中必要事实是法官形成判决理由的事实。但是一方面，先例中的必要事实或者非必要事实法官在判决中并没有直接阐明；另一方面，基于人们对"世界上并无完全相同的两片树叶"的认知使先例中的必要事实与待决案件中的必要事实是否相似也缺乏具体的识别标准。因而，在既有判例文本风格的基础上，判例自身赋予了法官对先例中的事实与待决案件中的事实的相似性分析较大的自由裁量权。对经验理性的推崇使英美法系的判决书成为法官对案情、争议焦点进行精彩论证的天地。加之，案件自身性质的繁杂程度、法官的写作风格都使先例中包含着纷繁复杂的内容，判决书从上千字到上万字不

---

① ［德］拉伦茨：《法学方法论》，陈爱娥译，商务印书馆 2004 年版，第 258 页。

等。"在普通法判例的文体和风格中，普通法的理性精神更透彻地表露无遗。阅读这些判词时，我们可以看到法官如何详尽地叙述案件事实，如何全面地分析有关法例和以往的相关判例，如何仔细地说明适用于此案的法律原则和把它应用至有关案情中。"①

"事实的相似性是遵循先例原则的基础，司法实践中法官认定待解决案件与先例相似的重要标准是通过检验重要事实的相似程度，而两个案件的相似性程度主要由法官进行解释论证。律师为了适用先例或者规避先例的适用主要是向法院提交先例中的重要事实与当下案件中的事实相似或不相似的分析报告。"② 这些细致的先例适用于当下待解决的案件是法官对先例中的必要事实解释为相似的结果。在美国的司法实践中，案件事实中的关键事实是法官、律师以及学者重点分析的对象。遵循先例首先是找到先例，而先例中的关键事实为判决理由的土壤。判例的风格为英美法的法官分析事实、找到判决理由进而发现可适用的原则或规则提供了广阔的解释空间，"提取判决理由的方法是一个奇妙丰富的多样混合体，无论哪一种方法都给法官发展法律留下了充分的余地"。③ 在英国、美国等判例法国家，判例中详细记载双方当事人所争执的事实与双方当事人的辩论意见，然后记载法官的见解。而大陆法的判例一般只是简单地记载事实的概要与法官的法律意见。两者的主要区别在于：英美法的判例强调详细记载案件事实与法官的见解，认为事实与法律适用规则的意见是不可分的，强调二者的联结性。大陆法的判例主要是记载法官对某项法律条文的解释意见，判例的作用旨在正确解释法律，而不是强调事实与规则之间的联结性。针对实践中出现的诸多实例，很多法官和学者对判例中阐释的规则进行了分析和论述，对判例中蕴含的法律规范给予高度的重视，但在问到怎样对普通法进行阐释时，他们却无一能给出明确具体的回答。对于该问题他们的回答呈现出高度的抽象性特点。因此，从严格意义上讲，普通法的阐释规则可能不适合被称为"规则"，毋宁是一种学说或

---

① 陈弘毅等合编：《香港法概论》，三联书店（香港）有限公司2003年版，序言。

② Precedent in the United States, Neil Mac Cormic: Interpreting Precedents: A Comparative Study, Ashgate/Dartmouth, 1997, 387.

③ ［日］望月礼二郎：《英美法》，郭建、王仲涛译，商务印书馆2005年版，第89页。

者思想。

判例法国家中的判例并不存在一个由现有法律所决定的绝对正确的答案，而是需要法官在多种可能解释和可供采用的推理途径中作出抉择。在这一过程中，道德价值的判断、公共政策的考虑、不同利益的权衡、不同判决对社会的影响因素都会左右法官的最终判断。

**（二）通过法律推理实现判例援引**

对判例法国家而言，通常认为法院的法官在援引先例作裁判时需要借助于类比推理的方式进行相似性比较以判断先例是否可适用于当下案件的审理中。类比推理是判例法国家的法院运用的推理模式的典型。通过类比推理可得出判例与待决案件是否构成类似的结论，当判例与当下案件构成类似时，待决的当下案件应当遵循先例作出裁判，反之，当待决案件与判例存在实质上的差异时，法官则应当规避或者不遵从先例。虽然判例法国家的判例具有法律上的拘束力，但是判例是否能对具体个案产生拘束力，是法官运用类比推理判断案件是否类似的结果。当法官经过类比推理发现，判例与当下的待决案件不构成类似时，判例不能成为待决案件的先例进而对本案不具有拘束力。

判例法国家在援引判例时既需要运用类比推理又需要运用演绎推理，当法官运用类比推理得出待决案件与判例构成类似时，会选择演绎推理将先例适用到待决案件的裁判中。[①] 上述表达容易让人认为演绎推理与类比推理在先例的适用过程中是独立分离存在的，但实际上并非这样。一方面，类比推理与演绎推理要共同作用于待决案件，二者是不可分割、相互联系的。这种联系体现在先例适用的整个过程中。在运用演绎推理前需要通过类比来确定后案与先例是否类似，以确定先例规则能否适用于后案。大陆法系国家的三段论推理模式的典型是演绎推理，即已知如果 A，那么 X；当事实 a 属于 A 时，那么事实 a 应当得出 X 的判决结论。但是在英美判例法国家，判断案件

---

[①] 当然，在创设先例规则时，还会运用到归纳推理的方法，即如果后案不适用任一先例或既有法则，那么后案往往会结合归纳推理的方法来创设新的规则。不过，这一方法在适用先例时往往不会用到。

a 是否得出 X 的结论，不作为判断小前提的事实 a 是否可涵摄到规则 X 中，而是当前案件的法官通过类比推理的模式判断先例与待决案件是否构成类似。只有当法官确认两个案件构成类似时，法官可援引先例做判决。如果先例中的事实 A→先例中的判决结果 Y，待决案件的事实 a≈先例中的事实 A，待决案件的结果为 X，则待决案件的结果 X≈先例的判决结论 Y。另一方面，英美法系国家的法官还可运用类比推理来检验演绎推理的结论，微调援引先例中的规范。当先例中的法官对判决理由论述清晰或者能够从先例中明确解读出其构成要件或关键事实时，后案法官会直接根据该规则性的解释来判断后案是否满足其适用条件，是否具有其规定的关键事实，从而直接通过该规则的演绎推理得到判决。但是，在此之后必然会运用类比推理来检验所得到的结论是否符合同案同判的要求。这是因为，判例法的根本特点在于其是具有事实结果的规则，该规则是否得到正确适用的直接体现是类似案件是否得到类似判决。规则性阐述的产生也是基于先例的事实结果，是先例规则的暂时表现形式，其不能代表完全的先例规则，需要不断地进行修正。这与成文法不同。成文法规则没有事实结果，它仅以法规阐述来表现。检验成文法规则也只能通过法规阐述、立法意图等。

判例法制度是一个宏大的概念。判例制度的历史是研究判例援引的纽带，识别判例是研究的前提和基础，判例的援引程式则是研究的重点论域。但是，相比于其他判例制度研究的范式，这也仅仅是研究的一种视窗。具体到纷繁复杂的判例中，这种援引技术更多是法官的经验性积累。虽然这种援引技术不能完全适用到每一个援引先例的裁判实践中，但是通过这种管中窥豹的方式研究判例援引的具体技术对探究判例法的核心和精华具有十分重要的价值。尤其是在我国的案件指导制度自诞生以来，在实践中援引效果不佳以及我国法官对援引判例做裁判的模式较为陌生的现状下，充分探析有着较为成熟的判例法的国家援引先例的具体操作流程与模式对增强我国实践中援引指导性案例的可行性，具体的判例援引技术为我国法官援引指导性案例做裁判可提供重要的参考价值。

## 第三章

# 大陆法系判例援引技术及其
# 对案例指导制度的启示

　　法国、德国、日本等大陆法系国家的判例虽然与奉行"遵循先例"原则的英美法系国家的判例不具备完全相同的地位，但在实践中却因为其具有重要的功能和价值而拥有事实上的拘束力，进而成为"准法源"被法官在处理案件时作为判例援引。从静态视角来看，大陆法系的判例被援引的部分往往是从裁判理由中抽取出的法律原则或判例要旨。从动态视角来看，援引和适用判例要经过判例的检索、判例与待解决案件的相似性分析、适用到个案中的推理与论证等多个步骤，并需要使用各种法律方法予以协调。上述域外经验，在一定程度上可为我国所借鉴，以进一步完善我国的案例指导制度。

## 第一节　大陆法系国家判例援引的可行性与必要性分析

　　在研究大陆法系判例的援引与适用形式和方法之前，有两个先决命题需要予以论证：判例能否被援引？如果能，法官是否有必要经常性地援引判例？此即判例援引的可行性与必要性问题。为了对这两个方面的属性进行确认，需要从大陆法系司法判例的地位与功能进行分析。

　　（一）大陆法系判例的法律地位

　　在法国，通常以"jurisprudence"来指称判例，其本意为"谨慎的善"，即"意在由司法者在具体案件中适用法律时补充立法之善"。从意义的范围上，判例可以专指法国最高法院的判例，也可以泛指所有法院的判例。[①] 因此，若从狭义角度理解，法国的判例即是指以规范形式表现出来、最高司法机关所作的概括和抽象的司法裁决中所包含的法律意见。[②] 然而，《法国民法典》第 5 条规定"审判员对于其审理的案件，部分用确立一般规则的方式进行裁决"。[③] 可见在法国，作为"造法性"法律渊源的判例在制定法上是被明文禁止的。但法律并没有明文禁止法官在司法过程中适用判例来对个案中的法律问题进行解释和论证，即法国的司法判例本质上是"解释性"的，是一种司法意义上的法律渊源，这也正好与其作为"谨慎的善"的本意所暗合。法国判例的司法地位在行政司法领域尤为重要，这主要是由于作为重要法律部门之一的行政法并无统一的法典，其诸多基本原则均是通过判例被确立的。[④] 由此可见，法国的判例在总体上是作为法律解释而存在的，但在个别部门法领域（如行政法），也具备事实上的制定法（立法）地位。

在德国，根据《基本法》（即德国宪法）第 20 条之规定、《法院组织法》第 1 条之规定以及《法官法》第 4 条之规定，法官可以行使独立于立法权的司法权，但只能适用法律，而不能创制法律。[⑤] 与法国的情况类似，制定法对法官造法的禁止并不必然意味着司法实践中法官不能通过判例在事实上进行"法律续造"。联邦宪法法院在早期判例[⑥]中指出：法律规则具备的一般性和相对抽象性特征要求法官必须具备解释能力，以方向指引性条款对法律漏洞进行创造性填补。由联邦普通法院的法官撰写的《法院组织法法典评论》对上述观点也进行了进一步的阐释，指出：法官服从法律并不意味着法官在裁判中只能拘泥于法律规范的文义、机械地适用法律。法官行使自由裁量权援引判例对案件中的法律问题进行解释和论证，只要不违反宪法性原则、不

---

[①] Jurisprudence："…4. Judicial precedents considered collectively. …7. Caselaw." See Black's Law Dictionary (7th Edition), West Group, 1999, p. 858.

[②] Lexique des Thermes Juridiques 2013 (20eme édition), Dalloz à Paris mai 2012. p. 536.

[③] 《拿破仑法典》，李浩培等译，商务印书馆 1979 年版，第 1 页。

[④] 王名扬：《法国行政法》，中国政法大学出版社 1988 年版，第 17 页。

[⑤] 周遵友：《德国的司法判例制度》，载何家弘主编：《外国司法判例制度》，中国法制出版社 2014 年版，第 162 页。

[⑥] 《德国联邦宪法法院判例集》第 3 卷（BverfGE 7），第 225 –243 页。

明目张胆地歪曲法律规范的意义，不能认为是制定法所禁止的"恣意裁判"。① 事实上，在德国的司法实践中，判例的地位已经接近于英美法系中判例的地位。尽管没有如英美法系"遵循先例"的司法原则，但德国的下级法院都会在审判过程中自觉地遵循上级法院所创制的先例，只有在极个别的特殊情况下才会背离先例。法官和律师等法律职业也会在司法实践中自觉研习各种判例，并运用到案件的审判或代理过程中。② 故此，德国的判例具有重要的法律渊源地位，并且上级法院和最高法院的判例具有较强的拘束力。

日本《宪法》第 76 条规定："法官只受宪法和法律的约束。"由此可见，从制定法的规定来看，判例在日本也不是正式的法律渊源。然而在司法实践中，日本和法国、德国一样，判例也具备事实上的约束力。这种事实上的拘束力体现在两项具体的司法制度中：其一，违反判例是上告③的法定事由之一。根据日本《民事诉讼法》第 318 条、第 337 条和《刑事诉讼法》第 405 条的相关规定，无论是在民事还是刑事诉讼中，如果初审法院的判决违反了上级法院或最高法院的判例，当事人都可以以此为由进行上告，即判例的拘束力和当事人的司法救济权利是密切相关的。④ 其二，判例变更程序非常严格。日本最高法院一共由 15 名法官组成，根据日本《法院法》第 10 条之规定，判例的变更一般由 15 名法官全体组成的大法庭⑤作出判断方可有效，只有在特殊情况下，才可以由小法庭对判例作出变更。⑥ 故此，判例在日本的拘束力不仅是在事实层面上，而且在一定程度上已经成为司法制度的重要组成部分。

---

① 周遵友：《德国的司法判例制度》，载何家弘主编：《外国司法判例制度》，中国法制出版社 2014 年版，第 164 页。

② ［德］茨威格特、克茨：《比较法总论》（上），潘汉典等译，中国法制出版社 2017 年版，第 470－471 页。

③ 类似于我国司法制度中的"上诉"，不同之处主要在于日本法院体系分为三级，在符合法律规定的特别事由前提下，可以越级上告至最高法院（即原"大审院"）。

④ ［日］青山善充：《上告审における当事者救济机能——上告目的论への一视点》，载《ジュリスト》第 591 号。

⑤ 这里的"大法庭"是为了与审判具体案件的"小法庭"区分，日本最高法院审判具体案件的"小法庭"只需 5 名法官组成即可审理案件。

⑥ 解亘：《日本的判例制度》，载《华东政法大学学报》2009 年第 1 期，第 91－92 页。

通过对法、德、日三国判例的法律地位进行概览，可以总结出以下结论：尽管大陆法系各国的法律和司法制度在细节方面各不相同，但判例在各国的法律地位是基本相同的。一方面，各国都以制定法的方式直接或间接否定了判例作为正式法律渊源地位，并限制法院和法官通过判例的形式创造法律规范；另一方面，判例在司法实践中又具有事实上的拘束力和法律渊源地位。尽管其拘束力的强弱、范围、表现形式略有不同，但总体上已经接近英美法系中判例的拘束力，特别是在因制定法存在法律漏洞而导致法律适用困难的情况下，判例可以发挥对制定法的补充和续造作用，即判例乃是"准法源"。可见，判例的独特地位为大陆法系的法官在司法实践中援引和适用判例奠定了可行性基础。

## （二）判例的司法功能

为何在以制定法见长的大陆法系国家的司法制度中，判例会有如此重要的地位呢？这其中的原因是多方面的，包括：法律传统的历史变迁、解决当代司法实践中所面临的诸多现实性问题的需要、欧洲法律一体化和法律全球化发展带来的两大法系融合与趋同化、地缘政治与国际格局的变革等。但无论是过去还是现在，判例之所以能拥有具备事实拘束力的"准法源"地位，主要是由其实践功能决定的。[①] 大陆法系国家大多在 20 世纪之前即完成了主要法律体系的法典化，在一个制定法体系相对完备和发达的地区，判例还能具备较高的司法地位和旺盛的生命力，恰恰在于其具备一些制定法所不具备的、高度实用化的司法功能。

在大陆法系，判例的基本功能体现在对制定法的补充和解释，进而通过这种补充和解释行为，调和法律的安定性与社会变化性之间的紧张关系。一方面，法治要求法律必须具备可预测性，因为只有基于法律规范所作出的司法决定具备可预测性，人们才能更好地计划和安排自己的行为，使之符合法的秩序。这就要求制定法以及基于制定法作出的司法决定都必须具备相对安

---

① 梅夏英、尚代贵：《制定法与判例法的分离与融合——关于大陆法系及我国判例地位的探索》，载《株洲工学院学报》2000 年第 1 期，第 55 页。

定性，而不能朝令夕改，使人们无所适从。① 另一方面，立法者作为人类，其本身的理性和智慧是有限的，而社会的发展和事实情况的千变万化又是近似无限的，立法者在创制法律的时候不可能完全预测到这些变化。加之制定法本身具有抽象性、普遍性、一般性的特点，不可能对各种发展变化中的社会事实事无巨细地进行规定，其语言也不可避免地会有模糊性和歧义性。② 由上述两方面原因所产生的制定法与事实之间的紧张关系造成了在司法领域中法律适用的困境：对法律安定性的要求导致大陆法系的法官不具备创制法律的权力，裁判所依据的制定法不可避免地会出现模糊甚至漏洞，而法院和法官又不得拒绝裁判，并且负有实现个案正义的义务和职责，可谓左右为难。司法判例通过对抽象、模糊的法律规范进行解释和对法律漏洞进行补充，缓和了制定法的相对安定性与社会事实的变化性之间的紧张关系，进而实现了法律决定的可预测性与对个案正义的兼顾。与具有抽象性、普遍性、一般性、语义相对模糊性的制定法不同，判例是由特定的法律规范、案件事实以及与之相关的法律解释、法律推理和法律论证所构成的有机体，具有更强的针对性和更高的准确性。

根据拉伦茨的观点，法官对法律的续造可分为三种情况：其一为"法律解释"；其二为"法律文本内之续造"；其三为"法律文本外之续造"。③ 在大陆法系的司法实践中，判例对上述三种情形的法律续造均作出了贡献。例如，制定法中的"一般条款"通常是各种法律条款中抽象的类型之一，其适用标准一直困扰着法官。德国法院就通过判例对《反不正当竞争法》中一般条款的适用问题进行了补充解释。在著名的"引诱跳槽第二案"中，联邦最高法院首先分析了就该案行为适用《反不正当竞争法》第 4 条第 1 款、第 2 款第 2 项以及第 4 条第 10 项的可能性，在经过推理和论证后，排除了上述条款的适用，最终才认为本案应当适用《反不正当竞争法》第 3 条规定的一般

---

① Alexander Peezenik：On Law and Reason, Kluwer Academic Publishers 1989，p. 32.

② 王夏昊：《判例在法律适用中的意义与作用》，载《中国政法大学学报》2008 年第 2 期，第 97 页。

③ ［德］卡尔·拉伦茨：《法学方法论》，陈爱娥译，商务印书馆 2004 年版，第 286 – 300 页。

条款。① 此系法官结合案例中的具体事实，运用文义解释和体系解释的方法，实现了一般条款意义的具体化。再例如，根据《法国劳动法典》第 L. 1231 - 1 条之规定，个人原因的解雇必须符合"一个真实而严肃"的理由。然而，何为"真实而严肃"却很难有可操作性的标准予以界定。在 1990 年菲特夫人诉雇主案中，法国最高法院明确了"解雇必须基于客观的证据，仅凭雇主的怀疑不得作为解雇事由"，即确立了雇主对雇工的解雇行为必须具有作为证据的客观标准。② 在此，法官运用了目的性限缩，将法律规定中模糊不清的"解雇标准"限定为"有客观证据支持的解雇理由"，实现了法律文本内的法律续造。又例如，在日本，如何对待法律与习惯之间的复杂关系一直是比较困难的司法问题。《日本民法典》也有意将对习惯的规定进行留白处理，将法律具体应当将哪些习惯中产生的权利以法律的形式予以确认这一难题交由司法判例进行处理。在日本的民事司法领域，作为传统习惯的"温泉专用权"和作为商事习惯的"让渡担保"制度均是由判例确认起来的，这可以视为一种超越法律文本的法律续造。③ 上述例证均体现出了判例在对制定法进行补充和解释、实现法律的安定性与社会事实的变化性以及统一法律适用、实现个案正义、促进法律完善等方面具备显著的功能。

除对制定法的补充和解释这一基本功能外，判例本身还具有减轻法官在个案中的论证负担与责任、提升司法整体效率的功能。在司法实践中，特别是在法律关系较为复杂而制定法规定又相对模糊或存有漏洞的情况下，法官通过援引和适用判例可以省去其对案件法律适用问题从头进行推理和论证。此外，正如前文所述，大陆法系的判例大都是由上级法院或最高法院作出的，援引或遵循这些判例就意味着诉讼当事人假如上诉，原判决被推翻的概率会大大减小，而一个法官的判决如果总是被推翻，必然会对其个人的名誉、地位带来负面影响。可见，法官通过援引判例这种"图省事"的做法不仅可以

---

① 曾琦、方小敏：《德国反不正当竞争法一般条款具体化研究》，载《孝感学院学报》2011 年第 3 期，第 73 - 76 页。

② Arrêt Dame Fertray. Soc. 29 nov. 1990, D. 1991, P. 190, note J. Pélissier.

③ ［日］后藤武秀：《判例在日本法律近代化中的作用》，载《比较法研究》1997 年第 1 期，第 77 页。

减轻论证的智力负担，也可以减轻论证的制度性责任。① 从法律经济学的角度来看，如果把判例视为一种产品，对制定法的补充和解释属于其"性能"或"收益"，那么减轻论证负担和责任则属于其"价格"或"成本"。尽管判例的生成和援引也需要消耗一些智力和时间成本，但相比于法官针对每个案件都要重新进行推理和论证，或是一遇到立法中的缺陷就启动立法程序进行制定法的创制或修改，对判例的生成和援引已经是"性价比"最高的一种做法了。正如阿列克西的观点：每次（针对案件）都进行重新讨论，即便不违反法律论辩的基本原则，也会得到不同的结果，这与（法律论证的）可普遍化原则和正义原则是相冲突的。② 可见，援引判例这种高效率、高性价比的做法又与前文提到的维持法律的统一、实现个案正义是辩证统一的关系。

## 第二节　静态视角下的判例援引：形式与内容

在简要分析完大陆法系判例的法律地位和司法功能后，本节将结合具体法、德、日三国的一些判例重点研究其判例援引技术。具体而言，判例援引技术可以从静态和动态两个视角来考察，前者即判例援引的形式和内容，即回答"援引的是什么"的问题；后者则是关注援引过程的步骤和其运用的法律方法，即回答"如何援引"的问题。由于法、德、日三国在判例援引的形式和内容上并不完全相同，故本部分将结合判例汇编、裁判法律文书等，分别举例分析三国的判例援引形式和内容，并试图总结论述其中的共性和规律。

（一）法国：援引从判例中抽取出的法律原则

在法国，尽管判例在整体上可以作为"准法源"适用，但并不意味着所有的判例都具有事实上的拘束力。在司法实践中，能够被援引的判例往往需要符合以下条件：首先，该判例的法律意见需要具备可普遍适用的特性，语

---

① ［美］施莱辛格：《大陆法系的司法判例——两大法系判例拘束力之比较》，吴英姿译，载《环球法律评论》1991 年第 6 期，第 32 页。

② ［德］罗伯特·阿列克西：《法律论证理论——作为法律证立理论的理性论辩理论》，舒国滢译，中国法制出版社 2002 年版，第 329 页。

言表达也应言简意赅。其次，作出判例的法院一般应为高级法院或最高法院。再次，与该判例类似的判例要达到一定数量，即该判例涉及的事实和法律问题不应是小概率事件。最后，该判例的法律意见必须具备相对稳定性，不能轻易被推翻。① 符合上述条件的判例一般会由最高法院通过法院公报（bulletin des arrets）、文献研究报告或官方网站的形式予以公开。② 在法院内部设有文献研究与报告部，负责编写判例文献报告。这些报告除上文提到的向社会公开外，还会在法院内部进行宣传，以协调各个判例之间的秩序，为判例的援引提供智力支持。③ 此外，一些大型的法律图书出版公司（如 Dalloz 公司）也会定期出版判例汇编，并提供与之相关的互联网数据库检索服务。④ 以上实践中的做法为法官、律师等法律实务工作者研究和援引判例提供了信息上的支持。

具体到个案和判决文书，若要研究法国法官是如何援引判例的，还必须与法国的判决文书以及判例汇编一并说起。以法国最高法院《公报》发布的1999 年 2 月 3 日由其民一庭审理的一起关于同居者之间的赠与纠纷的判例为例：⑤

　　法兰西共和国：以法兰西人民之名

　　……关于唯一申诉理由：

　　依据《民法典》第 1131 条和第 1133 条；鉴于赠与人意图保持与受赠人的通奸关系，赠与的动机并不违背善良风俗；鉴于 Y 先生 1989 年10 月 26 日去世，留下继承人配偶和养子 C；其通过 1989 年 3 月 17 日之公证遗嘱，撤销了夫妻间之全部赠与，并剥夺了配偶的继承权；同时赠

---

　　① 郭欣阳：《法国的司法判例制度》，载何家弘主编：《外国司法判例制度》，中国法制出版社2014 年版，第 145 页。

　　② 法国最高法院官方网站：http：//www. legifrance. gouv. fr，该网站可检索大部分公开判例，部分由最高法院公开的判例有中文翻译版本。

　　③ ［德］罗伯特·阿列克西：《法律论证理论——作为法律证立理论的理性论辩理论》，舒国滢译，中国法制出版社 2002 年版，第 18 页。

　　④ 该公司的具体信息参见：http：//www.dalloz. fr/。

　　⑤ 法国最高法院官方网站：https：//www. courdecassation. fr/IMG///C1_ arret9611946_ 990203_ CN. pdf。

与 X 女士 500000 法郎；C 先生主张该处分之动机违背善良风俗；上诉法院判决给 X 女士的赠与无效，认为该遗嘱处分旨在继续和维持最近依然存在的暧昧关系；上诉法院如此判决，违反了前述法律条文。

基于上述理由：

撤销巴黎上诉法院 1995 年 11 月 20 日在当事人之间所作判决之全部条款；因此，将案件和当事人返回至该判决之前的状态，并为确保正义，将其发回巴黎上诉法院，另行组成合议庭。

发表：《最高法院判决公报》1999，I，n°43，第 29 页

被诉判决：巴黎上诉法院，1995 年 11 月 20 日

先例：比较：民一庭，1982 年 11 月 4 日，《公报》1982，I，n°319，第 274 页（驳回）；及援引判决。

适用法律：民法典，第 1131 条，第 1133 条

值得注意的是该判例除省去原判决书中与法律适用无关的内容外，还在末尾增加了"发表""被诉判决""先例"和"适用法律"等几个部分，但这几个部分均是判例汇编的产物，不是原判决文书的组成部分，其目的在于方便法官在办案时进行检索和参考。因此，如果除上述由汇编者添加的部分外，该判例主体基本分为两部分：一是对案件基本事实的总结和认定，二是对法律适用问题的说明（包括对由下级法院的被诉判决中法律适用问题的回应）。

可见，判决书的理由部分比较简短、风格极其简洁。判决理由中虽然援引了《民法典》第 1131 条和第 1133 条，但对该条款的内容并没有进行详细的解释和说明，而是直接结合案件的事实得出了结论。法国最高法院《公报》认为该判例确立的一项法律原则即"不违背善良风俗的同居者之间的赠与行为有效"。[①] 可以说，无论是判决文书本身对法律适用的解释，还是从该判例总结出来的法律原则都是非常简短的，甚至可以说是比较抽象和原则性的。因此，在法国的司法实践中，法官对判例的援引具有两个特点：其一是

---

① 法国最高法院官方网站：https：//www.courdecassation.fr/IMG///C1_ arret9611946_ 990203 _ CN. pdf。

抽象性或曰原则性，即从判例中总结出来的是相对抽象的法律原则，而不是具体的法律规则，更不是具体的法律判断；其二是隐蔽性或曰间接性特点，即法官只能援引法律条文作为裁判的法律依据，而不能直接援引在先的判例，但可以援引该判例所确立的法律原则以及与之相关的法律条文。例如，在上述案件中，判例汇编者就在"先例"部分引用了由最高法院1982年11月4日作出的判例，并注明了"比较"二字，以表示该案件适用的法律原则是经过与在先判例的比较得出的，类似的表述还有"相同"（即与在先判例的观点基本一致）、"相反"（即对在先判例的法律原则进行反向适用）等。但这些对判例中法律原则的总结、援引和适用均是事后由最高法院的文献报告与研究部门在编写判例时总结的，而不是法官在判决文书中直接写明的，法官在适用相关法律原则时仍然需要列举出明确的法律条文作为裁判依据。

（二）德国：援引判例要旨

与法国类似，德国在司法实践中援引的判例的基础也是建立在对裁判文书汇编基础之上的，即法官援引的不是判例中裁判文书的全文，而是其汇编之后的产物。与法国的裁判文书追求极致简约的风格不同，德国的裁判文书追求说理和论证的充分性，其篇幅较长。例如，一般的民事判决文书的篇幅都在2500—5000字（单词），刑事判决文书的篇幅则可能更长，并且在"二战"之后，德国最高法院的裁判文书在篇幅上又有加长的趋势。[1] 在结构上，德国的判决文书通常包括以下几个部分：（1）判决标题，包括："以人民的名义"的题头；判决的种类（如缺席判决等情况）。（2）判决的首部，包括：日期；管辖法院、案件编号与案件名称；当事人：原告、被告、法定代理人、委托代理人或辩护人。（3）判决主文：判决结论，即法官对案件的最终判断。（4）作为构成要件的案件事实（Tatbestand）。（5）判决理由，主要包括：对法律适用问题的解释、推理、论证等。（7）法官签字、落款。[2] 在上述部分中，篇幅最大的是判决的理由部分，通常可以占到整个判决文书篇幅

---

[1]　欧宏伟：《联邦德国最高法院民事判决书评介》，载《法律适用》2007年第6期，第91页。
[2]　张果陈：《德国民事判决书的说理：格式、内容与方法》，载《人民法治》2015年第10期，第20页。

的三分之二左右。①

　　由于德国裁判文书篇幅较长，对裁判文书中理由部分所关注的核心法律问题及其判断进行提炼和总结的必要性就尤为突出，否则法官在援引判例的时候效率和准确度都会大大下降。因此，德国的官方和民间判例汇编刊物都十分丰富，在这些汇编中最具代表性的分别是官方的《联邦最高法院判例集》（分民事、刑事、宪法等）和民间的《新法学周刊》。② 从体例和结构来看，无论是官方还是民间的判例汇编都包括：判例名称与编号、判例要旨或引导语、案件事实、裁判理由、引用法条、援引的在先判例等。如果与上文提到的裁判文书原文进行对照，我们可以发现汇编后的判例剔除了原裁判文书中的"结论"部分，而通过提炼和总结归纳出了"要旨"或"引导语"部分。根据在德国法学界和法律实务界达成的共识，裁判结论只对本案有效，而判例要旨则具有超越个案的可普遍性特点。可以说，裁判文书成为判例的关键即是对判例要旨的提炼。③ 通过对判例要旨的归纳和适用，从而实现了从个案正义向类型化的普遍正义的升华。具体而言，判例要旨也有长短之分，内容亦有详略之别，但其内容基本是围绕判例的核心法律适用问题作出的判断和总结。下文将结合德国《联邦最高法院民事判例集》第 40 卷第 91 页（BGHZ 40，91）刊载的一起损害赔偿纠纷类判例，具体分析判例要旨的基本形式和内容。④

　　判例出处：《联邦最高法院民事判例集》第 40 卷第 91 页（BGHZ 40，91）。

　　联邦最高法院，第八民事审判庭，1963 年 7 月 10 日判决。

　　原被告、一审、二审法院的基本信息等（略）。

---

　　① 关于德国的裁判文书公开，可以参见德国联邦最高法院官方网站：http://www.bundesgerichtshof.de。

　　② 高尚：《德国判例结构特征对中国指导性案例的启示》，载《社会科学研究》2015 年第 5 期，第 98 页。

　　③ 周遵友：《德国的司法判例制度》，载何家弘主编：《外国司法判例制度》，中国法制出版社2014 年版，第 182 页。

　　④ 刘青文：《德国合同法典型判例评析》，南京大学出版社 2014 年版，第 1 - 9 页。该判例篇幅较长，故只根据本书研究的需要进行部分节选和概述。

判例要旨：原则上买方不得将其顾客遭受的损失作为自己对买方的赔偿请求权内容。

事实①：原告经营皮带厂，被告经销皮革。原告以581马克的总价从被告处购买了3打绿色野麂皮。原告将这些野麂皮加工成了腰带，其中大部分出售给了K公司。K公司在销售过程中发现腰带存在掉色的质量问题，随后收回了已售出的395条腰带。原告向被告主张损害赔偿请求权，认为腰带掉色是由于被告的野麂皮存在瑕疵造成的。K公司因为召回产品损失了10375马克，但并未向原告提出损害赔偿，原告也没有和K公司达成关于上述损失的任何合意。但是，原告认为被告应当赔偿作为其顾客的K公司的损失。

一审法院判决支持了原告的赔偿请求。二审法院认为，即便原告的顾客没有向原告提出赔偿请求，基于合同补充解释的法律规定和相关理论，原告依然有权要求被告对原告顾客的损失进行赔偿，最后维持了一审判决。后被告上诉，三审（即联邦最高法院）法院推翻了前两审的判决结果。

理由②：一、本案中原被告双方并没有以明示或默示的意思表示进行约定，是否应当赔偿原告顾客的损失，且原被告之间的法律关系并不符合《德国民法典》第831条之规定，在没有约定和法定事由的情况下，二审法院支持了原告的诉讼请求，值得商榷。

二、无论是判例还是学说，都认为只有在特定情况下才可偏离"仅受损者可要求损害赔偿"的基本原则。违约产生的损害并不发生在合同相对人身上，而是发生在第三人身上，即学者所称的"利益转移"或"损害转移"。涉及第三人损害赔偿的情形包括：1. 间接代理。2. 风险解除。3. 照管他主物：根据《德国民法典》第831条的规定……帝国法院③在《帝国法院民事案件裁判集》第170卷第246页（RGZ 170，246）的判决中得出了支持第三人损害赔偿的另一个理由：通过对合同的补充

---

① 为节省篇幅和集中论述，这方面过于详细的案件事实信息已经由笔者进行了概括和总结。

② 为节省篇幅，该部分由笔者根据本书的研究重点进行适当总结和节选。

③ 即德国联邦最高法院的前身。

解释，它认为一个维修冷藏库的承揽经营者，授予他的定作人即城区政府一项权利，即允许他主张在冷藏库中贮藏肉制品的屠户由于维修工作的疏忽而遭受的损失。联邦最高法院在《联邦最高法院民事案件裁判集》第 15 卷第 224 页中，也是以此判例为依据的。在该案中，一个承运人将其运输业委托给另一运输业业主，其对苏占区没收属于运输业业主妻子的货车负有责任。联邦最高法院在 1958 年 1 月 27 日的判决（II ZR 266/56）中认为……作为该判决的依据，也引用了上述两个在先的判例。综上所述，本案不属于"因照看他主物产生的第三人损害赔偿"。

三、关于合同解释：二审法院试图用合同解释来论证第三人损害赔偿的做法，在学界遭到了普遍反对，因为采纳这种形式的意思拟制，是对当事人真实意思的强制。补充性合同解释必须做完一个绝对必要的自然结果，以至于不进行补充就会产生与根据合同内容实际存在的约定相矛盾的结果（参见 BGHZ 12，337，343；29，107，110）（详细论证略）。

四、除了补充性合同解释外，判例和学说对第三人损害赔偿所作的其他考虑，在本案中同样没有适用的空间。例如，在（RGZ 170，246）中，损害只发生在赔偿请求权人（城区政府或屠户），而且损害仅仅是肉制品变质。通过授权，城区政府就屠户所遭受的损失主张赔偿请求权，并不会"复制"出新的损害。此外，基于诚信原则，让第一出卖人承担责任的做法亦不能苟同。根据学者 Werner 的观点，损害赔偿原则仅仅要求对权利人实际遭受的损失进行补偿，并不要求惩罚加害人，这一点是合理的（详细论证略）。

通过上述节选的判例部分，可以清晰地看到，德国的判例要旨是在本质上以一种"中间性"规则的形式呈现的。该判例所体现的要旨，在内容上是"债的相对性"这一大陆法系民法中常见的法律原则和一般性规则，在具体买卖合同关系中涉及第三人损害赔偿是否能够转移这一问题的具体体现。相比于"债的相对性"这一法律原则或曰一般性法律规则，该判例要旨的内容因结合了具体的事实和权利请求而显得更具体。但相比于该判例中所援引的两个在先判例中对详细事实和具体法律判断的表述，该要旨又较为抽象。因此，德国判例要旨的抽象性介于法律原则、一般性法律规则与具体的案件法律判断结论之间，兼有普遍性与特殊性的双重属性。

基于对上述判例的分析，在援引判例的形式和内容方面，可以得出以下规律：首先，德国的法官可以直接在判决文书中引用在先判例。例如，该判例理由的第二部分引用的两个在先判例的目的就在于对《德国民法典》第831条中关于"照管他主物"这一较为抽象的法律规定进行了更为详细的解释；第三部分援引判例的作用在于反驳二审法院对案件中合同补充解释问题的认定。其次，在引用的同时，法官通常是按照时间先后顺序将在先判例引入待解决的案件理由部分，并且要对该判例的事实进行简略的概括和描述，对其法律判断进行总结，并注明被引用判例具体的文献出处。必要时，法官还要援引与判例相关的理论学说进行论证。可见，从形式上看，德国判例的援引较为直接，其引用体例类似于学术论文写作中对参考文献和注释的援引格式。再次，法官引用的除了判例的基本事实和法律判断外，还包括对被引用判例要旨以及相关的法学理论学说的解释和论证，呈现出判例原因带有鲜明的理论性和学术性色彩。最后，在判决理由的第二部分，法官阐述了其所援引的两个判例（即 RGZ 170，246 和 II ZR 266/56）之间的相似性，旨在对"因照管他主物涉及的侵权赔偿责任"这一法律问题进行解释和说明。进而，法官认定这两个判例与待解决的案件（BGHZ 40，91）之间不具备相似性，进而推翻了一、二审法院的判决，这其实是一种对在先判例的"反向适用"，类似的情况与判决理由第三部分中对于"合同补充解释是否存在必要性"的认定方面如出一辙。由此可见，法官援引判例既可以用来支持某一法律判断，也可以用来否定某一法律判断，判例的用途是多元化的。

（三）日本：援引判例主论和部分旁论

与法国、德国的情况类似，在日本，也并非所有的裁判文书中的理由部分都能作为判例被援引和适用。"二战"后，由于国际关系和地缘政治格局的变化，日本的政治和法律制度开始越来越多地受到美国的影响。上述影响在判例制度中的体现之一即是对判例理由中的法律判断以"主论"（即"判决理由")和"旁论"（即"附带意见"）进行区分。① 通常，判例的主论都具备拘束力，而旁论在一般情况下不具备拘束力，但在特别情况下也可以具备拘束力。② 具体而言，判例中对"重要事实"进行的法律判断以及对这些法律判断进行的理由说明均属于主论的范畴，具备当然的拘束力。③ 而旁论又可以分为两种：一种是对案件其他事实细节进行的补充说明，这一类旁论因不包含对案件重要事实的法律判断被当然地排除在判例援引的范围之外。另一种则是针对主论中的法律判断进行的可普遍化的、抽象性的解释和论证，带有一定的法律续造色彩。例如，名古屋高等裁判所④曾在一起关于"安乐死"的刑事案件的判决理由中，不仅阐明了本案的主论即"依据本案的事实，被告人对被害人实施安乐死的行为是否合法"这一法律问题，而且还在判例的旁论中总结出了六个判断安乐死是否合法的构成要件，而当时日本的制定法体系中并没有关于安乐死合法审查要件的详细规定。⑤ 尽管对于类似上述判例中的旁论是否具有拘束力在学术界素有争议，但日本的法律实务界秉承实用主义的司法观念，大多数情况下会根据待解决案件的实际情况选择性地将这种带有法律续造和审判指引色彩的旁论也作为判例的组成部分。⑥ 即司法实践中，为了解决特定案件的需要，法官会灵活地决定是否援引判例的旁论部分。可见，日本判例中的主论加上与之密切相关的、具有超越个案法律判断的旁论，其内涵和外延与德国判例中的"判例要旨"基本相同。⑦

① ［日］圆谷峻：《判例形成的日本新侵权行为法》，赵莉译，法律出版社2008年版，第7页。
② ［日］中野次郎编：《判例とその読み方［改訂版］》，有斐閣2002年版，第41页。
③ ［日］中野次郎编：《判例とその読み方［改訂版］》，有斐閣2002年版，第41页。
④ 在日本汉字中，"裁判所"即中文"法院"的意思，如最高法院简称"最高裁"，地方法院简称"地裁"。为方便表述，除援引日文文献时使用"裁判所"等日语汉字称谓外，一律以"法院"指称。
⑤ 名古屋高判昭和37.12.22高刑集第15卷9号674页。
⑥ ［日］松尾浩也：《刑事法における判例とは何か》，载《刑事訴訟法講演集》，有斐閣2004年版，第316、321页。
⑦ 不仅判例，在裁判文书的体例和结构上，日本与德国也比较相似。日本裁判文书的主文也由事实和理由两部分组成，区别在于判决结论和法院、法官的意见被置于事实和理由部分的后面，而不是像德国一样写在判决主文的开头。参见王亚新：《日本的民事裁判文书：说理的形式和方法》，载《人民法治》2015年第10期，第24页。

与法、德两国相似，日本在判例汇编方面也较为发达。官方的判例汇编是由日本最高法院和8家高等法院各自编辑出版的裁判例集。各个法院都会内设判例委员会，每月召开会议对判例进行遴选，并草拟出被选中裁判例的"判示事项""判例要旨""参照条文"等。判例集每月一期，即《最高裁判所判例集》和《（地名）高等裁判所判例集》。在民间判例汇编领域，《判例时报》和《判例タイムズ》是最具影响力的两家期刊。这两份期刊不仅定期刊载最新判例和裁判文书，还会邀请知名法学家和法律实务专家撰写判例研究和评论类文章。此外，有斐阁按照专业门类选编的《判例百选》系列丛书也在日本的法学教育和研究领域颇具影响力。① 下文选取了日本《最高裁判所判例集》中的一起（时间在先的）关于企业损害案件的判例，并与日本《大津地方裁判所判例集》中的一起（时间在后的）关于观光汽车坠落事故的判例进行对比，试图揭示日本的司法实践是如何援引在先判例的。②

判例1出处：最判昭和43年11月15日民集22卷12号2614页③。

> X1是药剂师，是X2有限会社的法定代表人。Y1没有驾驶资格向Y2借了轻骑，行驶中撞到X1后背致其跌倒受伤而双目失明。X1除请求赔偿自己的精神抚慰金和逸失利益④以外，还以X2会社的名义向Y1、Y2提出，X1因受伤导致X2年收入减少22万日元。案件争点在于因X1的受伤，X2会社能否作为营业商提出请求赔偿损失。原审支持了X2的损失请求，Y1、Y2上告。

> 最高裁驳回了Y1、Y2的上告，理由为：X2会社名义上为法人，实际上是个人会社，其实际权利集中于X1个人，无人可以替代，两者在经济上处于一体关系。原审认为Y1、Y2对X1的加害行为和该人受伤导致X2会社的逸失利益之间存在相当的因果关系，因而支持了其损害赔

---

① 解亘：《日本的判例制度》，载《华东政法大学学报》2009年第1期，第93页。

② ［日］圆谷峻：《判例形成的日本新侵权行为法》，赵莉译，法律出版社2008年版，第257－261页。

③ 为突出本书的研究主题，省去了对于法条的援引以及当事人基本信息等内容，下同。

④ 日本法中的"逸失利益"一般指：因违法行为或违约行为造成的本来应得利益的损失，类似于我国民法界所称的"合理的、可预见的间接损失"。参见朱晔：《论人身损害赔偿请求权与继承》，载《环球法律评论》2006年第2期，第198页。

偿的请求，是正当的。

判例2出处：大津地判昭和54年10月1日判时943号28页。

日本某地附近道路因落石发生汽车侧翻事故，乘坐观光车的包括 X 的从业人员等6人死亡，21人受伤。X 主张自昭和四十七年12月1日至四十八年5月为止的营业活动全部停止，其后至四十九年3月为止，营业活动部分不能要求日本道路公团 Y 赔偿逸失利益。

大津地方裁判所将间接受害者 X 的损害赔偿分为两部分：垫付性损害和真正间接损害（即 X 所主张的其经营企业遭受的损害）。该案中对垫付性损害认定即属于第三人代替加害者向受害者支付的损害赔偿的范畴，无论是从平衡理念还是实际利益考虑均无争议。因此，本案的关键在于是否支持 X 关于真正间接损害的赔偿请求，即是否应当赔偿其所主张的企业营业损失。裁判所认为，原则上对于真正间接损害的赔偿请求不应支持，但考虑到在日本，相当多个人经营的企业因各种理由其形式上是法人但实质上却是个人与法人的统一，以法人的名义若无法得到损害赔偿，则明显与交易社会的实情不符。故为了实际达到救济侵权行为受害者的实效，根据最高裁判所第二小法庭对昭和四十三年11月15日的终审判决①的宗旨，认定可以支持间接受害者的上述间接企业损害的赔偿请求。此外，裁判所还对上述结论进行了进一步论述，其大意可归纳为：其一，企业不仅是其内部各个要素的集合体，而且也是构成其的人、物等要素的有机体，因此对企业利益的保护必须要一体化地考虑作为其构成要素的人、物等。其二，对于类似本案中的人与企业实质上是一体的情况，要综合企业的组织、活动的内容、侵权的形态、受害的内容与程度等，从损害赔偿公平妥当的负担的观点出发进行判断（其余内容略）。

上述两个判例的制定法背景是：当时的《日本民法典》仅在第422条、第536条和第499条、第500条中间接地规定了侵权责任赔偿的代位权和代

---

① 即上文中的"判例1"。

偿权，而没有对直接损失和间接损失等进行细致的规定，即上述两个判例在当时是缺乏充分的制定法依据的。① 从上述两个判例的对比可以发现，判例 2 不仅援引了判例 1 的主论部分，支持了损害赔偿请求人对于其因个人被侵权而导致的企业经营损失的赔偿请求，而且还构建了由主论延伸出的旁论："为实现对侵权行为的救济、使司法裁判符合交易社会的规律，可以在一定条件下扩大侵权请求人的范围"。通过对主论的援引和对部分旁论的归纳，法官不仅解决了个案，还实现了对制定法的补充和续造，使判例具备了普遍的拘束力，从而生成了"判例法"。在援引的方式上，日本与德国在司法实践中的做法类似：一方面，法官在裁判中可以直接援引判例并注明其编号和具体出处；另一方面，在援引判例的同时，要结合具体的案件事实和社会背景对判例的主论进行适当的解释，同时也要对在先判例和待解决案件的相似性进行论证，甚至还可以从个案中的具体法律判断出发，以此为基础构建具有普遍拘束力的裁判规则，即类似于上文提到的"安乐死"案件中对安乐死构成要件的法律续造。

通过结合具体的判例和裁判文书对法、德、日三国在司法实践中援引判例的做法进行分析，可以发现就判例援引的形式和内容来看，呈现出以下特点：首先，各国法院和法官在裁判文书中援引的都是经过汇编和提炼后的、对于某一类型事实作出的法律判断，如法国的"法律原则"、德国的"判例要旨"、日本的"主论和部分旁论"等，而不是在援引和适用时直接照搬在先的裁判文书原文。其次，各国的判例援引都要和法条援引相结合，并且一般都是作为法条援引的解释；只有在缺乏明确的制定法依据的情况下才能"隐晦的"对制定法进行补充和续造。再次，判例的援引和适用也需要进行解释和论证，而不是仅仅列明判例的出处和其主要内容就算完成。即如果把判例视为一种法律解释，在适用这种法律解释时也需要对其进行"二次解释"。最后，各国具体援引的形式不尽相同：法国在判例援引方面比较隐蔽和间接，而德国和日本则可以直接注明在先判例的来源、出处以及基本内容。

---

① ［日］中野次郎编：《判例とその読み方［改訂版］》，有斐閣 2002 年版，第 254 页。

## 第三节　动态视角下的判例援引：步骤和方法

前一节已经基本回答了大陆法系国家"以何种形式援引判例的哪些内容"这一判例援引的结构主义问题。本节内容将着重从过程主义与法律方法论的视角出发，探讨大陆法系的法官在司法实践中是通过何种步骤和方法来完成判例援引的。在具体展开论述之前还有两点需要说明：其一，法国的裁判文书和判例都十分简练，对其进行研究的可行性与价值显然不如说理充分且论证详细的德国和日本判例，因此此处将着重结合德国、日本两国的判例文本分析其援引方法。[1] 其二，由于法律思维过程的难以捕捉性，对援引过程和方法的研究本身即是一种基于法律文本和法学理论的"合理推测"，难免会有疏漏或是与外国司法实践的不符之处，尚祈读者批评指正。

（一）待解决案件的初步分析与判例检索

从司法过程中法律方法运用的顺序来看，裁判的第一步起始于对待解决案件的事实和可能涉及的法律问题进行初步分析，并在这一基础上检索与可能解决该案件相关的法律条文，此即为"法律发现"的阶段。[2] 对判例的援引和对法律条文的援引在过程和方法上有一定的相似之处，在援引某一或某些判例之前，也要完成一个"对案件的初步分析"和"判例检索"的步骤。关于对案件的初步分析方法，因案件事实所涉及的法律部门和法律关系而不尽相同。通常来说，在德国、日本等大陆法系国家的司法实践中，私法领域常用的案件分析方法是请求权基础分析法。该方法的核心在于判断民商事案件中"谁（权利主体）依据何种基础（法律规范）向谁（义务与责任主体）主张什么（权利）"，通常包括对请求权关系是否存在的判断、请求权检索与排序、请求权基础的初步锁定和请求权基础的分析等几个步骤。[3] 在刑法领

①　曹志勋：《对民事判决书结构与说理的重塑》，载《中国法学》2015 年第 4 期，第 229 页。

②　黄茂荣：《法学方法与现代民法》，法律出版社 2007 年版，第 222 页。

③　王泽鉴：《民法思维：请求权基础理论体系》，北京大学出版社 2009 年版，第 36 页。

域，德国和日本基本使用的是"三阶层犯罪构成论"，即从"犯罪构成要件的符合性""违法性""有责性"三个逻辑上依次递进的理论模型来分析、判断刑事案件中的定罪与出罪问题。① 关于上述不同部门法领域的法律方法论，国内外已有大量研究成果进行了介绍和论证。一言以蔽之，援引判例前对待解决案件进行初步分析，其目的是在检索判例时能够适当缩小检索的范围，做到"有的放矢"。

对判例的检索方法可以视为广义上的法律发现方法的一种。通说认为，法律发现的一般方法所应遵循的顺位是"规则优于原则""下位法优于上位法""特别法优于一般法"等，即较为具体、细致的法律规范要优于较为抽象、模糊的法律规范适用。② 从司法实践所追求的效率和效果角度来看，这是因为法律规范越具体，其和案件事实关联性就越强，由此得出的法律判断也就越精确、具备更强的说服力，同时也能减轻法官对法律进行解释和论证的负担。在大陆法系的司法实践和法学理论中，对法律条文的检索之所以能够依照上述顺位进行，主要归功于法律教义学所创造的条件。法律教义学以一国现行的法律规范为基础，通过体系化、类型化等方法将庞杂的法律规范梳理和构建成一个秩序化的、逻辑自洽的、融贯性的系统，并基于该系统展开法律解释，使之和司法实践的需求相适应。③ 法律教义学系统中的"法律规范"并不是完全由制定法所构成，也包括司法判例中对法律进行解释、补充和续造所生成的规范。④ 因此，像对待法律条文一样，大陆法系国家的理论界和实务界为了方便法官对判例的检索、援引、适用和解释，也运用了法律教义学的方法对判例进行了整理和加工，这主要体现在前文已经论述过的"判例汇编"。

以德国的《联邦最高法院判例集》和《新法学周刊》为例，上述期刊在判例的汇编中充分运用了法律教义学的类型化和体系化方法。上述期刊中所有刊载的判例都会以"标题"和"判例要旨"（引导语）的形式将其所涉及

① 陈兴良：《犯罪体系的位阶性研究》，载《法学研究》2010年第4期，第102页。
② 陈金钊等：《法律方法论研究》，山东人民出版社2010年版，第220、228、245页。
③ 汤文平：《民法教义学与法学方法的系统观》，载《法学》2015年第7期，第108-114页。
④ 汤文平：《民法教义学与法学方法的系统观》，载《法学》2015年第7期，第108-114页。

的核心法律问题进行抽象和归类。其中，标题部分是对判例中核心法律问题的抽象总结，例如，前述所列举的编号为（BGHZ 40，91）的判例，其标题即"第三人损害赔偿的界限"。① 类似的可能还有诸如"共同侵权者的对外连带责任""不同情形下的法定提示义务"等。② 可见，标题不仅比较抽象，而且是对法律问题的概括与描述，并不包括具体的事实和法律判断。判例要旨或引导语则是兼有具体性与抽象性的中间性规则，其本身不仅包括对法律问题的描述和概括，还包括对类似事实的法律判断。例如，在前文所引用的（BGHZ 40，91）判例要旨中，"买方""卖方""顾客""损失""赔偿请求"等均属于类型化的法律事实要件，既不像标题中的"第三人"概念一样抽象，也不像案件事实中的"皮革供应商""皮革经销商"等概念那样具体。此外，在《新法学周刊》的判例汇编中，还会根据案件的事实和理由总结出判例的关键词、引用法条，并尽可能保留判例的理由部分，对事实部分则进行必要的精简和概括。③ 由此，判例在法律教义学方法指导的汇编加工之后，也形成了"标题—判例要旨或引导语—具体的法律解释和判断（引用法条、事实、理由）"这样的从抽象到具体的层级结构体系。而在日本，亦有学者在官方判例汇编和民间判例汇编期刊的基础上对判例进行"二次汇编"，以力图让汗牛充栋的判例在体系结构上能够接近于制定法。例如，有研究刑法的日本学者就基于前文提到的《最高裁判所判例集》《高等裁判所判例集》《判例时报》《判例タイムズ》等权威判例汇编期刊，模仿《日本刑法典》的"总则（包括刑法基本原则、因果关系、正当防卫等）—分则（各个罪名）"结构体系对判例进行二次汇编。④ 经过多次汇编的判例已经具备了与其所依据的制定法相似的结构体系，法官在对判例进行检索时，只需参照和模仿对制定法进行检索的基本思路和方法即可展开。

---

① 刘青文：《德国合同法典型判例评析》，南京大学出版社 2014 年版，第 2－9 页。

② 高尚：《德国判例的结构特征与制作技术》，载陈金钊、谢晖主编：《法律方法》（第 17 卷），山东人民出版社 2015 年版，第 202 页。

③ 高尚：《德国判例的结构特征与制作技术》，载陈金钊、谢晖主编：《法律方法》（第 17 卷），山东人民出版社 2015 年版，第 203－204 页。

④ ［日］奥村正雄、十河太郎、绪方步：《2009 年日本刑法重要判例回顾与展望》，文董莎译，载《刑事法判解》2012 年第 2 期，第 202 页。

综上所述，德国、日本等大陆法系的法官在对判例援引前，需要在初步分析待解决案件的法律问题的基础之上，结合自己的审判经验从上述判例汇编形成的体系中逐层对可能相关的判例进行检索和筛选，其所遵循的基本方法与制定法的检索没有本质区别。可见，法官对判例检索的顺利进行，很大程度上依赖于对判例"法律教义学式"的汇编。

（二）对判例与待解决案件之间相似性的分析

在通过对需要解决的案件进行初步分析和对判例的初步检索完成后，法官要进行的是判例援引中最为关键的一步，即对判例与待解决案件之间相似性的分析。只有完成了这种相似性的分析和推理，法官才能从初步选取的判例范围中进行更为精确的筛选，从而最终确定可以援引哪些判例以及援引判例的用途。在待解决判断案件与在先判例相似性的方法层面，英美法系国家常用的方法是类比推理方法。由于在英美法系国家，判例法是主要的法律渊源，"遵循先例"是司法的基本原则，也是司法的基本方法。因此法官经常要将待决案件与在先判例进行比较，从先例中寻找或抽象出基本原则，即通过个别的判例归纳出具有一般性和普遍性的判决理由（radio decidendi）为司法裁判提供依据。① 大陆法系国家的裁判文书中也有判决理由部分，但此处的"理由"是对判决相关的法律问题进行的解释和论证，与英美法中"判决理由"的意义不尽相同。事实上，德国、日本等大陆法系判例中的"判例要旨"在本质上与英美法系国家判例中的"理由"更为相似，两者都是从类型化的个案中归纳出的一般性的、普遍性的法律原则或法律规则，其意义和适用范围都超越了个案范畴。不同之处在于，大陆法系国家有着较为发达的法律教义学所构建的制定法体系，法律条文是正式的、主要的法律渊源。作为制定法的补充，判例在逻辑结构上也应该向制定法的逻辑结构"靠拢"。而制定法推理所常用的"司法三段论"方法，以及前文提到的民法中的"请求权基础分析方法"、刑法中的"三阶层犯罪构成论"等不同部门法的分析推理模式都始终贯穿着一个概念：构成要件。因此，大陆法系国家的法官在对

---

① ［美］卡多佐：《司法过程的性质》，苏力译，商务印书馆1998年版，第10页。

判例与待解决案件进行相似性分析的时候，其关注的是待解决案件与在先判例的判例要旨构成要件方面是否相似，只有构成要件相似的两个案件，才能作出同样或相似的法律评价。

那么何为构成要件？根据拉伦茨的观点，构成要件即关于法律对特定事实评价的重要观点。[①] 拉伦茨还认为，决定案件最终法律判断的并非案件的全部事实，而是那些和法律评价直接相关的要件事实。[②] 以前文援引的编号为（BGHZ 40，91）的判例为例，法官在判决理由的第二部分为了阐明"因照管他主物引起的涉及第三人的损害赔偿责任"这一法律问题援引了两个具有相似性的在先判例，这两个在先判例在主要事实和构成要件方面的对比见表 3 - 1。

表 3 - 1 两个在先判例主要事实和构成要件对比

| 案件编号/构成要件 | 原被告之间的法律关系 | 赔偿请求权人（原告，选任人） | 赔偿责任人（被告，执行事务人） | 第三人（可能向原告请求赔偿的主体） | 产生损害赔偿的侵权行为 |
|---|---|---|---|---|---|
| RGZ 170，246 | 定做、承揽合同 | 城区政府 | 负责维修冷藏库承揽经营者 | 贮藏肉制品的屠户 | 维修冷库的承揽人的疏忽造成的损害 |
| II XR 266，56 | 定做、承揽合同 | 包租公司 | 负责供水和在船舶上安装锅炉的人 | 船舶所有人 | 供水人安装锅炉时因疏忽造成的损害 |

通过对比我们可以发现，尽管两起判例中诸如"城区政府"与"包租公司"、"冷藏库承揽经营者"和"供水人"、"屠户"与"船舶所有人"看似风马牛不相及，但如果结合《德国民法典》第 831 条规定的"选任他人执行事务的人，对他人在执行事务时给第三人不法造成的损害，负有赔偿的义务"，则两起案件的争议点均包括：其一，合同的双方当事人之间是否属于"选任他人执行事务"（即定做人与承揽人的关系）；其二，是否是因"执行

---

① ［德］卡尔·拉伦茨：《法学方法论》，陈爱娥译，商务印书馆 2004 年版，第 258 页。
② ［德］卡尔·拉伦茨：《法学方法论》，陈爱娥译，商务印书馆 2004 年版，第 165 页。

事务"时给第三人造成的损害。而经过法官对于上述两个争议点中的问题均给予的肯定的法律评价，进而支持原告提出的涉及第三人的损害赔偿请求，即认定两个判例是"相似的"。

可见，作为构成要件的事实需要符合两个方面的特性：其一，该事实必须具备争议性，例如在上述两起判例中，各方当事人虽然在身份、职业、从事的行业和具体执行的事务等方面不尽相同，但这些并非导致案件产生争议的事实，即都可以经抽象归纳为"执行事务人""选任人"和"第三人"。其二，该事实必须要经过法律的评价才能够形成，假如没有《德国民法典》第831条的规定作为参照系和评价标准，法官将很难对上述两个判例的相似性进行对比。通过基于制定法规范提供的评价标准，法官对案件的事实进行剪裁和解释，从而将日常事实作为构成要件的法律事实。[①] 故此，作为相似性对比关键的构成要件的事实并非客观的日常事实，而是具有可能会影响法官对案件中争议点判断的法律事实。所谓的"相似"也不是指构成事实的各种要素都相似，而是指事实在法律的评价下被"视为相似"的构成要件，本质上是一种"法律拟制"。因此，法官在进行判例和待解决案件相似性分析的时候，需要不断借助法律解释方法和"目光往返于事实与规范之间"的司法三段论推理来尽可能剔除与案件核心构成要件无关的事实。[②] 由此，上述两个判例之间的相似性主要体现在两点：其一，侵权赔偿请求人和责任人之间存在承揽合同关系，承揽人对定做人负有当然的注意义务；其二，承揽人因自己的侵权行为对第三人造成了损害。而如果按照《德国民法典》第831条的规定，将这两个判例和作为待解决案件的（BGHZ 40，91）进行对比就会发现：其一，（BGHZ 40，91）中的原被告之间属于买卖合同关系，并不存在承揽合同关系，即被告不负有代替原告照管第三人财务的当然义务。其二，（BGHZ 40，91）中的被告并没有通过授权的方式与被告之间达成类似（II XR 266，56）中冷藏库维修人和城区政府之间达成的合意，故二审法院不能运用合同的补充解释原理干涉当事人之间的意思表示自由。综上，法官因此

---

[①] 胡学军、涂书田：《司法裁判中的隐性知识论纲》，载《现代法学》2010年第5期，第96－97页。

[②] ［德］阿图尔·考夫曼：《法律哲学》，刘幸义等译，五南图书出版公司2000年版，第91页。

认定（BGHZ 40，91）中的原被告与第三人之间侵权赔偿请求关系与（RGZ 170，246）（Ⅱ XR 266，56）中的侵权赔偿请求关系不具备相似性，因而并不能支持原告的诉讼请求。

当然，在上述三个德国法的判例中，衡量构成要件相似性的法律标准来源于较为清晰的制定法规则。还有一种不得不考虑到的情况，即假如案件中法官缺乏制定法作为衡量依据，那就需要借助制定法之外的诸如社会背景、习惯、学说等，结合法官的经验和公平正义的司法理念等来构建要件事实相似性评价的标准。例如，前文所援引的两个日本判例中，法官在认定两个判例之间的相似性时，就不是完全根据制定法提供的评价标准，因为当时《日本民法典》中还没有对因侵权行为造成的直接损失和间接损失的区分和承担的明确规定。法官认定判例 2 与判例 1 相似的实质性原因在于：在日本存在着大量名为企业法人实为个人与企业一体化的组织，如果个人在遭受侵权行为且影响企业经营时无法以企业的名义主张赔偿，则"与交易社会的实情不符"且"无法达到侵权救济的实效"。可见，法官此时使用了一种利益衡量和司法的社会后果考量的裁判思维，即从两个判例中归纳出了"个人与企业一体化"和"交易社会背景下侵权救济的社会实效"两个构成要件进行比对。从判例的实际内容与制定法之间的关系来看，这两个判例已经是在创新性地进行"法律续造"。

通过以上例证，我们可以得出判例援引第二个步骤的基本方法：法官基于一定的法律评价标准（包括制定法和制定法之外的法律续造），将在先判例和待解决案件中具有争议性和法律评价意义的事实归纳为构成要件。通过这种基于构成要件的对比，进而得出判例与待解决案件是否相似的结论。如果判例与待解决案件之间具有相似性，可以对判例进行适用；如果不具备相似性，既可以选择不援引某些判例，也可以选择援引这些并不相似的判例进行"反向适用"，用来否定某些司法决定。

（三）对援引判例的法律论证：司法三段论模式与论题学模式

在完成了对判例的检索和其与待解决案件相似性的分析之后，法官基本可以确定需要援引哪些判例，但判例的援引并非一劳永逸。判例中具有拘束力的部分（如判例要旨）在本质上是一种与制定法相似但相对更为具体、事实针对性更强的法律规范。正如对制定法条文的援引需要说理和论证一样，法官在援引判例后也要进行类似的工作。结合大陆法系判例和裁判文书的相关实践，法官在援引判例后对判例进行论证的方法可以从两种模式展开，即司法三段论模式和论题学模式。正如苏永钦教授所言，"人类的法律思考从来不脱离体系（system）和议题（topic）"，① 判例援引的法律方法亦是如此。

司法三段论是基于制定法规范展开推理和论证的常用方法，也是形式逻辑中的演绎推理方法司法应用的体现，其旨在通过事实与规范之间的互动得出妥当的法律判断。② 基于判例的三段论推理与基于制定法规范的三段论推理有相同或相似之处，也有明显的不同。两者的相同或相似之处体现在：在构建三段论推理的大小前提方面，两者并无明显差异。通常，司法三段论的大前提是由法律规范构成的，而判例中抽取出的判例要旨在结构上与法条（特别是完全法条）并无本质区别，两者都是由构成要件和法律后果组成的。③ 不同之处在于，判例要旨往往比法条的规定更为具体，这虽然缩小了判例的适用范围，但也提高了其事实针对性，降低了法官的论证负担。在三段论的小前提方面，制定法规范和判例要旨针对的都是待解决案件的事实，这一点在两者之间亦无明显差异。最大的差异体现在对大小前提的连接进而得出结论的过程和方法上。基于制定法规范的推理和论证，经常使用的方法是"涵摄"（subsumtion），即将要件事实归于法律规范之下，此种推理和论证的模式也被考夫曼称为"推论模式"。④ 但判例的援引则有所不同：判例推理和论证的前提在于其与待解决案件具备相似性，因此法官在援引判例时需要运用类比推理的方法，基于这种相似性反复地"拉近"事实与规范（判例要旨）之间的距离，即考夫曼所称的"等置模式"。⑤ 例如，在上文列举的

① 苏永钦：《寻找新民法》，北京大学出版社 2012 年版，第 6 - 7 页。

② 焦宝乾：《三段论推理在法律论证中的作用探讨》，载《法制与社会发展》2007 年第 1 期，第 68 页。

③ ［德］卡尔·拉伦茨：《法学方法论》，陈爱娥译，商务印书馆 2004 年版，第 132 页。

④ ［德］阿图尔·考夫曼：《法律哲学》，刘幸义等译，五南图书出版公司 2000 年版，第 132 页。

⑤ ［德］阿图尔·考夫曼：《类推与事务本质：兼论类型理论》，吴从周译，学林文化事业有限公司 1999 年版，第 47 页。

（BGHZ 40，91）判例中，法官并没有直接根据《德国民法典》第 831 条的规定得出该判例是否可以适用"照管他主物造成的第三人损害赔偿"这一法律规定，而是通过与两个在先判例的对比，得出了（BGHZ 40，91）与在先判例在构成要件事实上不同的结论，进而认定了（BGHZ 40，91）不适用《德国民法典》第 831 条相关规定的结论，实现了对在先判例的"反向适用"。在该判决理由的第三部分，法官为了反驳二审法院关于合同补充解释的法律判断，再次如法炮制地援引了两个在先判例来说明该案件的观点与其援引判例的要旨之间不具备相似性。通览上述论证过程，显然不是基于"大前提对小前提的涵摄"，而是基于"大前提中的构成要件与小前提中的构成要件是否等置"而作出的判断。判例的援引所运用的是一种在连接大小前提时，将涵摄方法替换成类推方法的"改造版三段论"。

如果说司法三段论中的类推方法旨在从微观视角下解决判例要旨和待解决案件事实之间的等置问题，那么论题学的思维旨在从宏观层面解决作为案件论证依据组成部分的判例是如何和其他论证依据相互协调、共同解决案件核心法律问题的。与司法三段论所依赖的形式逻辑体系不同，论题学思维强调的是在面临疑难法律问题时，应当尽可能多地提供作为论据的解决方案，以寻求解决问题的出路。[①] 从这个角度来看，法官一般要做到以下两点：其一，在必要的前提下，应尽可能多地援引判例以支持法官对某一法律问题的判断。因为判例的数量越多，就意味着支持法官观点的论据越充分，其论证力度也就越强。[②] 例如，在（BGHZ 40，91）一案的判决理由中，法官前后一共援引了 6 个判例，其目的显然是给最高法院推翻二审法院的判决提供强力的论据支持。其二，应当注意将判例和相关的制定法、学说以及法官的经验法则等融贯性的运用，共同服务于对判决结论的论证。在大多数案件中，判例也只是论据之一，而不是判决理由中的全部论据，尤其是在制定法作为正式法律渊源的大陆法系国家，制定法在适用上应当优先于判例，判例一般只能作为对制定法的补充和解释。此外，在德国和日本，学术界中影响力较

---

① 舒国滢：《走进论题学法学》，载《现代法学》2011 年第 4 期，第 11 页。
② 王夏昊：《司法公正的技术标准及方法保障》，中国政法大学出版社 2017 年版，第 333 页。

大的观点以及法官个人对案件的经验性判断也是判决理由的论据组成部分。例如，在德国法的历史上，以萨维尼、耶林为代表的法学家，其诸多学术观点都经常被法官援引至判决理由中，诸如"缔约过失""形成权理论""国际私法中的法律关系本据"等私法的基本理论也都是因此而创立的。① 又如，在上文引用的（BGHZ 40，91）判例中，法官在论证"合同补充解释不能干涉当事人意思表示自由"以及"侵权责任损害赔偿的性质"这些法律问题时，就引用了法学理论界的学术观点。② 而在日本，尽管法学理论界和法律实务界的关系不像德国那样如此紧密，但主流的法学理论依然会间接地影响司法裁判，例如日本最高法院法官大野正南就认同了日本民法学家来栖三郎有关虚构的学术观点，并将这些见解部分运用到其司法裁判实践中。③ 此外，法官个人基于案件展开的利益衡量和经验性判断也是判决理由的重要组成部分，以前述所引用的两个日本判例为例，由于缺乏充分的制定法依据，法官在进行利益衡量的同时就援引了在先判例的要旨，并将两者基于"个人与企业经济实质一体化"和"对被侵权人的有效救济"等的内在关联展开论证，从而起到了判例观点与司法自由裁量观点之间相互证立、共同补充制定法缺陷的作用。

综上所述，法官在对援引判例进行论证的过程中同时运用到逻辑的方法和论题学的方法，两者是相互交融、并行不悖的，而不是非此即彼。从微观上看，法官借助经类比推理改造过的司法三段论以完成对判例援引与待解决案件相似性的证立；从宏观上看，法官将判例和制定法依据、法学理论学说以及其个人对案件的自由裁量相互结合，从而融贯性地证立其判决结论。

本章以法、德、日等国的司法判例为例证，在对大陆法系判例的法律地位和基本功能进行简略梳理的基础上，初步分析和总结了大陆法系国家司法实践中法官判例援引技术。从静态结构的角度来看，法官援引的是从判例抽取出的要旨（或法律原则、主论等）。从动态过程的角度来看，法官需要在

---

① 具体判例中对学说的援引情况，可参见王泽鉴：《民法学说与判例研究》，北京大学出版社2017年版，第3－7页。

② 刘青文：《德国合同法典型判例评析》，南京大学出版社2014年版，第8－9页。

③ 段匡：《日本的民法解释学》，复旦大学出版社2005年版，第356页。

判例汇编中对判例进行检索，并将判例与待解决案件进行相似性分析，确定援引的判例后还要运用逻辑思维和论题学思维对判例进行解释和论证。可见，即便是在制定法体系发达的大陆法系国家，判例依然在司法实践中发挥着巨大的作用，法官也司空见惯地、自觉地通过援引在先判例来解决各种案件中的法律问题。限于篇幅和所选取的文献，只能管中窥豹般地对德、日等国司法实践中的判例援引技术进行初步分析，更深入和细致的研究尚需结合具体的部门法和规模化、体系化的判例继续进行。

作为制定法国家，我国在近现代的法治变革中深受大陆法系国家的法律制度和法学理论的影响。研究大陆法系国家的判例援引技术，对于我国具有一定的现实借鉴意义。近年来，我国也初步建立起了以最高人民法院和最高人民检察院发布的指导性案例为主的案例指导制度。基于与德、日等大陆法系国家的对比，我国在判例及其配套的司法制度、相关理论研究等方面依然有诸多不足：

其一，援引指导性案例缺乏完善的制度支持。司法理论、司法方法和技术如果缺乏制度性的保障，将很难应用到实践中产生良好的效果。尽管我国初步建立起了案例指导制度，也陆续颁布了一系列指导性案例，但由于指导性案例在遴选制度、编写形式与内容、援引与适用的激励（或惩戒）制度方面存在着诸多不完善之处，[①] 再加之指导性案例的内容与最高人民法院发布的司法解释存在高度的重合性，[②] 且案例指导制度的行政化色彩过于浓厚，由此导致指导性案例的引用率过低，且引用的标准与方法难以统一。这可能会导致广大法官在司法实践中感觉指导性案例"不好用"，进而"不敢用"或"不愿意用"。这显然未能达到最高人民法院《关于案例指导工作的规定》中所预期的目的和效果。

---

① 郭叶、孙妹：《指导性案例应用大数据分析——最高人民法院指导性案例司法应用年度报告（2016）》，载《中国应用法学》2017 年第 4 期，第 59 - 60 页。

② 事实上，我国最高人民法院发布的司法解释在功能定位上与德国、日本等国的判例比较相似，这在很大程度上导致了指导性案例在我国司法实践中的尴尬地位，导致指导性案例的适用空间极其有限。参见洪浩：《法律解释的中国范式》，北京大学出版社 2017 年版，第 268 页。

其二，判例汇编不够发达。尽管我国自 1985 年就开始公开发行《最高人民法院公报》，其中刊载了大量的司法解释、案例和裁判文书，此外还相继通过各种渠道和形式出版了诸如《人民法院案例选》《最高人民法院裁判要点全集》等系列丛书对案例进行整理、汇编，但这种汇编工作在判例的法律教义学体系化和细致化程度上还无法和德国、日本等大陆法系发达国家相比。此外，我国的民间判例汇编制度也比较薄弱，呈现出一种"有判例"却"无汇编"的状态，大多数法律类出版物都是针对某一较小的法律领域内的部分案例进行碎片化的刊载，缺乏体系化和具有长期稳定性的判例汇编刊物。

其三，法学界与法律实务界合作匮乏、判例研究不足。尽管随着法学研究的日益发展和逐渐成熟，我国法学界越来越多的学者开始关注判例、研究判例，但相关研究总体呈现出一种"重视制度和理论""轻视方法和技术"的格局，学术界对判例中的细节问题关注不足，对判例中体现出的裁判思维和方法的研究还没有形成规模。此外，法学界和法律实务界的隔阂是我国长期存在且尤为突出的问题。学术界和法律实务界的沟通与合作不足，以至于出现"各说各话"的情况。法学理论无法有效地转化成实用化的司法技术，而司法技术也很难上升为系统化、科学化的法学理论，由此出现了理论与实务的二元分化格局。事实上，上述现象在与我国国情有相似之处的日本也比较明显，① 因此我们应当创造性地结合、利用本土资源和域外经验，谨防这种分化局势的继续扩大。

事实上，即便是在以制定法为正式法源的中国，判例也有着类似法、德、日等国判例的"事实拘束力"。② 虽然我国并没有形成类似法、德、日等国那样对判例自觉适用的自发性秩序，但我国的法官、律师等法律实务工作者在处理实践中的个案时，也经常会在遇到疑难案件时对与之类似的判例（包括指导性案例之外的各种判例）进行"隐性适用"，此谓判例在中国当代的现实根基。再加之大陆法系其他国家的域外经验可以作为借鉴的范例，即便是

---

① 段匡：《日本的民法解释学》，复旦大学出版社 2005 年版，第 352 页。
② 黄卉等：《大陆法系判例：制度、方法——判例研读沙龙Ⅰ》，清华大学出版社 2013 年版，第 4 页。

在法典所在处，判例和判例研究依然大有可为。与其临渊羡鱼，不如退而结网，作为判例的研究者，也自然应责无旁贷地如萨维尼所言：

"只有当我们借由废寝忘食的研究，使我们的知识达臻完美境界……才可能对我们所面临的问题作出信实的评判……是以，我们必须对子孙后代负起一切最为沉重的责任。"①

---

① ［德］弗里德里希·卡尔·冯·萨维尼：《论立法与法学的当代使命》，许章润译，中国法制出版社2011年版，第85页。

## 第四章

# 中国古代判例援引技术及其
# 对案例指导制度的启示

中国古代判例制度是传统司法实践在儒家文化滋养下的文化结晶。"比"的推理思维和"类"的类型化思维有机结合形成了中国古人认识事物、解决问题的比类推理。以此为基础，在判例援引技术实质条件中，基于比类推理，对拟判案件争议事实与拟引先例规制的主要事实相互比对，关注"情理切合""事理切合"，在比对中确定是否遵循先例。在判例援引技术的形式条件中，在成案与通行区分基础上，形成了提出争点、检查先例、比类先例、据例裁判的先例援引基本模式。与案例指导制度相比，基于"伦类"思维的比类推理、案件与先例主要事实的互相比对、先例说服力与约束力的相互区分、裁判理由的具体引用方式，都可以成为完善我国案例指导制度的有益借鉴与参考。

随着西方法学理论大量引入我国法治实践，在实践中人们逐渐开始反思我国传统法律文化。近年来，随着我国司法实践中案例指导制度的推行，对古代司法实践中判例法的研究又成为学者，尤其是法律史研究者关注的一个热点议题。由此，这方面的研究成果不断涌现，为我国案例指导制度的实践展开提供了有益的历史借鉴。虽然诸多理论成果均包蕴实践思考、技术考量，但是，从技术借鉴角度来看仍显本体论探究意识浓厚，实践论技术考量意识不足，难以直接借鉴和吸收。因此，这里拟从法律方法角度①对古代判例援引技术的具体实践、应用进行探讨和解析，以期为案例指导制度提供可资借鉴的历史素材，对我国案例指导制度发展、完善有所助益，推动案例指导制度在我国司法实践中更好地发挥作用。

## 第一节 中国古代判例援引技术的文化语境

就判例法理论而言，英美法系国家的判例法一般是在遵循先例原则的基础上，以类比推理思维为基础，运用案例区别等多种司法技术将先例中蕴含的法律规则适用于具体案件的裁判过程。这一过程中援引判例的技术在中国传统司法实践中被称为比类推理。"因为中国古代法律适用中在判决上追求'类'与'类'的一致，即同'类'案件同'类'判决。"②而此"类"的概念与"比"的内涵也独具中国传统文化意蕴。由此，比类推理可以说是中国古代判例制度运行的基本技术支撑，古代判例制度是比类推理技术实践的制度语境、文化语境。由此，在一定程度上，作为比类推理技术运用的制度场域——古代判例制度本身及其催生因素、诞生的文化语境都成为比类推理技术产生的影响因素，也成为比类推理技术个性的型塑因素。因此，对中国古代判例制度形成必然性的分析有助于更好地理解比类推理技术，更好地分析其中存在的中华传统法制文明的特有基因，在当下案例指导制度实践中对其更好地继承与发展无疑有重要意义。中国古代判例制度经过了一个漫长曲折的发展过程。远在西周和秦汉时期就实行了判例比附，周之邦成、秦之廷

---

① 一些学者已经以法律方法为解析框架进行了诸多很有见地的分析，本书拟立足传统文化，从司法技术角度再作一分析，以期更好接近传统司法实践，解析中国古代判例制度运行的真正自然样态。参见黄春燕：《"类"概念：中国传统法比附援引的思想基础》，载《海南大学学报》2012年第2期，第93-99页。刘昕杰、刘楷悦：《从比附援引到类推解释：传统司法方法的近代境遇——民国学者关于法律解释的一次争论》，载陈金钊、谢晖主编：《法律方法》（第18卷），山东人民出版社2015年版，第118-132页。陈新宇：《比附与类推之辨——从"比引律条"出发》，载《政法论坛》2011年第2期，第113-121页。管伟：《论传统司法官比附援引实践中的思维特色——以刑案汇览为例》，载陈金钊、谢晖主编：《法律方法》（第7卷），山东人民出版社2008年版，第267-275页。

② 张骐等：《中国司法先例与案例指导制度研究》，北京大学出版社2016年版，第77页。

行事、汉的决事比都是判例。此后除唐朝以外也都沿袭了判例比附。① 在制定法背景下，绵延数千年的古代判例制度的出现并不是一个历史发展的偶然，其出现本身具有一定的历史必然性。

就文化背景而言，古代判例制度的形成既是比类思维，尤其是"伦类"思维基础上天理、国法、人情权衡的产物，也是"法先王"的尊祖、述祖观念影响的结果。一方面，"以先秦哲人为代表的中国古代类推思维方式，则从未脱离具体的情境，尤其是先秦诸子，都时常追寻人事的变迁，而洞察其内在的形态，继而体验出具有普遍性的、为人处世的道理。具体说来，它常常以比兴、譬如或举例等讲故事或格言式短句的方式来概括故事，继续思考、开展论证。其中内在的'逻辑机制'，就正是透过类推思维的运作，而在两个不同的'事态'之间，建立类同性或相似性关联，以使新的伦理情境得以出现，以构作或应用此种伦理情境。由此我们可以说，在中国传统哲学与文化中，尤其是儒家伦理思维特别强调伦理情境的优先性建构。"② 正是在此基础上，荀子提出了"伦类"思维，主张在司法实践中应当以人际间的伦理规范（或价值取向）类同为基础进行类推适用，作出司法裁判。这一思维与西汉时期兴起的关注宗法伦理道德的法律儒家化思潮互相契合，成为中国传统判例制度的思维基础，及天理、国法、人情权衡协调的理论依据。另一方面，"对中国传统文化来说，遵祖、述祖的思想可谓是基本特征之一。这在儒家学者中最为典型，他们反复强调要'法先王'，认为'孝'是人的基本义务，'万事孝为先'，而'孝'的基本内容是遵循祖训。这种向后看的思想特征，构成了中国古代社会的学术特点与行事方式。"③ 因此，历代统治者不敢对祖先的法典文本进行改革，只能通过其他方法来适应社会不断发展的需要，于是司法实践中发展出了多种法律适用的技术与形式。正是在这一背景下，通过类推或经义决狱等司法技术手段创制出了司法先例，适用于后来的同类案件，从而弥补了既有律令法典等成文法的不足。

---

① 胡新：《中国古代刑法中的比附》，载《法学评论》1994 年第 2 期，第 84－87 页。
② 张斌峰：《荀子的"类推思维"论》，载《中国哲学史》2003 年第 2 期，第 66－72 页。
③ 胡兴东：《中国古代判例法运作机制研究：以元朝和清朝为比较的考察》，北京大学出版社 2010 年版，第 47 页。

就立法制度而言，古代立法中具体化、准确化的行为模式设定及具体化、数字化的法律后果规定使既有法律规范的内涵确定、外延狭小，由此在确定、具体的涵摄能力较弱的法律规范与千变万化的个案正义追求之间形成了一种规制紧张。诚如学者所言："传统中国法律采用列举主义，即针对一个情形规定对应的刑罚。与现代刑法犯罪构成要件说具有广泛的适应性不同，列举主义的弊端在于立法者设想的情景总是有限的，故而'断罪无正条'成为较为常见的情形。"① 为了化解这种规制紧张，针对同类案件适用相同先例就成为保证公平正义、提高司法效率的一种现实选择。由此，"在中国古代司法中，用类比解决案件事实类型的复杂性以及个案的多样性，采用比类适应量刑等级的多样性。这构成中国古代判例的两个基本类型，也就是说，中国古代判例所解决的基本问题是行为模式上的归类问题与法律后果上责任承担的准确性问题。"②

就司法角度而言，首先，中国古代司法运作中存在组织结构上的层层审查，为减少自己作出的裁判方案被上级司法机构驳回和改判，"法官一旦受理诉讼，而又拿不准适用的法律条文时，他所具有的职业习惯自然会促使他考虑同类案件在法律上是否已经提出过，而过去不得不处理这一类案件的法庭是怎样理解具体法律的含义的。"③ 同时，上级司法机关为减少审查工作带来的负担，最直接的办法是在没有重大原因要求改变自己判决和认可的先例时尽量遵循先例。因此，中央司法机关自身有遵循自己判决和裁决先例的需要，另外，为了避免地方上同类案件重复呈报，把具有特定类型的判例公布，让地方遵循，也是一个办法。④ 其次，在行政兼理司法的传统法制体制下，司法裁判的职能在于化解纠纷，维护社会和谐、稳定，这就要求法官在法律适用中坚持"情罪相应"，追求案件罪名与量刑的绝对精确，最大限度实现个案正义，从而提高司法裁判的可接受性。而比照成案、先例进行裁判正是

---

① 刘昕杰、刘楷悦：《从比附援引到类推解释：传统司法方法的近代境遇——民国学者关于法律解释的一次争论》，载陈金钊、谢晖主编：《法律方法》（第18卷），山东人民出版社2015年版，第118－132页。

② 张骐等：《中国司法先例与案例指导制度研究》，北京大学出版社2016年版，第49页。

③ 胡兴东：《中国古代判例法运作机制研究：以元朝和清朝为比较的考察》，北京大学出版社2010年版，第46页。

④ 张骐等：《中国司法先例与案例指导制度研究》，北京大学出版社2016年版，第56页。

实现量刑精确化的有效司法技术。由此，无论从司法裁判运作中的层层审查机制，还是从行政兼理司法体制来看，古代判例制度的形成与传统行政色彩浓厚的司法体制密切相关。

综上所述，传统比类思维，尤其是伦类思维，在基础上是天理、国法、人情的权衡，"法先王"哲学观念的影响，具体确定、涵摄力弱的立法模式，行政色彩浓厚的传统司法体制等因素共同促成了中国古代判例制度的产生，当然，这些因素也成为型塑传统判例制度的理论渊源。在此意义上，这些因素成为解析中国古代判例援引技术的理论起点。

## 第二节　中国古代判例援引技术的实质条件

中国古代判例制度与西方判例制度的不同在很大程度上是源自其独特的推理方式——比类推理。而这一特殊的推理技术又源自中国古代特殊的儒家文化独步天下的人文背景和以"比""类"为基础的独特哲学思维。这成为古代判例援引技术实质条件考察的起点，比类推理技术就成为古代判例援引技术考察的重点。

（一）古代判例援引技术的思维基础

如上所述，中国古代判例援引技术植根于传统文化的沃土，是乡土中国千年滋养的历史产物。诚如学者所言，"中国古代司法适用中的比附援引，不能只是简单地将其作为一项司法技术进行研究，而应该从中国长期的农耕文明所决定的生产实践、生活实践对人类思维的影响角度，认识到比附援引作为一种思维方式在中国司法实践中存在的客观必然性。"[1] 作为传统判例制度的核心司法技术——比类推理，是中国传统文化在几千年法制实践中的技术结晶。其核心有两个概念："类"和"比"，正是在中国传统文化语境中两个概念的有机结合促成了传统判例制度的独有核心技术——比类推理。

---

[1]　黄春燕：《"类"概念：中国传统法比附援引的思想基础》，载《海南大学学报》2012年第2期，第93－99页。

1. "类"——比类推理的逻辑基础

在传统文化中，对"类"的概念进行深入思考、探究的首推墨子、荀子。墨子以事物的本质相同为思考的逻辑基础提出"同"的概念，将其细分为重、体、合、类四个层次，并对此作了详细的解释：二名一实，重同也；不外于兼，体同也；俱处于室，合同也；有以同，类同也。① 从而完成了对"类"的概念确立。在此基础上，荀子进一步明确了物类的概念，认为，"物类之起，必有所始。荣辱之来，必象其德。……草木畴生，禽兽群焉，物各从其类也。"② 荀子在此揭示了类是事物的本质，事物的异同是由事物类的本质所决定的，各种事物都服从于它们各自的发展规律。与"物类"认知相对，荀子提出了"伦类"的思想。主张"百发失一，不足谓善射；千里跬步不至，不足谓善御；伦类不通，仁义不一，不足谓善学。"③ "忠信以为质，端悫以为统，礼义以为文，伦类以为理，喘而言，蝡而动，而一可以为法则。"④ 比较荀子有关"物类"与"伦类"的认知，我们可以发现：在荀子看来，"物类，指的是自然领域的各种事物的类本质，即'物各从其类'；物有类属，情理同样也有类属，伦类指的就是情理的类属，面向的是社会领域中各种不同的社会关系，指的是人际间的伦理规范（或价值取向）的类同。"⑤ 由此，在对"类"的外延认知上，荀子的主张就从基于事物本质的事理范畴扩张到了基于仁义道德的情理范畴。社会实践中的比照、推类不仅具有逻辑性，还应当具有伦理属性。这种认知与西汉以后兴起的法律儒家化传统正相契合，由此，"伦类"思维成为中国传统判例制度的核心技术——比类推理方法形成的重要理论渊源。当然，"伦类"思维也成为型塑比类推理特性的一个重要因素。在律无正文无法可依的情况下，当案件事实与规范内的制度事实"事理切合"或"情理切合"就可以进行判例援引，依例作出裁判。在此，"情理切合"显然使判例的援引比西方判例制度多了一种适用理由。

---

① 吴龙辉等：《墨子白话今译》，中国书店 1992 年版，附录第 12 页。
② 王森：《荀子白话今译》，中国书店 1992 年版，第 1－2 页。
③ 王森：《荀子白话今译》，中国书店 1992 年版，第 3 页。
④ 王森：《荀子白话今译》，中国书店 1992 年版，第 160 页。
⑤ 黄春燕：《"类"概念：中国传统法比附援引的思想基础》，载《海南大学学报》2012 年第 2 期，第 93－99 页。

2. "比"——比类推理的核心技术

作为一种司法技术，"比"具有以下基本特征：首先，比是作为一种弥补法律漏洞的司法技术被广泛运用，而不是作为法律形式使用。其次，比是处理法律疑难案件的司法技术，它强调的是法律适用技术和过程，并不强调"比"的结果。这种特征至少在秦汉时期是一致的，因为这个时期"比"强调的是法律适用时的一种司法比附技术，而不是强调"比"后形成的新"类"型作为后来同"类"案件适用的"判例""先例"。最后，比是一种比类，它是在中国特有的"类"思想下形成的一种具有独特性的"类比"司法技术，在法律适用时具有类型化的倾向。① 这些特征实际上表明了古代判例制度形成的真正逻辑演进过程。即为了适应社会发展需要，司法者基于既有律令类比推理作出裁判，形成先例；当司法实践中再次出现类似案件时，再以典型先例为基础，通过类比推理依法作出裁判。其中前者是运用类比推理创制先例的过程，后者才是真正运用类比推理的依例裁判，才是真正的判例适用过程。正如学者所说，"比附是指断罪无正条而比照律令中事类相同的条文或判例来定罪判刑的制度。古代的比附包括律令比附和判例比附。"②

在"比"的过程中，真正具有可比性的是案件事实。案件事实层面上的比较是决定性和压倒性的，只要案件事实部分（尤其是关键事实部分）具有相似性，就可以决定法律适用上的相似性。法律适用上的相似性是附随的，并非与基本案件事实中相似性的比较位于同一层面上。③ 因此，"'相同案件'构成要素就是性质相同和情节相同，所以适用先例判决时，在推理上是以两个案件的性质或情节为中心进行的类推。"④ 综合以上分析可以发现："类"是"比"的前提，"比"是"类"的结果。在中国传统法制背景下，"比"的推理思维和"类"的类型化思维形成了认识事物、解决问题的比类推理技术。这种

---

① 胡兴东：《比、类和比类——中国古代司法思维形式研究》，载《北方法学》2011 年第 6 期，第 132 - 144 页。

② 胡新：《中国古代刑法中的比附》，载《法学评论》1994 年第 2 期，第 84 - 87 页。

③ 孙光宁：《反思指导性案例的援引方式——以〈《关于案例指导工作的规定》实施细则〉为分析对象》，载《法制与社会发展》2016 年第 4 期，第 90 - 102 页。

④ 胡兴东：《中国古代判例法运作机制研究：以元朝和清朝为比较的考察》，北京大学出版社 2010 年版，第 138 页。

司法技术不仅具有一般判例法中基于"事理切合"的推理，而且具有中国传统文化特点的基于"情理切合"的推理。正是在此意义上，比类推理较之类比推理能够更好地表达中国传统判例制度的司法技术特点。

（二）古代判例援引技术实质条件的具体应用

在判例创制与适用中，比类推理逐渐区分为"类推"与"比附"两种形态。如学者所说，"如果说类推的目的在于入罪，比附的主要功能则在于寻求适当的量刑。"[①] "类推解决了立法中罪名不可能穷尽带来的问题，使法律适用有了以有限之罪限无穷之情的案件的司法技术保证，比附则解决了中国古典司法判决中追求的情、理、罚相一致的司法需求。"[②] 可见，"类推"主要解决罪名适用问题，"比附"主要解决量刑上情理罪刑相应问题。只是这种情境中的类推、比附以律令正条为比照前提。基于现实的不断变化，这种类推、比附就逐渐变为以判例为前提了，因为后者更容易适应社会秩序的不断演进、变迁。由此在物类、伦类思维基础上形成了律令比附、律令类推、判例比附、判例类推四种比类推理的基本形态。其中基于伦类思维形成的比类推理是中国特有的一种推理形态，它以"将心比心"的伦理情境为比照基础，以进行道德教化、促进判决接受为目标，具有一种实质主义思维倾向。正是这种基于传统情理的比类推理对于完善案例指导制度，有效应对当下社会转型具有一定的借鉴意义。

具体到司法实践中，比类推理的适用主要包括：（1）寻找一个可作为比照基点的先例；（2）识别既有先例与问题案件在事实方面的主要相同点和不同点；（3）判断主要事实上的相同点还是不同点何者更为重要；（4）根据前述判断决定是否遵循先例。需要说明的是，这一推理过程的启动更多是单方行为，是司法者为免于案件拟判被上级司法机关驳回、改判或基于"情罪相应"的司法考量而主动进行的。在"陈龙用石掷伤马二抽风身死案"中，两处援引先例，一处针对陈龙应判"拟流"还是"拟绞"存在争议；另

①　陈新宇：《比附与类推之辨——从"比引律条"出发》，载《政法论坛》2011年第2期，第113–121页。

②　胡兴东等：《判例法的两面：中国古代判例选编》，云南大学出版社2010年版，第22页。

一处是对"是否独子亦准留养"存有争议。①

在前一争议中，直隶总督那苏图援引"苌悦割伤李有成中风身死案"主张应判"拟流"。那苏图认为，在"苌悦割伤李有成中风身死案"中，"缘苌悦拾镰划伤李有成肚腹，越六日中风殒命。将苌悦拟绞具题，奉部以'李有成系中风身死，自应照原殴伤轻之例定拟。不得因伤系金刃拟以绞抵，将苌悦改拟杖流'在案。洞彻因风致死之例，用法至平，所当取则。今陈龙石伤马二虽系致命，尚非金刃。马二甫经一夜辄解包洗涤，以致进风速死。陈龙应请仍照原拟拟流并请留养。"总督认为，苌悦案因金刃割伤导致中风死亡，刑部以"不得因伤系金刃拟以绞抵，将苌悦改拟杖流"，从轻发落；而本案在没有使用"金刃"的情况下中风致死，更应从轻发落。刑部则认为应判"拟绞"，总督所引先例在事实上与本案出入较大。"至该督所称苌悦割伤李有成肚腹，虽属致命，但其割伤一处，死越六日，原殴伤轻已可概见。今马二三处致命，二处见骨，当即受伤倒地，仅逾二日毙命，岂得援引附会。"通过比照，司法者发现二者相异点远大于相同点。由此，在对拟判案件主要事实与拟引先例规制的主要事实互相比对之后，刑部认为陈龙应依"斗殴杀人"律拟绞监候，秋后处决。在此一争议中，通过主要事实比对，先例被否决适用，不予遵循。

而在后一争议中，针对陈龙是否准予留养，在比照之后则是另一番图景。在此需要交代一下，在陈龙案审理过程中适逢特赦，该案"与恩旨减等之例相符，将陈龙减为杖一百、流三千里"。在是否可以"独子留养"问题上，那苏图认为"陈龙之父陈立刚，现年七十二岁，止生该犯一子，家无以次成丁，与留养例相符。"因此，"陈龙父老丁单，例应留养。但被杀之马二是否独子，查无确实籍贯，无从取结，碍难悬揣，应请不准留养。"刑部比照"林万树踢死不知姓名乞丐案"，"因该犯亲老丁单，其已死之乞丐是否父母尚存、有无兄弟，屡次示召，无人出认，林万树从宽免死，照例发落，准留养亲。"在被杀之人是否独子悬而未决这一主要争点上两案相同，因此，刑部参照先例依例作出了最终裁决。

---

① 全士潮等纂辑：《驳案汇编》，何勤华等点校，法律出版社2009年版，第12－13页。

另外，后一争议中还有一个问题值得探讨，即在斗杀案件中，独子存留养亲问题。据清代例载，"杀人之犯，有奏请留养者，查明被杀之人有无父母，是否独子，于本内声明。如被杀之人亦系独子，亲老无人奉侍，则杀人之犯不准留养。"① 此案也存在着对被害人是否独子这一特殊要件的具体考量。这种考量显然是一种传统社会"将心比心"换位思维的再现。因为存留养亲制度更多是基于人犯亲属实际生活情况的考虑，而在此类斗杀案件中对被害人亲属情况的考量显然与此无关，实际上，它是传统社会"伦类"思维的具体展现，是基于对社会领域中各种不同社会关系，尤其是人伦情理的权衡考量，是对"将心比心"的伦理情境的类推比附。

通过以上分析可以看到，古代判例制度中的比类推理既关心推理过程中的"事理切合"，更关心"将心比心"伦理情境适用的"情理切合"。在"事理切合"的推理中，主要关注拟判案件主要事实与拟引先例规制的主要事实之间的相同与相似；而在"情理切合"的推理中，则更关注"将心比心"的伦理情境的相同与相似。两种"切合"的统一才是古代判例制度追求的至高境界，因为它才是天理、国法、人情有机融贯的司法技术的真正体现。

## 第三节　中国古代判例援引技术的形式条件

作为一种司法技术，古代判例援引在形式上也具有其鲜明的个性特点。基于君主的御批程序，古代判例形成了成案与通行的区分。与此相关，古代判例的法律效力也形成了说服力与拘束力的层次界分；同时，判例援引的具体表现形式也是援引技术形式条件中需要考察的一个重要问题。

（一）古代判例基本形式分析

成案、通行都是比类技术下由封建律典衍生出来的法律渊源。《大清律》卷三十七《刑律断狱》中明确规定："除正律、正例而外，凡属成案，未经通行著为定例，一概严禁，毋得混行牵引，致罪有出入。如督抚办理案件，

---

① 全士潮等纂辑：《驳案汇编》，何勤华等点校，法律出版社 2009 年版，第 16 页。

果有与旧案相合可为例者，许于本内声明，刑部详加查核，附请著为定例。"① 由传统司法体制的行政特性所决定，古代判例的形成受君主御批程序的限制，解决疑难案件形成的一些典型案件判决经皇帝批准直接成为"通行"，拥有法律上的拘束力，成为先例，后来相同案件裁判时可以将它作为法律依据直接适用，而其他典型案件判决虽然未经御批成为通行，没有法律上的拘束力，但可以对后来同类案件具有一定的说服力。由此，"具有说服力的判例主要是在适用某一法律作出司法裁判时作为论证理由；具有拘束力的判例则是作为案件裁判的法律依据，以补充法律的不足。"② 但是，这种分类不能很好地反映古代判例在成文法背景下的基本作用和存在价值，因为作为具有拘束力的通行也可以成为准确适用法律的论证理由。实际上，先例因为未经皇帝御批只具有说服力，只能作为适用法律的依据而不能作为裁判案件的法律依据，补充法律之不足；而通行因为具有拘束力，既可以作为适用法律的依据也可以作为裁判案件的法律依据，补充法律之不足。

1. 作为依法裁判的法律依据

在"段升行窃粮署幕友衣服案"中，通过案件与先例比较，案件适用了先例中确定的法律规则，先例成为认定此案的法律依据。

"段升受雇与粮署幕友钱炘和在署服役。嗣钱炘和带同家人回寓，将门关锁，留段升在署照管。段升因工钱不敷使用，起意行窃，将房门锁扣拧落，用刀划开皮箱，窃得衣物。该省将段升依偷窃衙署服物例拟军等因。检查嘉庆二十四年陕抚咨李来福自幼跟随通判张约服役十有余载，配有妻室。嗣张约奉委外出，留李来福在署照应，李来福乏钱使用，潜取箱内貂皮甩当钱花用，迨至追问，自认偷窃，该省将李来福依偷窃衙署服物例拟军，核覆在案，与此案情事相同，自应照覆。"③ 在本案中，先例与裁判案件在衙署盗窃幕友衣物这一主要事实方面相同，在没有援引具体律令条文情况下，仅仅基于此先例中蕴含的法律规则就作出了司法裁判。可见，判例中蕴含的法律规则成为此案裁判的主要法律依据。

---

① 杨鸿烈：《中国法律发达史》，中国政法大学出版社 2009 年版，第 520 页。
② 张骐等：《中国司法先例与案例指导制度研究》，北京大学出版社 2016 年版，第 44 页。
③ 胡兴东等：《判例法的两面：中国古代判例选编》，云南大学出版社 2010 年版，第 139 页。

2. 作为适用法律的论证理由

在"军犯王大有留养案"中，通过两个先例的论证分析，证明本案适用法律是正当、合理的。先例成为法律适用正确的论证理由。

"乾隆五年谨按内载父母老疾，有一于此，即属应侍，不必老疾相兼等语。是父母皆属应侍之亲，不必父母俱系老疾，始准留养。检查乾隆四十二年本部核覆湖广省绞犯王述盛有父王思忠，现年六十九岁，母汪氏，现年七十二岁，家无次丁，声请留养。奉旨：准其存留养亲钦此。又，五十二年山东省免死减流之张子有父张作栋，现年六十八岁，母李氏，现年六十岁，现成瘫疾，家无次丁，行令该抚准其存留养亲。以上二案，其父均年未及七十，尚可谋生，而其母或老或疾，俱准其存留养亲。今山东省军犯王大有，有父王灿，现年虽仅（只）六十二岁，但其母孙氏已有七十二岁，自应准其留养。"① 在本案中引用乾隆五年的法律，存在"父母老疾"是指父母皆"老疾"还是只要其中任何一人存在问题即可的质疑。先例乾隆二十四年湖广省王述盛案中仅有母亲汪氏达到"老"。乾隆五十二年山东省张起子案中，仅有母亲是"疾"，两案皆适用乾隆五年的法律，因此，本案可以适用这一法律规则。由此可见，在本案例中，判例只是正确适用法律的论证理由，而不是裁判案件的法律依据。

（二）古代判例具体援引形式分析

中国古代判例援引在形式上一般包括四个部分：提出争点、检查先例、比类先例、据例裁判。下面结合"民妇赵张氏商同伊婿张翔鹄勒死伊女张赵氏案"② 作一分析。

1. 提出争点

在此案中，判例首先提出案件争点之一："至张翔鹄勒毙妻命，系听从

---

① 胡兴东等：《判例法的两面：中国古代判例选编》，云南大学出版社 2010 年版，第 82 页。

② 全士潮等纂辑：《驳案汇编》，何勤华等点校，法律出版社 2009 年版，第 330 页。胡兴东等：《判例法的两面：中国古代判例选编》，云南大学出版社 2010 年版，第 159－160 页。《刑案汇览》《驳案汇编》是古代判案汇编，其中《驳案汇编》所收判例一般都是原档案卷宗的复录，很少修饰加工；正因为它很少修饰加工，全方位地保存了当时司法、行政的原貌，有真实性和有很强的可信度。笔者在研读清代判例过程中，在《驳案汇编》《刑案汇览》中同时看到"民妇赵张氏商同伊婿张翔鹄勒死伊女张赵氏案"的刑部驳议材料和成为通行的具体裁判。因此，本书以其为样本并参考其他案例对古代判例援引技术的形式要件进行分析。

加功之人，该抚以律无明文仍将张翔鹄依'杀妻'本律定拟绞候，不特与本夫自行谋故杀妻者无别，且与'凡人听从加功谋命，拟绞'之条致滋牵混。揆之情法，未为允平。"案件争点往往是案件判决的疑难之处，也是需要法律规制的重要案件事实，因此，提出争点就意味着找到了解决问题的关键，这是援引先例的逻辑起点。

2. 检查先例

在明确争议问题基础上，寻找与争议问题相关的成案、通行："随检查乾隆三十七年四川总督阿尔泰题叙'永听李如榜殴妻杨氏伤重垂危，料不能生，听从义父傅天成主令假作自缢，希图卸罪，即取麻绳递给傅天成，将杨氏悬吊殒命。'该督将为首之傅天成依'谋杀人，造意'律拟斩监候，李如榜照'尊长谋杀卑幼，于绞罪上减一等'杖一百、流三千里。"在检察先例部分，元代一般通过"比依""照得"等词引出先例名称，清代判例则一般会在"检查""查""比照""又"等字后列出先例名称及案件主要事实、蕴含的裁判规则（裁判理由）。引用的内容一般包括：发生年份、省份名称、原被告姓名、案件争点、裁判理由等。通过检查先例为争议问题的解决提供了一种可供参照的司法方案。

3. 比类先例

将案件争点同先例进行比照，决定是否援引先例："张翔鹄听从妻母赵张氏将伊妻赵氏谋勒毙命，与李如榜听从义父傅天成将伊妻杨氏悬吊致死事同一辙，似可援照定拟。"实际上，是在案件争议事实与先例规制的主要事实之间相互比对，看二者是否相同或是相似点多还是相异点多。如果相同点或相似点多则遵循先例，否则不予遵循，另行寻找裁判依据或者对先例进行变通适用。这成为解决司法争议的关键环节。

4. 据例裁判

通过相关事实比对，认为可以援引先例，将先例蕴含裁判规则类推适用于拟判案件："应请将张翔鹄改照李如榜之案于绞罪上减一等，杖一百、流三千里。"中国古代在立法上追求精确性、具体性，因此，据例裁判司法者往往将先例判决结论直接援用到拟判案件中，不予改动。这既是古代立法技术追求目标的再现，也是比类推理技术实质主义倾向的表现。由此，通过据例裁判圆满地解决了司法争议，实现了依法裁判、"情罪相应"。

在古代司法实践中，基于成文法的制度背景，判例援引经常与律令适用同时出现，判例援引主要是为了对律令条文进行解释和补充，从而更好地促进成文法适用；同时，为了更准确地适用律令条文，有时会同时引用两个以上先例作为适用依据或论证理由，这种情况通常表述为"又"，以表明援引了两个或两个以上的判例。因此，古代判例制度援引适用的具体形态多种多样，不一而足。在形式上总体是遵循提出争点、检查先例、比类先例、据例裁判的逻辑结构在判决中予以表述的。

## 第四节　中国古代判例援引技术的当代借鉴

"在从立法实践到司法实践这一法学研究范式转换的背景下，随着中国传统法的现代意义的不断追问，中国法律史的研究日益从探讨律令制度逐步转向对司法实践的关注，以探讨其可能的现代价值。"① 与此同时，案例指导制度在我国司法实践中全面展开。在此背景下，对中国古代判例援引技术的解析，无疑更具有问题意识、实践价值。通过解析古代判例援引技术，可以为当下案例指导制度的推行和完善提供一定的历史借鉴。

（一）比类推理的当代实践价值分析

在继承儒家伦理文化核心精髓的基础上，荀子提出了"伦类"思维的概念，以此为基础，荀子认为，"圣人何以不可欺？曰：圣人者，以己度者也。故以人度人，以情度情，以类度类，以说度功，以道观尽，古今一也。类不悖，虽久同理，故乡乎邪曲而不迷，观乎杂物而不惑，以此度之。"② 因此，在荀子看来，"君子位尊而志恭，心小而道大；所听视者近，而所闻见者远

———————

① 黄春燕：《"类"概念：中国传统法比附援引的思想基础》，载《海南大学学报》2012 年第 2 期，第 93 – 99 页。

② 王森：《荀子白话今译》，中国书店 1992 年版，第 41 页。

是何邪？则操术然也。故千人万人之情，一人之情是也；天地始者，今日是也；百王之道，后王是也。君子审后王之道，而论于百王之前，若端拜而议。推礼义之统，分是非之分，总天下之要，治海内之众，若使一人。"① 君子足不出户而天下的情况都聚集在他的周围，就是因为君子掌握了正确的方法，那就是要推究礼义纲纪，分清是非界限，总览天下枢要。由此，荀子认为，"《礼》者，法之大分、类之纲纪也，故学至乎《礼》而止矣。"② 在此，如果我们要问荀子整个理论推演的逻辑前提是什么，那么，在荀子看来它一定就是"礼"，也就是他所界定的"伦类"概念。这一概念"所指涉的是各种不同的人际关系，它可以说是与儒家的德行用语相关的一种'类'的特殊用法。"③ 在荀子礼义之推理念的作用下，就形成了一种基于儒家伦理的语用推理，这就成为塑造中国传统判例制度的比类推理的主要理论渊源。在这一推理之下，传统的判例推理不仅包括"事理切合"的推理，还包括"情理切合"的推理。这种推理与传统法律儒家化特性正好契合，由此，在司法实践中形成了具有儒家化色彩的传统判例制度。这种制度最大的不同之处就是形成了"将心比心"的情理推演。它解决了实践中存在的"律法虽周，无成案每虞出入；五听具备，而实缓犹待称量"④ 的司法难题；同时，法律儒家化传统经过比类推理变得更为深入、完善，自然宗法关系的历史积淀也成为中国传统法律精神的真正底蕴所在。

随着我国社会深度转型，法治中国建构向纵深推进，脱胎于乡土社会的当代中国，关注伦理、关注人情的文化传统并没有因为现代文明的主导而退出历史舞台，相反，它还在继续深入影响着国人的精神世界和日常生活。儒家文明的当代复兴足以证明这一判断的正确。因此，当个案正义成为人们的一种精神期待时，不仅需要裁判的"事理切合"，"将心比心"的"情理切合"也应成为司法者裁判案件时需要思考的一个重要维度。由此，传统司法实践中基于伦类思维的比类推理就成为当代司法实践中可资借鉴的一种法律

---

① 王森：《荀子白话今译》，中国书店 1992 年版，第 20 页。
② 王森：《荀子白话今译》，中国书店 1992 年版，第 2 页。
③ 张斌峰：《荀子的"类推思维"论》，载《中国哲学史》2003 年第 2 期，第 66－72 页。
④ 全士潮等纂辑：《驳案汇编》，何勤华等点校，法律出版社 2009 年版，序。

方法。通过这种方法可以在尊重既有法律规则的前提下融入对伦理道德、风俗人情的适当考量，从而在"将心比心"伦理情境的推理中提高司法裁判的可接受性。

（二）成文法背景下判例适用效力分析

《关于案例指导工作的规定》第 2 条规定："本规定所称指导性案例，是指裁判已经发生法律效力，并符合以下条件的案例：（一）社会广泛关注的；（二）法律规定比较原则的；（三）具有典型性的；（四）疑难复杂或者新类型的；（五）其他具有指导作用的案例。"从规定中可以看出，指导性案例主要包括两类：针对原则性法律规定具体化的解释型指导性案例和针对疑难复杂或新类型社会纠纷的"造法"型指导性案例。第 1、3 项规定不是具体类型，而是特征描述，是对所有指导性案例都具备的典型外部特征的描述。第 5 项规定是兜底条款，并不是一种具体类型。因此，可以推断，指导性案例既可以作为司法裁判的法律依据，具有法律约束力；也可以作为解释、论证法律适用是否准确的裁判理由，具有法律说服力。但是，《〈关于案例指导工作的规定〉实施细则》第 10 条规定：各级人民法院审理类似案件参照指导性案例的，应当将指导性案例作为裁判理由引述，但不作为裁判依据引用。前后两款规定之间明显存在矛盾。

判例在法律上的效力在普通法系国家与民法法系国家是不一样的。在普通法系国家，判例具有法律上的约束力，人们通常称为"遵循先例原则"。而在民法法系国家，判例或者说先例一般不具有法律上的约束力，只具有一种法律上的说服力。[①] 通过考察我国古代判例制度可以发现：我国古代存在两种判例形式，先例与通行。先例因为未经皇帝御批只具有说服力，只能作为适用的法律依据而不能作为裁判案件的法律依据，补充法律之不足；而通行因为具有拘束力，既可以作为适用的法律依据也可以作为裁判案件的法律依据，补充法律之不足。比较二者可以看到：同样都是制定法背景，大陆法系的判例仅具有说服力；而传统中国的司法判例不仅具有说服力，而且具有

---

① 张骐：《论中国案例指导制度向司法判例制度转型的必要性与正当性》，载《比较法研究》2017 年第 5 期，第 131 - 145 页。

拘束力。进一步分析，法院形成判例的权力内在于法官司法自由裁量权。法官在被授权司法时，已经被授权形成判例的权力。在成文法背景下，当法官依照法律裁判新型、疑难或者复杂案件的时候，法官可以在法律秩序的框架内运用类比推理进行创造性司法。实际上，对于制定法没有明确规定的案件，法官依照法律的精神、原则运用类比推理进行创造性思维和裁判，既是创造性司法，也是依法办事、实现法治；由此形成具有普遍性的个案裁判，既是司法判决，也是可以被参照、效法的判例。① 因此，既然允许法官进行创造性司法，就应当允许判例作为裁判依据予以引用，就应当赋予既有判例应有的法律约束力，使其可以成为裁断案件的法律依据。

在运用判例区别技术、寻找案件争点、转化争议焦点、将价值之争转化为价值的实现方式等其他相关司法技术的基础上，对拟判案件主要事实与拟予援用先例规制的主要事实进行充分比对，以此为基础决定遵循先例还是区别先例，最终根据援用先例蕴含的法律规则依法作出裁判，于此过程中法官的恣意裁判是可以避免的。但是，在当下我国司法实践中，案例指导制度还处在发展、完善过程之中，法官运用判例的技术也在培养、训练之中。如果既允许将指导性案例作为裁判理由引述，又允许将指导性案例作为裁判依据引用，实践中指导性案例适用就存在着一定的恣意可能，在此意义上，现阶段将指导性案例定位在裁判理由引述上是恰当的。随着我国案例指导制度的发展、完善，法官运用判例技术的日益提高，赋予指导性案例在说服力与拘束力方面的完整判例效力就是自然而然、水到渠成之事。

（三）判例推理中主要事实比照探讨

在英美法系国家中，判断一个先例是否对本案具有拘束力主要取决于三个方面：一是本案法院与先例法院之间的等级关系，这决定着本院总体上是否应受先例法院的拘束；二是先前判决中对法律规则的总结是否构成判决理由；三是先例与本案在事实问题上是否相关。除司法体制的因素外，在这三项条件中真正决定判例拘束力的只有案件关键事实这一要素。因为所谓判决

---

① 张骐：《论中国案例指导制度向司法判例制度转型的必要性与正当性》，载《比较法研究》2017年第5期，第131-145页。

理由，就是法官基于关键事实作出判决时对其最终决定具有决定意义的法律命题。只有这些理由才能构成对后案的约束。这里的"关键事实"不仅是支撑法官作出判决的基础，而且也是未来判例适用中沟通判例与待判案件的基础。在此意义上，二、三两项条件的核心都在于事实问题，尤其是待判案件的关键事实。关注先例和手头的案件在事实方面是否存在实质不同，以致足以保证其所适用的规则也必须是不同的。只有关键事实类似、相关，先例的判决理由才能适用于本案；而且前后两案在事实上的相关性也只是指关键事实上的相关性，而不可能扩及非关键事实。① 因此，"当一个判例的事实与一个问题案件的事实相似到要求有同样的结果时，我们就说一个法官或判决依照判例（除非这个早先的判决被否决）；而当一个判例的事实不同到要求不同结果时，我们就说一个法官或案件区别判例。"② 在此，只要案件事实部分（尤其是关键事实部分）具有相似性，就可以决定法律适用上的相似性。法律适用上的相似性是附随的，并非与基本案件事实中相似性的比较位于同一层面上。

　　然而《〈关于案例指导工作的规定〉实施细则》第 9 条规定：各级人民法院正在审理的案件，在基本案情和法律适用方面，与最高人民法院发布的指导性案例相类似的，应当参照相关指导性案例的裁判要点作出裁判。这就要求指导性案例只有在基本案情与法律适用两方面都具有相似性时才可适用。这一规定显然与司法实践中的实际操作存在差异。从前述关于英美法系判例适用条件分析、中国古代判例援引实质条件分析中可以发现：在判例适用中，主要是比照拟判案件争议事实与拟以援引先例规制的主要事实之间的相似性，法律适用相似性更多是一种附随判断。正如学者所说："后案之所以可以适用前案的判决理由，是因为前后两案在关键事实上的相似性。"③ 因此，对最高司法机构的这一规定可以理解为：只要拟判案件争议事实与拟予援引判例规制的主要事实之间具有相似性，就可以决定法律适用上的相似性，从而就

---

　　① 陈兴良主编：《中国案例指导制度研究》，北京大学出版社 2014 年版，第 666 – 670 页。

　　② ［美］史蒂文·J. 伯顿：《法律和法律推理导论》，张志铭、解兴权译，中国政法大学出版社 1998 年版，第 35 页。

　　③ 陈兴良主编：《中国案例指导制度研究》，北京大学出版社 2014 年版，第 668 页。

可以断定拟判案件可以对该指导性案例予以援用，"其基本形式是：当下个案与先例有重要的相同点或相似性；先例的解决蕴含着某个相关规则；所以当下个案的解决应当运用此规则。"①

（四）判例可予援引内容的思考

从形式上看，清代判例与指导性案例的一个重要区别在于没有针对案件的裁判要点归纳。在英国，先例主要，由裁判理由和附随意见构成，没有明确的裁判要点归纳；② 德国存在对案件裁判要点的归纳。在德国，一般裁判要点和裁判理由都在法律适用中发挥重要作用。裁判要点是多数裁判引用，甚至直接引用原文的对象；而裁判理由同样也是法官经常参考的内容。③《关于案例指导工作的规定》第 3 条规定：指导性案例由标题、关键词、裁判要点、相关法条、基本案情、裁判结果、裁判理由以及包括生效裁判审判人员姓名的附注等组成。《〈关于案例指导工作的规定〉实施细则》第 11 条规定：在办理案件过程中，案件承办人员应当查询相关指导性案例。在裁判文书中引述相关指导性案例的，应在裁判理由部分引述指导性案例的编号和裁判要点。在此，我们可以看到：裁判理由和裁判要点在现代司法实践的三种先例制度中作用明显不同。裁判理由在我国案例指导制度中没有被确认为可予援用；而在英国先例中裁判理由是先例的主要构成要素和先例援引的主要内容；在德国判例制度中也是法官经常参考的内容。裁判要点在英国先例中没有出现；在德国判例制度中裁判要点是多数裁判引用，甚至直接原文引用的对象；而在我国的案例指导制度中裁判要点成为应予援引的主要内容。

司法案例的裁判要点通常从裁判理由中提炼而成，而裁判理由又围绕案件争议焦点展开。在此意义上，裁判理由是司法裁判的自然产物，而裁判要点则是法律适用的人工结晶。不管人类理性思维能力有多么强大，人造之物与自然结果之间还是存在一定程度差异的，裁判要点不能将裁判理由这个司法天然矿藏予以全部开采和利用。因此，从现实出发，"可以由专人归纳裁

---

① 王洪：《制定法推理与判例法推理》，中国政法大学出版社 2016 年版，第 295 页。

② 陈兴良主编：《中国案例指导制度研究》，北京大学出版社 2014 年版，第 666－668 页。

③ 曹志勋：《论指导性案例的"参照"效力及其裁判技术》，载《比较法研究》2016 年第 6 期，第 117－119 页。

判要旨，但不必另写现行指导性案例中的判决理由，而只需对案件当事人姓名等信息进行加工处理（出于保护隐私之目的）后直接发布原来的判决书原文。"① 具体到案例援引，裁判要点、裁判理由可以一起发挥作用，使二者均成为司法裁判予以援引的具体内容。

随着我国法治由制度设计到制度实施的演进进程，案例指导制度开始走进人们视野。法学研究也由关注外来制度、理论引进开始转向对传统文化的"历史回采"。实践需求与历史回看的结合成为这里思考的逻辑起点。传统比类思维，尤其是伦类思维在基础上是天理、国法、人情的权衡，"法先王"哲学观念的影响，具体确定、涵摄力弱的立法模式，行政色彩浓厚的传统司法体制等因素共同促成了中国古代判例制度的产生，当然，这些因素也成为型塑传统判例制度的理论滋养。在此意义上，这些因素成为解析中国古代判例援引技术的理论起点。在其具体实施过程中，比类推理技术，尤其是"伦类"思维基础上的类比推理，对于完善我国正在推进的案例指导制度在应对社会转型、融入国人生活方式方面无疑具有重要的借鉴意义；从个案援引判定条件分析，在拟判个案与拟引先例比对中，关键争议事实是遵循先例还是区别先例的主要判断标准，这也可以为我们设定先例援引判定标准提供一定借鉴；裁判依据与论证理由的区分对于我们界定指导性案例的法律效力无疑具有一定的借鉴意义；另外，古代判例中裁判要点的"缺席"，也可以给我国当下指导性案例援引范围的界定提供一定的借鉴参考。因此，"以史为鉴，面向未来"作为一种新型司法机制，案例指导制度的推进和完善需要逐渐融入国人生活、规制国人行为，这不仅需要科学的运作，还需要逐渐获得社会认同，在供体和受体之间形成共识，因此，关注国人的既有经验、社会的积淀传承就成为一种必然，古代判例援引技术研究就是对这种关注的回应，其中的一些经验或许可以成为完善我国案例指导制度的历史借鉴。

---

① 陈兴良主编：《中国案例指导制度研究》，北京大学出版社 2014 年版，第 743 页。

**第五章**

# 援引指导性案例的基本现状与完善方向

指导性案例参照效力模糊，相关主体对参照效力的定位、参照对象及标准等缺乏统一理解。指导性案例的总体参照率低迷，参照效力受到案例数量、审级制度、案件类型、案例说理程度等因素的影响。回应现实、遵循规律，明确指导性案例的参照效力属性、增加案例数量、调整案例成分、强化类比技术与修辞方法等措施，是提升与保证指导性案例参照效力的一条可能进路。案例指导制度设立的初衷在于实现同案同判、同法同解，为司法活动提供合理预期。但此目的能否实现及实现程度，皆取决于指导性案例本身的参照效力。因此对本身笼统而模糊的"参照效力"进行评析，梳理、明晰"参照效力"的典型特征与运行规律，提出参照效力的保障方法，对于真正发挥指导性案例的实效而言，是一项相当紧迫的任务。

## 第一节　何谓参照效力：具体形态与基本内容

（一）参照效力的具体形态

在案例指导制度中，参照效力属何种效力是最引人关注的问题，也是争议最大的问题。《关于案例指导工作的规定》（以下简称《规定》）将指导性案例的效力定位为"应当参照"，可惜无法辨别究竟是侧重于具有强制色彩的"应当"，还是侧重于具有裁量可能性的"参照"。① 雷磊认为"大多数官员与学者认为指导性案例具有事实拘束力"。② 而吴建斌则断言"有关指导性案例研究的文献不断涌现，强调其具有拘束力的学者已经不多"。③ 人们在案例指导制度建立之前就已经开始讨论其参照效力，建立之后该问题依然悬而未决。"应当参照"的效力定位非但没有起到澄清作用，反而引发了更大的词义争端。④

在中国知网，笔者分别以"指导案例的参照效力""指导性案例的参照效力""案例指导制度的参照效力"为主题，截至 2017 年 5 月 1 日，检索到发表于正式期刊上的文章数量分别为 38 篇、36 篇、39 篇。除其中的重复文章外，共有 54 篇文章的主题与这里的主题相关。统计后发现，绝大部分文章都认为指导性案例应当具有较强的效力（见表 5－1）。在 54 篇相关文章中，认为指导性案例仅具说服力的文章只有 2 篇，比例仅为 3.7%。⑤ 其余52 篇文章皆或多或少地认为指导性案例应当具有某种程度的拘束效力，属于绝对的多数。尽管拘束力说处于主流地位，但对于拘束力的具体类型却聚讼不已，无法确定究竟是法律拘束力还是事实拘束力。而两种拘束力的主要区别在于有无法律的明文规定，前者基于法律的明确授权而获得法律效力，后者则基于审级制度、奖惩机制等而在事实上具有拘束力。⑥ 值得一提的是，无论有关参照效力具体类型的争议如何激烈，均无人否认法官的回应义务。即参照效力应当是一种完全（完整）的效力，人们对此问题

---

① 孙光宁：《案例指导的激励方式：从推荐到适用》，载《东方法学》2016 年第 3 期；胡云腾、罗东川、王艳彬、刘少阳：《〈关于案例指导工作的规定〉的理解与适用》，载《人民司法》2011 年第 3 期；罗东川：《案例指导工作面面观》，载《法制资讯》2011 年第 5 期。

② 雷磊：《法律论证中的权威与正确性——兼论我国指导性案例的效力》，载《法律科学》2014 年第 2 期。

③ 吴建斌：《公司纠纷指导性案例的效力定位》，载《法学》2015 年第 6 期。

④ 案例指导制度建立之前的 7 篇论文均不否认指导性案例应当具有拘束力，而案例指导制度于2010 年建立以后的 47 文章中则有 2 篇认为指导性案例仅应当具有说服力，观点出现了分歧。

⑤ 两篇文章分别为徐清霜：《刚性司法中的"灵动之光"》，载《山东审判》2013 年第 1 期；张娟：《论案例指导制度》，载《东北大学学报》（社会科学版）2011 年第 2 期。

⑥ 泮伟江：《论指导性案例的效力》，载《清华法学》2016 年第 1 期；王琳：《论我国指导性案例的效力——基于实践诠释方法论的思考》，载《四川师范大学学报》（社会科学版）2016 年第 6 期。

的看法并无二致。

表5-1　参照效力的理论形态

| 参照效力具体形态 | | 文章数量 | | 比例 | |
|---|---|---|---|---|---|
| | | 数量 | 汇总 | 比例 | 汇总 |
| 拘束力 | 事实拘束力 | 14 | 51 | 25.93% | 94.44% |
| | 法律拘束力 | 23 | | 42.59% | |
| | 其他拘束力 | 9 | | 16.67% | |
| | 难以辨别 | 5 | | 9.26% | |
| 说服力 | | 2 | 2 | 3.70% | 3.70% |
| 不明确 | | 1 | 1 | 1.85% | 1.85% |

　　有关指导性案例参照效力具体形态的讨论之所以重要，是因为它能告诉我们应该如何运用案例提升司法的正当性。但案例指导制度从根本上讲是实践性很强的制度，仅凭某种学说很难给出一个令人信服的结论，应重视通过实践的考察。① 为此我们以较权威的中国裁判文书网为数据来源，将时间限定为第一批指导性案例发布之日的2011年12月20日至2017年5月1日，分别以"指导案例""指导性案例""案例指导制度"为关键词进行全文检索，各录得文书1469份、1227份、7份。除其中的重复文书、不符合条件的文书外，共得文书1545份。② 在1545份裁判文书中，有3份文书为双引用，即同一份文书参照2个指导性案例、包含2个独立的参照行为。③

　　逐份统计分析后发现，实践中的指导性案例往往只产生了不完全效力，即当事人等法院以外的主体提出了参照要求但法院并未回应，参照效力残缺

---

　　① 袁秀挺：《我国案例指导制度的实践运作及其评析——以〈最高人民法院公报〉中的知识产权案例为对象》，载《法商研究》2009年第2期。

　　② 不符合条件的文书，是指文书中所涉案例并非案例指导制度意义上的指导案例，具体包括最高人民法院《公报》案例、《人民法院报》案例、《刑事审判参考》案例、《民事审判指导与参考》案例、《最高人民法院商事审判指导案例》所载案例、《中国行政审判指导案例》所载案例、《人民司法·案例》所载典型案例、《中国知识产权指导案例评注》所载案例、食品药品纠纷典型案例以及地方各级法院发布的指导案例。

　　③ 涉及双引用的三份裁判文书为：（2017）豫08民终351号、（2016）川0792民初1054号、（2014）浙04民终1745号。

不全。只有较少情况下产生了完全的效力，即法院对其他主体的参照要求予以回应，从而产生完全的参照效力，抑或法院主动参照案例而对法院本身和其他主体均施以影响，从而产生完全的参照效力。而前述拘束力与说服力其实也就是完全效力的两种类型。具体而言，在1545份裁判文书的1548次参照行为（"参照行为"是"涉及参照问题的行为"的简称，下同）中，不完全效力有886次，占据了57.24%。① 只有662次参照行为产生了完全效力，比例为42.76%。其中661次为说服力，1次为拘束力（见表5–2）。② 与理论研究的主流相迥异，司法实践中的完全说服力显得异常萎靡，拘束效力更是黯然消逝。理论研究与司法实践截然二分，完全看不到两者的良性互动。

表5–2　参照效力的实际形态

| 效力形态 | | 效力次数 | | 比例 | |
|---|---|---|---|---|---|
| | | 单项 | 合计 | 单项 | 合计 |
| 不完全效力 | | 886 | 886 | 57.24% | 57.24% |
| 完全效力 | 拘束力 | 1 | 662 | 0.06% | 42.76% |
| | 说服力 | 661 | | 42.70% | |

虽然，指导性案例经由最高人民法院审委会讨论通过、以规范性文件的形式发布，程序的严格性与正规性甚至不亚于司法解释，但是其效力强度显然不及司法解释，指导性案例与司法解释之间的同源性难以抹平既存的效力鸿沟。如此看来，实现从不完全效力到完全效力的进化，远比拘束力的强化更为现实和紧迫。

（二）具有参照效力的基本内容

即便暂不讨论参照效力具体形态问题，指导性案例的哪一部分具有参照效力同样是一个悬而未决的难题。王彬认为"只有裁判要点具备在判决理由

---

① 3份双引用文书包含6个参照行为。若同一份文书多次提及同一个案例，则其参照次数为一次，归属于同一个参照行为。

② 指导性案例实际上产生拘束力的裁判文书是：（2013）甬海西商初字第262号。

中进行援引的资格"①，而曹志勋则断定"无论规则的抽象程度如何，理解规则都必须结合判例的案件事实，否则就将僭越司法权的边界。"② 虽然《〈关于案例指导工作的规定〉实施细则》（以下简称《细则》）对参照问题进行了细化，但相关争议并未因此而尘埃落定。③

对于具有参照效力的具体内容，如表 5 - 3 所示，有 7 篇文章认为应当只参照裁判要点，在 54 篇文章中占比 12.96%；还有 19 篇文章则对此观点嗤之以鼻，认为指导性案例的参照不应存在限制问题，占比为 35.19%；当然，没有表明观点的文章则更多。不难看出，与单一的裁判要点相比，多元的参照内容更受青睐。另外一个较为明显的现象是，相比于学术界，实务界更倾向于认为具有参照效力的内容仅包括单一的裁判要点。④ 在 7 篇认为应当参照单一裁判要点的文章中，5 篇来自实务界，占比 71.43%。

表 5 - 3　理论上具有参照效力的内容

| 具有参照效力的内容 | 作者观点 | | 作者来源 | | | |
|---|---|---|---|---|---|---|
| | 文章数量 | 比例 | 学术界 | 比例 | 实务界 | 比例 |
| 单一的（裁判要点） | 7 | 12.96% | 2 | 28.57% | 5 | 71.43% |
| 多元的 | 19 | 35.19% | 15 | 78.95% | 4 | 21.05% |
| 不明确 | 28 | 51.85% | 17 | 60.71% | 11 | 39.29% |

正因为当前人们对参照内容认识不一，尤有必要正确评价实践的运作，以对有益经验加以总结、提炼，对缺失之处加以弥补、完善，从而保证制度建构在一个扎实的基础上。究竟哪一部分具有参照效力，还是得靠事实说话。

在 1545 份裁判文书的 1548 次参照行为中，共有 1021 次可以辨明指导性

① 王彬：《案例指导制度下的法律论证——以同案判断的证成为中心》，载《法制与社会发展》2017 年第 3 期。
② 曹志勋：《论指导性案例的"参照"效力及其裁判技术——基于对已公布的 42 个民事指导性案例的实质分析》，载《比较法研究》2016 年第 6 期。
③ 李森：《新一轮司法改革背景下案例指导制度的新问题》，载《山东社会科学》2016 年第 8 期。
④ 以第一作者所在单位为节点，54 篇文章分别被归入学术界与实务界。

案例编号。① 在可以辨明案例编号的引用中，除标题和关键词（辅助作用）外，503 次参照行为只参照了单一的内容，比例为 49.27%；131 次参照行为则参照了两项以上内容，比例为 12.83%；还有 37.9% 的参照行为则无法分辨出究竟参照了指导性案例的哪一部分（见表 5-4）。虽然作为个体经验整体化的裁判要点具有相对较高的实际参照效力，在所有可以辨别编号的参照行为中有 26.44% 的文书参照了裁判要点，但是显然 60.72% 以上的案件并没有明确参照裁判要点，参照裁判要点的情况只是少数。由此观之，实际上具有参照效力的内容并未囿于单一要点，学术界的主流观点似乎比实务界的主流观点更具合理性。

表 5-4　实际上具有参照效力的内容

| 参照内容 | | 参照频率 | | 比例 | |
|---|---|---|---|---|---|
| 要素分类 | 具体要素 | 单项频率 | 合计 | 单项比例 | 合计 |
| 单要素 | 裁判要点 | 270 | 503 | 26.44% | 49.27% |
| | 相关法条 | 2 | | 0.2% | |
| | 基本案情 | 89 | | 8.72% | |
| | 裁判结果 | 17 | | 1.67% | |
| | 裁判理由 | 125 | | 12.24% | |
| 双要素 | 两个以上 | 131 | 131 | 12.83% | 12.83% |
| 其他 | 难以辨别 | 387 | 387 | 37.9% | 37.9% |

至此可以得出两个基本结论：其一，理论研究倾向于完全的拘束力，其中拘束力说占据主流地位，而司法实践的主流却是不完全效力，理论预设并未改变实践走向；其二，司法实践中具有参照效力的内容并未局限于单一的裁判要点，学术界主流观点与司法实践不谋而合。

---

① 在 1545 份涉及参照问题的文书中，有 1018 份文书可以辨明被引案例编号（其中 3 份为双引用文书）。其余 527 份文书虽然也涉及指导性案例的参照问题，但并不涉及具体案例或无法辨明案例编号。例如，在（2015）民申字第 84 号再审民事裁定书中，再审申请人只是在不断强调案例指导制度的相关规定，而未指明到底参照了哪个案例。这些文书虽不涉及具体案例，但确实与指导性案例参照效力有关，如果不统计这一部分，有关研究结论可能就会不完整、不全面，甚至有失偏颇。基于此，笔者最终统计了此类文书。

## 第二节  参照效力如何表现：典型特征与运行规律

综观相关文献可以发现，虽然现有理论研究对参照效力的定位和参照效力的内容关注较多，但是对参照效力的运行规律却极少关注。而且现有研究大多聚焦于定性分析，致力于法律公理体系的建构，对定量分析则关注不足甚至有疏离社会现实之嫌。《规定》和《细则》所强调的应然效力在多大程度上转化成了实然效力？参照效力有何特征？哪些因素对参照效力产生了影响？参照效力有何运行规律？如此等等，均鲜有专门研究。就此而言，这1545 份裁判文书是摸索和尝试阶段仅有的本土素材与实证资料，是剖析参照效力真实境况及负载信息的基础。①

（一）参照效力的典型特征

当前参照效力最典型的特征是效力强度的微弱化。在所有的裁判文书中，仅有不到万分之 0.6 的裁判文书涉及参照问题，也即每超过 1.8 万份裁判文书才有 1 份涉及参照问题。② 在浩瀚的文书海洋中，涉及参照问题的裁判文书只是沧海一粟。如果从法院的角度来看，本案法院仅在 662 份文书中主动提及指导性案例或被动回应是否参照了指导性案例，在被收录文书中占比不足万分之 0.24，这意味着每超过 4 万份文书才会有 1 份文书是法院主动提出参照或对当事人的参照要求作出了答复。参照效力的式微与设立案例指导制度的初衷形成了巨大落差。尽管有一部分是参照案例但并未明确提及的"隐名参照"③，但是这从一个侧面说明了我们的法官仍缺乏制度自信。

评价参照效力强弱的另一个角度是被参照案例数量。在 87 个指导性案例

---

①  本书只涉及显名参照。隐名参照易于滥用、难以验证、无法监督，而且难以从案例库中检索样本，对其进行较为全面的分析存在困难。

②  在本书统计的日期范围内，中国裁判文书网收录的文书总数为 28047943 份，涉及参照问题的 1545 份文书在其中的占比为万分之 0.5508。

③  根据四川省高级人民法院和四川大学联合课题组的调研结果，只有 20% 的受访者赞成在裁判文书中参照指导性案例。详见四川省高级人民法院、四川大学联合课题组：《中国特色案例指导制度的发展与完善》，载《中国法学》2013 年第 3 期。

中，共有42个被参照过，占比48.28%。其余45个指导性案例皆处于从未被参照的沉寂状态，占比高达51.72%。虽然法律的生命在于实施，不能被有所损益，但案例指导制度往往徒具形式，实施效果堪忧。一方面是很多案例从未被参照；另一方面是学界高呼的"严重的供给不足"①，对比鲜明。此种怪象的产生固然有指导性案例数量不足的原因，但被遴选的案例未能与司法实践相契合也是不容忽视的因素。

指导性案例不仅整体参照率不高、参照效力微乎其微，而且不同案例的参照效力差异悬殊，因案而异。如表5-5所示，从个案的绝对数量来看，在42个被参照案例中指导性案例24号最受青睐，被313份裁判文书参照。当然，由于不同批次的指导性案例发布时间不同，参照案例的文书数量自然产生差异。不受时间因素干扰的更客观的评价标准是参照率，即参照目标案例的文书数量与该案例发布之日起被收录文书总量的比例。从每万份文书参照率来看，24号与60号指导性案例差异不大，分别为万分之0.12和万分之0.11，此时的24号案例不再是一枝独秀。不过这仍不能抹去既存的效力鸿沟，最高参照率与最低参照率相差337倍，明显高于文书数量差的313倍，效力差异有增无减。

表5-5　42个被参照案例的个案影响力

| 案例编号 | 参照案例文书数量 | 发布之后收录文书总数 | 参照率万分比 | 案例编号 | 参照案例文书数量 | 发布之后收录文书总数 | 参照率万分比 |
|---|---|---|---|---|---|---|---|
| 24号 | 313 | 26048161 | 0.1202 | 6号 | 6 | 27958999 | 0.0021 |
| 60号 | 82 | 7751806 | 0.1058 | 40号 | 4 | 20108443 | 0.002 |
| 15号 | 142 | 27622389 | 0.0514 | 33号 | 4 | 20242871 | 0.002 |
| 54号 | 47 | 12472993 | 0.0377 | 14号 | 5 | 27622389 | 0.0018 |
| 23号 | 79 | 26048161 | 0.0303 | 2号 | 5 | 28047943 | 0.0018 |
| 9号 | 69 | 27811898 | 0.0248 | 61号 | 1 | 6438330 | 0.0016 |
| 34号 | 30 | 20242871 | 0.0148 | 57号 | 1 | 7751806 | 0.0013 |
| 41号 | 24 | 20108443 | 0.0119 | 58号 | 1 | 7751806 | 0.0013 |

---

①　梁平、张蓓蓓：《案例指导制度的构建与反思》，载《河北大学学报》（哲学社会科学版）2015年第1期。

| 案例编号 | 参照案例文书数量 | 发布之后收录文书总数 | 参照率万分比 | 案例编号 | 参照案例文书数量 | 发布之后收录文书总数 | 参照率万分比 |
|---|---|---|---|---|---|---|---|
| 22 号 | 30 | 26819859 | 0.0112 | 28 号 | 3 | 23779154 | 0.0013 |
| 25 号 | 25 | 26048161 | 0.0096 | 46 号 | 2 | 18141638 | 0.0011 |
| 1 号 | 26 | 28047943 | 0.0093 | 11 号 | 3 | 27811898 | 0.0011 |
| 72 号 | 1 | 1194067 | 0.0084 | 38 号 | 2 | 20108443 | 0.001 |
| 19 号 | 21 | 26819859 | 0.0078 | 56 号 | 1 | 12472993 | 0.0008 |
| 8 号 | 21 | 27958999 | 0.0075 | 12 号 | 2 | 27811898 | 0.0007 |
| 17 号 | 19 | 26819859 | 0.0071 | 45 号 | 1 | 18141638 | 0.0006 |
| 5 号 | 18 | 27958999 | 0.0064 | 47 号 | 1 | 18141638 | 0.0006 |
| 66 号 | 2 | 4337782 | 0.0046 | 29 号 | 1 | 23706924 | 0.0004 |
| 26 号 | 9 | 26048161 | 0.0035 | 31 号 | 1 | 23779154 | 0.0004 |
| 13 号 | 9 | 27622389 | 0.0033 | 18 号 | 1 | 26819859 | 0.0004 |
| 69 号 | 1 | 4337782 | 0.0023 | 3 号 | 1 | 28047943 | 0.0004 |
| 10 号 | 6 | 27811898 | 0.0022 | 4 号 | 1 | 28047943 | 0.0004 |

除了因案而异外，参照效力还会因地而异。1545 份裁判文书共来自全国 532 家法院。其中，仅广州市中级人民法院一家法院就有 108 份裁判文书涉及参照问题，为参照指导性案例最为频繁的法院。一个不容反驳的事实是全国共有各级法院 3500 家，但是涉及参照问题的法院仅 500 余家，绝大部分法院不曾涉足参照问题。① 或许有人会认为，省域间的参照率不平衡是一种病态②，但是却未能发现那些参照率较高的省份同样也是孕育指导性案例较多的省份。87 个指导性案例分别来源于最高人民法院和 17 个省份的地方法院，来源于此的裁判文书共有 1245 份，占据了文书总数的 80.58%。没有来源案例的 14 个省份，其涉及参照问题的文书共 300 份，占比仅为 19.42%。可见，指导性案例的来源数量与裁判文书的来源数量呈正相关。此处暗含的道理是

---

① 关于全国法院数量，可参见最高人民法院官网：《全国法院名录》，载 http://www.court. gov.cn/jigou.html，2017 年 5 月 30 日访问。

② 向力：《从鲜见参照到常规参照——基于指导性案例参照情况的实证分析》，载《法商研究》 2016 年第 5 期。

遴选指导性案例的时候须注意多样性，不能仅遴选来自东部发达地区的案例。毕竟，一个来自东部发达地区的专利权纠纷案例本来就很难在偏远山村找到适用的机会。

涉及参照问题并不等于遵循案例。在 1545 份涉及参照问题的文书中，法院最终明确采纳指导性案例的仅有 217 份，比例仅为 14.02%。作为花瓶摆设的指导性案例并未在关键时刻以强有力的手段促成法律适用的统一与司法正当化的实现，对案例的背离易如拾芥，甚至背离案例成了很多法官的默认选项。我们难以相信指导性案例对正义的违背都已经达到了拉德布鲁赫所言的"不可容忍的程度"[①]，以至于法官不得不背离之。

对于背离案例的原因，法官在绝大多数情况下都未阐明，抑或只是简单搪塞、一笔带过。在 1331 次背离行为中，有 886 次没有给出丝毫理由。民众求诸案例，而法官却置若罔闻，司法独断几乎取代了主体间的理性商谈与对话。无论是普泛听众还是特定听众，几乎都被作为修辞者的法官所遗忘。尽管目的性限缩的方法并未被滥用，但"规则悖反"却已经由例外走向常态。而在具有原因的 445 次背离行为中，基于基本案情不同的有 77 次，基于法律适用不同的有 5 次，另有 363 次是基于其他原因，例如在"潘周伟与丹江口泰源房产置业有限公司解散纠纷案"中，法官认为"指导性案例不属法定证据"，进而背离了先例。[②] 具体统计见表 5-6。

表 5-6　先例的遵循与背离

| 是否遵循指导性案例 | 背离原因 | 次数 | | 比例 | |
|---|---|---|---|---|---|
| | | 频次 | 合计 | 单项 | 合计 |
| 是 | 无 | 217 | 217 | 14.02% | 14.02% |
| 否 | 基本案情不同 | 77 | 445 | 4.97% | 28.75% |
| | 法律适用不同 | 5 | | 0.32% | |
| | 其他原因 | 363 | | 23.45% | |
| | 无 | 886 | 886 | 57.24% | 57.24% |

---

① ［德］拉德布鲁赫：《法律智慧警句集》，舒国滢译，中国法制出版社 2001 年版，第 161 页。
② 文书案号为：（2015）鄂丹江口民初字第 00008 号。

背离理由的匮乏暴露了修辞论证与类比技术等参照方法不受重视的事实。从观念层面到操作层面，法官并未重视论证与说理。相同点与不同点何者更为重要？如果参照，为何参照？如果不参照，为何不参照？几乎都没有详细的论述与说明，司法者完全不顾个案特点直接套用格式化模板敷衍了事，说理过程相当简陋。例如（2015）东民初字第 409 号、（2016）黑 0103 行初 14 号、（2016）豫 0702 民初 813 号等裁判文书，都仅用一句简单的套话"与本案无关"就将指导性案例弃之不用，完全见不到细致的加工雕琢。此种情况不胜枚举。法官占据着绝对的司法制高点，说理与否完全取决于其主观意愿，当事人虽心存不满却无计可施。法官的消极应对，极大地损害了参照程序的严密性和完整性，司法的精细化根本无从谈起。时间点变量的应然作用在案例指导制度中得到了昭示，但关联性变量的缺失却使案例指导制度的实然运行变得十分不畅。因此，必须把主权者的自由裁量权控制在最小的范围内，否则施密特式的"主权决断论"[1] 将不可避免地在现代社会中再度疯狂肆虐，最终戕害司法。

另外一个易被忽视的特征是参照位置、参照主体的集中化。这里按照中国裁判文书网的划分方式，将一份完整的裁判文书分为 5 个部分，分别为首部、事实、理由、判决结果、尾部。在 1548 次参照行为中，有 1054 次参照行为出现于案件事实部分，呈现出高度的集中化特征。比参照位置集中化更为明显的特征是参照主体的集中化。在 1548 次参照行为中，法院提起的次数仅为 261 次，其余 1287 次皆由法院以外的其他主体提起。[2] 比起法官，诉讼两造显然更热衷于参照案例。而在法院提起的 261 次参照行为中，167 次出现于裁判理由；在其他主体提起的 1287 次参照行为中，971 次出现于案件事实。可以看出，法官习惯于在裁判理由部分参照，当事人一般是在案件事实部分参照。虽然《细则》规定应在裁判理由部分参照指导性案例，但是 68.09%（1054 次）以上的参照行为产生于案件事实部分，而非裁判理由部分。即便对于法官而言，在 261 次参照中，近三分之一（83 次）是在案件事

---

[1]　［德］卡尔·施密特：《论法学思维的三种模式》，苏慧婕译，中国法制出版社 2012 年版，第 64－69 页。

[2]　法院提起的情况有两种：其一是由本案法院提出参照问题；其二是由原审法院等其他法院提出参照问题。

实部分提起参照，而非裁判理由部分（见表5-7）。据此可以认定：虽然《细则》规定了法官的参照义务，但是显然此项规定并未展现其规范效力，绝大部分参照程序并不是由法院启动的。由法院以外的其他主体特别是当事人启动参照程序更加符合实际情况。

表5-7　参照位置与参照主体

| 参照位置 | | 参照次数 | 法官提起参照 | | 其他主体提起参照 | |
|---|---|---|---|---|---|---|
| 位置类型 | 具体位置 | | 次数 | 比例 | 次数 | 比例 |
| 单一位置 | 事实 | 1054 | 83 | 5.36% | 971 | 62.73% |
| | 理由 | 398 | 167 | 10.79% | 231 | 14.92% |
| 多项位置 | 事实和理由 | 96 | 11 | 0.71% | 85 | 5.49% |
| 合计 | | 1548 | 261 | 16.86% | 1287 | 83.14% |

至此可以发现，指导性案例的参照效力在实践中呈现出三个典型特征：一是效力强度的微弱化，二是效力分布的差异化，三是参照位置的集中化。当然，指导性案例也有其他一些易被忽视的非典型特征，例如被参照时间与发布时间间隔，最短为19天，最长接近5年（1801天），平均为1.78年。[①]只是这些特征并不显眼且未对参照效力产生直接影响而无关痛痒。

（二）参照效力的审级规律：审级与效力的负相关关系

在审级制度的框架下，下级法院的法官"为了避免裁判被上诉审法院发回或改判，很可能在事实上更重视上级法院的在先裁判"。[②] 上级法院的判例对下级法院具有天然的效力，而"下级法院的判例一般不具有对上级法院的拘束力"。[③] 依此原理，指导性案例的裁判主体层级越高，其审级势能就越强，被参照的概率也就越高。[④] 有人曾对1542位从事审判工作的法官进行问卷调查，结果显示71.92%的法官认为上级法院的判决对自己的裁判具有事

① 时间间隔最短的文书案号为：（2016）鲁0911民初1784号；时间间隔最长的文书案号为：（2016）内0823民初3323号。
② 曹志勋：《论指导性案例的"参照"效力及其裁判技术——基于对已公布的42个民事指导性案例的实质分析》，载《比较法研究》2016年第6期。
③ 武静：《裁判说理——适用指导性案例的理论与实践皈依》，载《河北法学》2017年第1期。
④ 邵六益：《从效力到效率：案例指导制度研究进路反思》，载《东方法学》2015年第5期。

实上的拘束力，属于绝对的主流。①

　　若仅聚焦于参照指导性案例的文书数量，审级原理似乎可以在案例指导制度中得到勉强验证。在 1545 份裁判文书中，有 587 份来自基层法院，839 份来自中级法院，来自高级法院和最高人民法院的文书数量仅 119 份。低层级法院的文书数量确实是相对更多。还有人基于高级法院、最高人民法院很少参照案例的事实认为"在审判实践中，指导性案例的指导作用在基层和中级人民法院已得到充分发挥，而高级、最高及专门人民法院的应用频率则相对较低"。②

　　然而实际情况却是，以上结论在很大程度上都有失偏颇。高层级法院涉及参照问题的文书总数少的原因是其审案数量本来就少，在所有被收录文书中仅有 1.47% 来自高级法院和最高人民法院，有 98.53% 来自中级法院和基层法院，两者相差 67 倍。虽然高层级法院参照案例的文书很少，但是指导性案例的实际效力却更大。最高人民法院每万份裁判文书中有 9.1775 份涉及参照问题，而基层法院仅有 0.26 份，两者相差近 36 倍。从表 5-8 中的参照率数据可以清楚地看出，指导性案例的参照效力随着法院层级的降低而不断降低，在基层法院被边缘化最为严重，效力最弱。审级制度实际上未能提振指导性案例的参照效力。

　　虽然此前也有少数研究有幸发现了参照效力与法院层级之间的关联，但只注意到了案件数量分布差异，径行将案件数量的多少等同于参照效力的大小，而未能考虑到原本的案件基数差异，从而错误地认为"上级人民法院缺乏维护指导性案例权威的主动性。"③ 错误的结论不仅会误导读者，还会黑化人民法院，对司法公信力产生负面影响，殊值遗憾。

　　若从指导性案例来源的角度观之，在 87 个指导性案例中，终审法院为基层法院的指导性案例共 15 个，其中有 9 个被参照过，参照率高达 60%。依此标准，终审法院为中级人民法院、高级人民法院、最高人民法院的指导性案例，其总体被引率呈递减趋势，分别为 58.33%、54.17%、25%，参照效力的强弱与法院级别之间仍呈明显的负相关关系。毋庸讳言，审级制度未曾对

---

① 张晶、何家弘：《法律适用之难与判例制度之善》，载《法律适用》2014 年第 6 期。
② 赵晓海、郭叶：《最高人民法院民商事指导性案例的司法应用研究》，载《法律适用》2017年第 1 期。
③ 向力：《从鲜见参照到常规参照——基于指导性案例参照情况的实证分析》，载《法商研究》2016 年第 5 期。

参照效力的强化产生积极作用，指导性案例也不大可能会由于审级制度的客观存在而在事实上具有参照效力。

表5-8　法院层级与参照效力强弱

| 法院层级 | 裁判文书参照率 | | | 指导性案例被引率 | | |
| --- | --- | --- | --- | --- | --- | --- |
| | 文书总数 | 参照文书 | 万份参照率 | 案例总数 | 被引案例 | 被引率 |
| 基层法院 | 22902382 | 587 | 0.2563 | 15 | 9 | 60.00% |
| 中级法院 | 4732740 | 839 | 1.7728 | 24 | 14 | 58.33% |
| 高级法院 | 388687 | 98 | 2.5213 | 24 | 13 | 54.17% |
| 最高人民法院 | 22882 | 21 | 9.1775 | 24 | 6 | 25.00% |

从指导性案例的终审程序来看，按照一审、二审程序审结的指导性案例被引率高达55.56%，而终审程序为再审、执行等其他程序的指导性案例被引率则逐步降低，审级制度的基本原理同样没有在司法实践中显现出来（见表5-9）。至此可以断定，审级制度并未对案例指导制度的实施产生正向作用，甚至是起了反作用，基于审级势能来提升指导性案例的参照效力无异于缘木求鱼。合理配置案例成分、增加原审法院层级低的案例，显然是更为明智的做法。

表5-9　指导性案例的审理程序与参照效力强弱

| 终审程序 | 案例数量 | 被参照案例数量 | 被引率 |
| --- | --- | --- | --- |
| 一审程序 | 18 | 10 | 55.56% |
| 二审程序 | 45 | 25 | 55.56% |
| 再审程序 | 16 | 5 | 31.25% |
| 其他程序 | 8 | 2 | 25.00% |

（三）参照效力的类型规律：案例类型影响参照效力

基于指导性案例所欲实现的主要功能与法律适用方法的不同，可以将87个指导性案例分为造法型案例、释法型案例、宣法型案例三种类型，三类案例的数量分别为37个、43个、7个。[1] 在可以辨明指导性案例编号的1021次

---

[1] 具体分类标准与方法详见资琳：《指导性案例同质化处理的困境及突破》，载《法学》2017年第1期。

参照行为中，造法型案例、释法型案例与宣法型案例的被引次数分别为776次、155次、90次，占比分别为76%、15.18%、8.81%，造法型案例被引次数明显最高（见表5－10）。若从平均被引次数来看，造法型案例的平均被引次数为20.97次，被引次数依然最高。显然，无论是就被引总数而言还是就平均被引次数而言，具有规则创制意义的指导性案例与司法实践更为契合，往往能够产生更强劲的参照效力。当然，"例以辅律，非以破律"。① 规则创制的目的在于统一法律适用、实现同案同判，而非在于侵越立法权。以例破律显然有悖于法治必守的基本原则。

表5－10　案例类型与平均被引次数

| 案例类型 | 被引总次数 | 案例数量 | 平均被引次数 |
| --- | --- | --- | --- |
| 造法型 | 776 | 37 | 20.97 |
| 释法型 | 155 | 43 | 3.60 |
| 宣法型 | 90 | 7 | 12.86 |
| 汇总 | 1021 | 87 | 11.74 |

依据案由的不同，87个指导性案例与1545份裁判文书可以分别被归入民事、刑事、行政三个类别。② 倘若从涉及指导性案例参照问题的文书数量来看，在1545份裁判文书中，民事案由的案件数量一枝独秀，共1399件。但若从万份文书参照率来看，平均每一万份行政类裁判文书中，有3.89份裁判文书涉及参照问题，这个比例远高于民事案件的0.91。就此而言，行政类案件的审判更加需要先例的引导，其可能原因是，"遵照惯例"更有助于法官在暗流涌动的环境中说服强势的行政机关认可裁判结果。尽管行政类案例具有更大的个案价值，但其数量却仅有14个，在三类案例中数量最少。

从具体案例被引次数来看（见表5－11），在1021次可以辨明案例编号的引用中，民事案例被引821次，为引用次数最高的案例；刑事案例被束之高阁，被引次数骤降至25次，为引用次数最低的案件类型。如果从平均被引次数来看，民事案例是最受欢迎的案例，平均每个案例被引14.66次；刑事

---

① 《明史·志第六十九·刑法一》。

② 依据其主要性质，国家赔偿案件分别归入刑事类案件和行政类案件。

案例最受冷落，平均每个案例被引 1.47 次。可能的原因是，刑法多为禁止性规范，遵从严格解释原则，一般禁止类推；民法多属授权性规范，体系相对开放，适用方法较为灵活；行政法的法律适用技术则介于两者之间。[①]

表 5 - 11　案由类型与被引频次

| 案由 | 文书数量 | 收录裁判文书总数 | 每万份文书参照率 | 案例被引次数 | 案例数量 | 平均被引次数 |
|---|---|---|---|---|---|---|
| 民事 | 1399 | 15402715 | 0.9083 | 821 | 56 | 14.66 |
| 刑事 | 31 | 3709509 | 0.0836 | 25 | 17 | 1.47 |
| 行政 | 115 | 295937 | 3.886 | 175 | 14 | 12.5 |

至此可以认为，其一，与释法型指导性案例、宣法型指导性案例相比，造法型指导性案例具有更大的个案参照价值，更有可能产生较强的参照效力。其二，与民事类指导性案例和行政类指导性案例相比，刑事类指导性案例受到各种因素的制约，参照效力微乎其微，实际价值相对较小。

（四）参照效力的其他运行规律

统计发现，6 年来指导性案例的篇幅变化非常显著，2011 年第 1 批指导性案例的平均字数是 1594.5 字，平均说理比例为 34.45%；2017 年第 16 批指导性案例的平均字数升至 4625 字，有的甚至将近 8000 字，平均说理比例为 58.5%。从表 5 - 12 可以清楚地看出，指导性案例的裁判理由部分占案例文本总字数的比例（平均说理比例）基本呈逐年上升趋势，从 2011 年的 34.45%，到 2017 年的 58.5%。在这个过程中，涉及参照问题的文书数量在被收录文书总数中的占比也在逐年攀升，参照效力在不断强化，渐臻佳境。特别是 2015 年《细则》发布之后，参照率飙升，提升到了前一年度的 2 倍以上。显而易见，指导性案例的说理充分程度与其参照效力之间具有明显的正相关关系，参照效力的强弱随着说理比例的变化而不断跌宕起伏。

说理充分程度不仅与参照效力的强弱之间存有关联，而且与参照效力类型之间也存在一定的联系。在 1548 次参照行为中，法院对参照要求予以回应

---

① 郑永流：《法律方法阶梯》，北京大学出版社 2008 年版，第 25 页。

或主动提及参照问题的次数为 662 次，所涉文书的平均字数为 6694.85 字，此时参照效力的类型为完全效力。[①] 在法院对指导性案例视若无睹的 886 次参照行为中，所涉文书的平均字数为 5922.61 字，此时参照效力的类型为不完全效力。[②] 一望而知的是，只产生了不完全效力的案件，裁判文书的平均字数更少，说理更加不充分，显得独断而高傲。而在可以辨别编号的 1021 次引用中，产生完全效力的有 352 次，所涉指导性案例的平均说理比例为 39.73%；在产生不完全效力的 669 次参照行为中，所涉指导性案例的平均说理比例是 41.16%。这里再次印证了参照效力的一个运行规律：说理充分，则效力强大；说理贫瘠，则效力屡弱。

表 5-12  指导性案例的说理程度与万份文书参照率

| 指导性案例发布年份 | 指导性案例平均说理比例 | 参照指导性案例文书数量 | 收录文书总数 | 每万份文书参照率 |
| --- | --- | --- | --- | --- |
| 2011 | 34.45% | 0 | 8285 | 0 |
| 2012 | 37.36% | 3 | 360947 | 0.0831 |
| 2013 | 40.44% | 19 | 1271577 | 0.1494 |
| 2014 | 43.19% | 242 | 6392155 | 0.3786 |
| 2015 | 50.72% | 535 | 6299274 | 0.8493 |
| 2016 | 48.83% | 653 | 9935256 | 0.6573 |
| 2017 | 58.50% | 93 | 1067122 | 0.8715 |

除了说理程度外，指导性案例的参照效力还与以下三个因素存在关联（见表 5-13）：

其一，裁判文书与指导性案例的文本类型。在 1545 份裁判文书中，判决书的绝对数量有 1322 份，万份文书参照率为万分之 1.13。裁定书相对较少，有 223 份，参照率为万分之 0.18。与裁定书相比，判决书更有可能参照指导性案例。在 87 个指导性案例中，原始案件属于判决书的指导性案例平均被引

---

① 参照效力为完全效力的裁判文书，字数最多的是：（2014）绵刑终字第 225 号；字数最少的是：（2016）内 0304 执字 866 号。

② 参照效力为不完全效力的裁判文书，字数最多的是：（2015）临刑初字第 242 号；字数最少的是：（2014）佛中法立民终字第 1166 号。

次数也是最多的，为 14.92 次，远高于裁定书的 4.55 次和决定书等其他文书的 1 次。显然，文书类型为判决书的裁判文书更加需要先例的指导，而原审裁判以判决形式作出的指导性案例也更受欢迎。

其二，指导性案例的裁判依据。只需简单窥视表 5 - 13 即可发现，裁判依据主要为实体法的 68 个案例被引总次数为 885 次，平均每个案例被引 13.01 次，远高于其他两种类型的案例。无论是从被引次数的绝对数量来看，还是从平均被引次数来看，裁判依据为实体法的指导性案例显然更受欢迎。尽管在 1545 份裁判文书中，裁判依据为实体法、程序法和两者兼具的文书数量分别为 239 份、942 份、364 份，但是显然并没有影响到指导性案例的参照情况。

其三，指导性案例发布年份与来源案例结案年份的年份差。与审级制度相类似，指导性案例的发布年份与其来源案例的年份差越大，其参照效力越弱，两者之间呈明显的负相关关系。在 87 个指导性案例中，年份差在一年及以内的指导性案例平均被引次数为 21.22 次，而年份差为三年以上的案例平均被引次数仅为 2.95 次，差异悬殊。

毋庸讳言，裁判依据属于实体法、文书类型属于判决书、发布年份与结案年份的年份差小的指导性案例与司法实践更为契合，更能满足实践吁求，因而参照效力更强。

表 5 - 13　其他因素与参照效力的关联

| 影响因素 | 具体因素 | 被引次数 | 案例数量 | 平均被引次数 | 影响力排序 |
|---|---|---|---|---|---|
| 指导性案例文本类型 | 判决书 | 925 | 62 | 14.92 | 1 |
| | 裁定书 | 91 | 20 | 4.55 | 2 |
| | 其他 | 5 | 5 | 1.00 | 3 |
| 指导性案例裁判依据 | 实体法 | 885 | 68 | 13.01 | 1 |
| | 程序法 | 91 | 12 | 7.58 | 2 |
| | 两者兼具 | 45 | 7 | 6.43 | 3 |
| 指导性案例年份差 | 一年及以内 | 382 | 18 | 21.22 | 1 |
| | 两年 | 459 | 30 | 15.30 | 2 |
| | 三年 | 121 | 19 | 6.37 | 3 |
| | 三年以上 | 59 | 20 | 2.95 | 4 |

至此可以发现，指导性案例参照效力的典型特征在于其效力强度的微弱化、效力分布的差异化以及参照位置的集中化。参照效力的运行规律在于其效力本身受到案例数量、审级制度、案件类型、案例说理程度等现实因素的影响与制约。

## 第三节　参照效力如何实现：效力定位与保障措施

指导性案例亟须在实务的土壤中完善自我。揆诸现实，与其天马行空地创设蓝图，不如从实践出发，把此时的梦想变成彼时的现实。

（一）参照效力的性质定位与内容定位

参照效力的精确定位是建构案例指导制度的先决条件。在制度初创时期，问题多、风险大，暂不赋予指导性案例明确而具体的参照效力尚情有可原。但迄今为止，案例指导制度已经运行了近 6 年，具体效力的模糊含混已然从优势蜕变为劣势。"应当参照"这种模糊不清的效力设定使裁判者在对待参照问题时踟蹰不前，易于造成实践的混乱，统一法律适用的目的难以达到。法律必须明确、具体，这是一条万古不易的经验。"若法律不明确，轻则降低可适用性，重则法将不法。"① 指导性案例的参照效力必须被明确，但前文已述，参照效力首先应当是完全的说服力而非拘束力，实现从不完全效力到完全效力的进化，远比实现拘束力更为现实和紧迫。

回归普适性司法规律，法律的稳定性只能承受渐次推进的司法改革，而非剧变的革命。司法"大跃进"带来的往往不是飞跃式发展，而只是历史的闹剧。而今连完全的说服力都尚且难以实现，更遑论法律拘束力。再好的法令，若难以被执行亦是徒荡。况且强行赋予指导案例法律拘束力是否与成文法体制相排斥、是否与立法权相抵牾、是否会使法官在审判中更功利、是否会造成冤假错案等，都是未知的问题。完全没有必要刻意去追求不符合规律之事，超越司法规律的人为规则注定经不起实践的拷问。那些通过批评他人

---

① 陆幸福：《最高人民法院指导性案例法律效力之证成》，载《法学》2014 年第 9 期。

来抬高自己的法学家总是在否定制度、鄙夷现实，整天幻想着自己的乌托邦。他们并不明白，罔顾实际地强化指导性案例的拘束效力只会有悖于成本原则，最终带来制度被架空的危险。因而应当首先实现从不完全效力向完全效力的进化，然后才有必要去探讨拘束力问题。当然，参照效力也不大可能以所谓事实上的拘束力来实现。指导性案例的运行规律已经表明，审级制度未曾对参照效力的提升产生积极作用，指导性案例并不会由于审级制度的客观存在而在事实上具有拘束效力。

在明确参照效力的定位之后还需要明确指导性案例中哪些内容具有参照效力。虽然裁判要点具有画龙点睛的神奇功效，但整个指导性案例里面往往蕴含了大量事实问题与法律问题，裁判要点容易以偏概全、侵越立法。仅仅依赖裁判要点，说理很可能不够充分。单独赋予裁判要点参照效力的做法因此而受到多方质疑。与其花大力气去推广裁判要点，还不如回溯现实、顺势而为，把实践合法化，否则就有悖于成本原则了。特别是当其他部分中包含了裁判要点所欠缺的解释性内容时，该部分当然可以适用。譬如指导性案例2号，裁判理由在裁判要点之外还有"违背了双方约定和诚实信用原则"之表述，而这正是"对裁判要点的说理和民事诉讼理论上的重大突破，也被论者广泛视为该案的一个主要贡献。"① 裁判要点在本质上是"规则"而非"案例"，规则本质上已经不再构成案例，仅参照裁判要点很可能会使参照行为异化为单纯的规则适用。

与参照内容相关的一个问题是参照指导性案例的标准。《细则》所要求的基本案情与法律适用均相同的参照标准可能太高，对基本案情与法律适用的相似性都加以证明的论证负担可能过重，会让法官"知难而退"。② 而且把指导性案例与待决案件完全相同作为参照指导性案例的前提，还可能会致使指导性案例的适用范围太过于狭小。是故，降低参照门槛或许是提升参照效力的必由之路。

---

① 曹志勋：《论指导性案例的"参照"效力及其裁判技术——基于对已公布的42个民事指导性案例的实质分析》，载《比较法研究》2016年第6期。
② 郭明瑞、瞿灵敏：《指导性案例的参照效力与适用问题研究》，载《江汉论坛》2016年第2期。

（二）参照效力的遴选保障

遴选出合适的案例才能更好地夯实案例指导制度的基础，不恰当的案件荣膺"判例"头衔不仅会给案例指导制度抹黑，而且在嗣后的参照过程中对指导性案例的各式规避将一次次上演。上述数据分析表明，被遴选的案例未能实现与司法实践的无缝对接，指导性案例的遴选标准亟须被纠偏。最高人民法院也承认，"案例推荐和编选水平有待提高。"[①] "真理所在，即趋附之。"[②] 对于参照效力的提升而言，顺应规律将事半功倍，鄙薄现实则事倍功半。明智的做法是以需求为导向，把更能满足实践吁求的司法先例升格为指导性案例。

具体而言，其一，应提高民事类指导性案例比重，降低刑事类指导性案例比重，微调行政类指导性案例比重。原因在于民事类指导性案例平均被引次数相对较高，个案价值突出，而且民事案件绝对数量多，司法需求量较大。而行政案件本身则更加需要指导性案例的参照效力，案例指导制度对行政审判的影响力更大，实践价值更为突出。无论是从绝对数量来看还是从参照比例来看，刑事类案例均略显平庸，要慎重发布。无论对于何种类型案例，均应提升遴选水平，选出具有更大参照价值的案例。

其二，应提升造法型案例的比例，削减或基本稳定其他类型案例的比例。除了基于前述数据分析结果外，原因还在于，指导性案例的首要任务是澄清与解释法律，应把能够较好地厘清规则、澄清法律的案例遴选为指导性案例。宣法型案例只是在重复相关法律规定，虽有益于强化对法条的理解，却不能体现司法智慧对成文法的丰富与发展。例如指导性案例 14 号，专门强调对未成年人犯罪可以使用禁止令，只是在简单地重述《刑法》第 72 条第 2 款以及《关于对判处管制、宣告缓刑的犯罪分子适用禁令有关问题的规定（试行）》第 4 条第 1 项的内容，对类似案件的处理几乎没有参照意义。同案不同判往往不是明目张胆地偏离规则所致，规则匮乏才是其主要诱因。而造法

---

[①] 最高人民法院司法改革领导小组办公室编写：《〈最高人民法院关于全面深化人民法院改革的意见〉读本》，人民法院出版社 2015 年版，第 129 页。

[②] 孙敦恒：《唯救国真理是从的唯真学会》，载《北京党史》1990 年第 6 期。

型案例的核心即在于填补漏洞、提供统一的法律尺度。因而具有规则创制功能的造法型案例才应当成为指导性案例的主体部分。

其三，应当尽可能地提升裁判说理充分、裁判依据属于实体法、文书类型属于判决书、结案年份与发布年份的年份差小的指导性案例的比例，这些类型的指导性案例在寻找指导性案例与司法实践契合点的过程中，以其突出的现实表现，证明了其卓越的实践价值。根植司法沃土的指导案例才能更好地展现其参照效力。

还有一个前置性问题是各类案例的绝对数量都应增加。我们每年有超过2300万个案件需要审判，但指导性案例的数量却不足百件。[1] 微不足道的指导性案例早已淹没在浩瀚的案件汪洋中。在德国，联邦最高法院自1950年以来每年都发布一卷《刑事审判判例集》，迄今已发布57卷共4300余件刑事案例。[2] 而英美等判例法国家的先例数量更是卷帙浩繁。现在，美国那种判例数量太多所导致的"卷宗危机"对我们来说是难以想象的。是故，案例库的丰富扩充也是提升指导性案例参照效力的不二法门。

（三）参照效力的方法保障

对于上述修辞论证与类比技术等参照方法不受重视的问题，理智的做法至少包括两步：其一是通过类比方法的运用，确定案例与案件之间的相异特征与共享特征何者更为重要；其二是通过法律修辞方法的运用，限制先例遵循的肆意性或背离的断裂性。

所谓类比方法的运用，即通过凯斯·孙斯坦的"类推思维典型形式"[3] 或者安德雷·马默的"强类比"与"弱类比"方法[4]，抑或是按照张骐教授的"类比保证规则与类比保证理由"[5] 等具体操作技术，来完成必要案情的

---

[1]　具体数据可参见周强：《最高人民法院2017年工作报告》，载《人民日报》2017年3月20日，第3版。

[2]　陈兴良主编：《中国案例指导制度研究》，北京大学出版社2014年版，第142页。

[3]　［美］凯斯·R. 孙斯坦：《法律推理与政治冲突》，金朝武、胡爱平、高建勋译，法律出版社2004年版，第77页。

[4]　Andrei Marmor: Should Like Cases Be Treated Alike, Law in the Age of Pluralism, Oxford University Press, 2007, p. 10.

[5]　张骐：《论类似案件的判断》，载《中外法学》2014年第2期。

相似性判断工作。实践证明，尽管参照率的提升是参照效力增强的关键标志，但参照案例并非判断某项裁判正确与否的标准。应当参照而不参照可能构成错案，如（2016）苏06民终2197号，一审法院按照"损伤参与度"确定损害赔偿责任的错误做法，被二审法院纠正；不应当参照而参照也可能构成错案，如（2014）浙甬商终字第474号，一审法院参照案例，但二审法院否定之。所以波斯纳认为遵循先例在某种意义上"就是拒绝纠正错误"。① 这些怪象频出的关键即类比技术不受重视，导致对指导性案例的参照无的放矢。而类比方法的重要性即在于通过相同点与不同点的权衡与比较，提升选择的正确性。

如果说类比方法主要运用于基本案情的比较上，那么修辞方法的核心则在于说服听众。例如，24号案例中的特殊体质与身体疾病有何区别？前者对损害后果的影响不属于可以减轻侵权人责任的法定情形，是否也意味着后者的参与度也不应被考虑？某判决书认为，"最高人民法院指导性案例24号不适用本案，因为它所涉及的当事人是身体体质有问题，而本案当事人是身体有疾病"。② 这类案件可以归纳为，指导性案例A的基本法律事实是 $T = \{\alpha, \beta, \gamma\}$，而待决案件B的基本法律事实是 $T' = \{\alpha, \beta, \gamma'\}$。此时法官的工作即是找到T与T'之间的那条界限，即 $\gamma$ 与 $\gamma'$ 的比较。然后通过修辞论证来让听众更好地理解为何 $\gamma$ 与 $\gamma'$ 之间的差异足够微小而可以忽略不计或 $\gamma$ 与 $\gamma'$ 之间的差异太过于显著而必须加以区别对待，从而决定是否将指导性案例A的规则R排除出适用的范畴。理正词直的判决自然会不怒自威，得到诉讼两造发自内心的遵从。当然，法律修辞的作用远不止此，填补罅隙亦是其重要使命。修辞者会"根据听众的不同而选择不同的修辞起点以及有针对性的修辞方法和策略"③，从而增强指导性案例适用的深度与广度，使其能够涵摄尽可能多的情况，适应尽可能多的场景，满足尽可能多的诉求，说服尽可能多的听众，发挥其在提升司法正当性方面的应有作用。修辞主体在修辞论辩中

① ［美］理查德·A.波斯纳：《法理学问题》，苏力译，中国政法大学出版社2002年版，第104页。

② 文书案号：（2017）吉民申274号。

③ 武飞：《法治思维的民主面向》，载陈金钊、谢晖主编：《法律方法》（第19卷），山东人民出版社2016年版，第8页。

寻找共识，逐渐统一对法律的多元理解，减少同案不同判现象，促使指导性案例统一法律适用的功能得以正常发挥。或许我们无法令所有人都对裁判结果拍手称快，但至少可以通过修辞论证来保证其不至于总是心存芥蒂。

案情类比方法揭示法律中的变化，修辞论证方法诠释法律中的永恒，二者相辅相成。不过应当注意的是，在加强修辞论证的过程中需正确使用修辞，把法律修辞的文义射程控制在可控范围之内。与偏重法律效果的消极修辞相比，着墨于社会效果的积极修辞隐藏着更多的"法律越轨风险"，也更容易使修辞者从正义的法治诠释者沦落为骄纵的法治破坏者。应尽可能多地使用理性的消极修辞，尽可能少地使用感性的积极修辞，在最大程度上保持客观法律与客观事实的原本面目。法律修辞具有教义法学与社科法学的双重属性，但此时其教义法学的属性应当得到倡明而社科法学的属性则不应过分强调。

（四）主体保障等其他措施

指导性案例的运行数据清楚地表明，实践中83.14%的参照行为都由当事人提起，法官提起参照的只是少数，然而由法院以外的其他主体提起参照更加符合实际情况。"无须给法官施加不必要且有可能超出其能力的负担"[1]，否则工作压力强大的法官显然不会对此表示赞同，甚至与改革格格不入。相形之下，诉讼两造及其辩护人、代理人更有动力去援引指导性案例作为说理依据，被动参照方式更具实际意义。因而不宜硬性要求法官主动去发现、参照案例，只需强调法官的被动回应义务（修辞论证义务）即可。

不过需要注意的是，对诉讼各造的参照要求予以回应是一种"义务"，即对指导性案例的回应、分析或评述并非可有可无。对诉讼各造所引用的案例予以回应义务必须通过程序控制来加以实现，否则"弱势群体"的合理诉求就很难得到有力救济。正如艾森伯格所言："法院没有义务服从律师，但是他们有义务对律师的必要请求予以回应。"[2] 具言之，必须对法官课以义务，增加明确的法律责任条款，经由否定性评价来提醒法官注意其回应义务，

---

① 孙维飞：《隐名的指导案例——以"指导案例1号"为例的分析》，载《清华法学》2016年第4期。

② Melvin Aron Eisenberg, The Nature of the Common Law. Harvard University Press, 1991, p1.92.

审慎地对待诉讼两造的参照要求。而且"被动回应的方式能够有效推动指导性案例被了解、认知和研习"①，也是重视当事人意见的表现。最高人民法院也认识到了这一点，并在《细则》中要求裁判者对诉讼各造所提出的参照要求在裁判理由中予以回应，但由于缺乏不参照的法律后果而破坏了该项规定的规范效力。目前，似乎只有通过责任追究机制等强制性手段——违背回应义务将产生判决被推翻的风险以及对法官的消极评价，才能保证法官主动履行论证与说明的义务，让作为"理性经济人"的法官在成本与效益规则的驱使下作出理性选择。

还有一个萦绕在案例指导制度中的难题是参照不规范问题。尽管这里已经按照相当宽泛的标准来审查参照行为的规范程度了，但是在1548次参照行为中，不规范次数仍多达803次，占比达到了一半以上。② 更为甚者，相当一部分当事人根本不知晓指导性案例为何物，拿着并不属于指导性案例的先例来说事，把一些普通的先例归入《规定》和《细则》③，抑或当事人就着错误的先例侃侃而谈，而法院并未发现，依然拿着这个先例说事。④ 甚至法院主动拿出一个并不是指导性案例的先例来说事。⑤ 法律人和非法律人一起就着并非指导性案例的先例，"按照"《规定》和《细则》的规定高谈阔论，却并不知晓他们口中所谓的指导性案例根本就不是规范意义上的指导性案例。案例指导制度远未达到俾众知悉的程度，人们已经混淆了指导性案例与其他案例，案例指导制度的施行效果堪忧。内容失当、语言失范、规则失效竟然成为一种常态。对于这些问题，可以规范指导性案例的名称，将所有具有指导功能的案例划为指导性案例、典型案例、其他案例，等等，用以明确各自

---

① 孙光宁：《反思指导性案例的援引方式——以〈《关于案例指导工作的规定》实施细则〉为分析对象》，载《法制与社会发展》2016年第4期。

② 参照规范与否的判断标准：对于涉及具体案例的参照，若同时参照《细则》所要求的编号和裁判要点，则为规范，否则反之；对于不涉及具体案例的参照，本书按照宽泛的标准，只要其正确地指出指导案例具有参照效力，均认为其参照行为是规范的。

③ 文书案号：(2015) 唐民一终字第747号、(2016) 鲁06民终361号、(2015) 唐民一终字第748号、(2014) 穗中法民五终字第4471号、(2016) 宁01行初42号、(2016) 豫01行初164号、(2016) 鲁01行终517号。

④ 文书案号：(2016) 黑06执复17号、(2016) 苏01行终894号。

⑤ 文书案号：(2015) 梅刑初字第143号。

的含义；也可以在法院的诉讼服务中心或立案大厅等处设置指导性案例宣传专栏，帮助诉讼参与人正确地认识指导性案例；还可以通过法官技能培训，加深法官群体对指导性案例的理解与认识，特别是参照率低的法院更应当加强培训工作。最后，如果以后能够出现直接参照已生效指导性案例的新型指导性案例，那么其示范效应和扩散效果对真正发挥案例指导的实践价值将颇有裨益。

当然，以上这些措施也并不一定就能确保参照效力的完全实现，毕竟司法改革是一个系统的工程，任何单一的方法革新或制度微调都不可能单独解决司法实践所面临的种种问题。改革者必须注重其他制度的配合，在此基础上才能更好地建构法治中国的框架。

作为人类司法活动规律的中国表达，案例指导制度正在把应然价值转化为实然效果。虽然指导性案例的参照效力尚且微弱，并且参照问题的解决不可能一蹴而就，但只要正确把握参照效力的运行特点、遵循参照效力的运行规律，指导性案例势必会在筚路蓝缕中不断进化，于琐碎案牍中曲折前进。日拱一卒，功不唐捐，指导性案例的参照效力终将落地生根，枝繁叶茂。

## 第六章

# 援引指导性案例中的隐性参照及其改造

　　指导性案例在裁判文书中被直接援引，是案例指导制度发挥作用的直接体现。但是，数据统计表明，司法实践中存在着隐性参照的情况：当事人提出参照特定指导性案例的要求，法官不予直接回应，最终裁判结果与相应指导性案例一致。隐性参照的产生主要是法官为了减少对指导性案例的陌生所带来的决策风险。虽然自身存在一定合理性，但是，隐性参照不利于发挥案例指导制度的作用，无法对法官运用指导性案例形成有效监督，应当进行改进。改进的具体措施包括加强培训，明确奖惩措施，提炼创新性裁判要点，以及便利当事人提出参照要求等。

## 第一节　隐性参照的界定及其产生原因

　　从《关于案例指导工作的规定》开始，最高人民法院陆续公布了十几批指导性案例，案例指导制度正式运行也已经达到七年左右的时间。根据中国裁判文书网的数据，各类裁判文书中直接援引指导性案例的案件数量大约只有 1500 个，相比于每年将近两千万个审判的案例数量来说，这一比例还是非常低的。而且，在适用指导性案例的司法实践中，有很多案件都是由法官以外的其他诉讼参与人提出要求，法官主动适用指导性案例的情况也比较少见。在司法实践中还出现了一种指导性案例的特殊适用方式——隐性参照。

　　所谓指导性案例的隐性参照，指的是在特定案件的审理过程中，法官以外的其他诉讼参与人提出了参照某一指导性案例的要求，法官对此种要求并不给予直接回应，而最终的裁判结果与被要求参照的指导性案例在实体意义上是一致的。换言之，法官并没有直接在裁判文书中明示是否参照了相应的指导性案例，而实质上根据指导性案例作出了裁判结论。这种方式之所以被称为"隐性"，就是因为案件中所有的裁判文书并没有出现将指导性案例作为裁判理由的直接表述。隐性参照之所以能够有迹可循，就在于案件审理过程中存在着法官之外的其他诉讼参与人提出适用请求的情况。如果这一请求不存在，而裁判结果与某一指导性案例相似，那么，我们就不能将这种一致的情形称为隐性参照，因为无法直接获知法官是基于自身的理解作出裁判，还是的确参照了指导性案例却并没有在裁判文书中表述。

隐性参照在司法实践中实际上是广泛存在的。根据北大法宝专业司法案例数据库2016年的统计报告，法官直接将指导性案例作为裁判理由或者说理依据（即明示参照）的案件为190件，而隐性参照的案例数量为351件。[①]隐性参照的数量为明示参照数量的近两倍。从这一统计结果来看，目前对指导性案例的适用大多数是通过隐性参照的方式展开的，我们需要深入分析造成这一现象的原因，才能够对其进行准确评价和有效规制。

首先，指导性案例能够在一定程度上满足审判实践的需要，这是法官参照指导性案例的主要原因。指导性案例都是层层遴选出来的案件，如果要体现出"指导"的性质，那么，指导性案例就不能定位于普通的典型案件，而是应当带有一定的疑难色彩，能够帮助法官准确处理法律规范和案件事实的复杂关系。《关于案例指导工作的规定》第2条专门规定了几种指导性案例的类型，其中"法律规定比较原则的"和"疑难复杂或者新类型的"指导性案例，都能够充分体现其指导意义。很多明示参照的指导性案例已经说明了这一点，例如指导性案例24号是被直接参照次数最多的。该案件专门针对特

---

① 这里需要说明的是，该统计报告是依据北大法宝自身的案例数据库进行的统计，主要体现在《最高人民法院指导性案例司法应用年度报告（2016）》（http://weekly.pkulaw.cn/Admin/Content/Static/28a11fc9 - 3f22 - 4d24 - a34d - 88e1faea781e.html）中。如果将数据库扩大到中国裁判文书网，那么，这一数字还将进一步扩大。

殊体质如何影响侵权责任范围的问题，这一问题在国内外相关理论和实践中都颇有争议。而指导性案例 24 号在裁判要点中提供的明确规则基于"蛋壳脑袋理论"，认为在交通事故中，受害者的特殊体质并不能够减轻侵权责任范围。指导性案例 24 号有助于在该问题上统一法律适用，受到了司法实践的欢迎。[①] 正是因为指导性案例有助于解决司法实践中的困难，所以法官才有参照的动力。即使是隐性参照，即使法官在其他诉讼参与人的提示之下基于指导性案例作出的裁判，也能够在一定程度上体现指导性案例的价值。

其次，法官并不十分熟悉如何准确适用指导性案例，出于规避决策风险的考虑，采取了隐性参照的方式。案例指导制度借鉴于英美法系的先例制度，后者的核心技术是在先例与待决案件之间进行识别，也就是比较二者之间的相似性，其中还包括区分技术和排除技术等。在英美法系的司法过程中，"不论每个人所处的位置和角度有何不同，他们使用的'原材料'都是那些一样的判例，他们使用的分析方法也是这个职业群体都使用的职业技能。"[②] 但是，我国的法官长期习惯于制定法思维方式，将抽象法律规则作为裁判依据，对以上先例制度的运用技术相当陌生。换言之，意图参照指导性案例的法官，并不清楚如何确定指导性案例与待决案件之间存在相似点，进而准确适用指导性案例。如果贸然确定以上相似性，那么，有可能带来一定的风险。于是采取了隐性适用这一貌似折中的办法，既能够在实质意义上参照指导性案例的实体规则，又在一定程度上避免了直接认定相似性带来的风险。当然，还需要说明的是，《〈关于案例指导工作的规定〉实施细则》第 9 条已经规定，评价指导性案例和待决案件之间相似性的标准是案件事实和法律适用，这两个标准也很难减少隐性适用的情况：一方面，该实施细则出台是在 2015 年 5 月，发布的时间不长，难以要求每一位法官对此都十分清楚；另一方面，无论是案件事实还是法律适用，这种标准设置仍然过于模糊和概括，实质上

---

① 最高人民法院案例指导工作办公室：《指导案例 24 号〈荣宝英诉王阳、永诚财产保险股份有限公司江阴支公司机动车交通事故责任纠纷案〉的理解与参照——个人体质特殊不属于减轻侵权人责任的情形》，载《人民司法》2015 年第 12 期，第 11 页。

② ［英］赞德：《英国法：议会立法、法条解释、先例原则及法律改革》，江辉译，中国法制出版社 2014 年版，第 443 页。

并没有提供细化的、操作性较强的判断标准。规避由于不了解所带来的风险是造成法官们隐性参照指导性案例的主要原因。

最后，案例指导制度中缺乏有效的惩罚措施，间接地推动了隐性参照的出现。无论是《关于案例指导工作的规定》还是其《实施细则》，都没有规定如果应当参照指导性案例而没有参照，主审法官应当承担何种责任，受到何种惩罚。同时，以上两份规范性文件也没有明确隐性参照指导性案例是否需要受到相关惩罚。《〈关于案例指导工作的规定〉实施细则》第11条第2款已经规定，如果其他诉讼参与人提出了参照指导性案例的要求，法官应当予以回应并说明理由。但是，这一规定同样没有明确相应的惩罚措施。这些规定上的不明确使法官在参照指导性案例时并无多少顾忌，相当于间接地允许甚至推动了隐性参照的存在和发展。虽然最高人民法院副院长沈德咏强调："审判工作中有相关指导性案例，对类似案件裁判却作出不同处理，当事人提出上诉或者申诉的，上级人民法院可以对案件作出依法改判、撤销原判等处理。"[1] 但是，这种意见并没有直接在正式规定中出现，对法官的影响力也十分有限。其实，惩戒措施的缺位是整个案例指导制度中最大的缺陷之一。在案多人少的压力之下，没有惩戒措施就无法有效推动制度的运行，指导性案例缺少明确参照以及隐性参照大行其道，都可以归于这一原因。

从以上的分析可以看到，在案例指导制度运行的初期，隐性参照指导性案例有其存在的原因，甚至带有一定的合理性。毕竟，隐性参照相比于完全无视，还是更加值得肯定的。但是，应当看到，隐性参照还存在着不少消极的方面，任由其发展，对于案例指导制度的持久运行会产生较大危害，这一点也需要引起我们的高度重视。

---

① 沈德咏：《统一裁判标准　促进司法公正　努力开创人民法院案例指导工作新局面——在第二次全国法院案例指导工作会议上的讲话》，载颜茂昆主编：《中国案例指导》（总第4辑），法律出版社2016年版，第248页。

## 第二节　隐性参照对案例指导制度的多种危害

虽然隐性参照指导性案例有一定的合理性，但是，该适用方式中存在的弊端也同样不可忽视。作为新生制度，案例指导的运行方式对于已经习惯于直接适用法条的法官们来说，是比较陌生的。在该制度处于初创时期且很多方面不完善的背景下，法官们探索出某些"土办法"是可以理解的，其中积极的因素还应当受到肯定。但是，如果这些土办法异化成为"上有政策、下有对策"，那么，就会危及案例指导制度的长期运行效果。从正面的角度来说，明示参照指导性案例有着非常重要的理由，包括有助于完善我国以法治为原则的法律制度，有助于实现法学理论工作者与法律实务工作者在迈向法治与公正之路的良性互动，有助于实现法官、法学工作者与社会公众的结合，有助于保持指导性案例的开放性，有助于我国案例指导制度在法律全球化背景下的健康发展等。① 从反面角度来说，明示参照的重要性也是减少或者规制隐性参照的原因。总体而言，隐性参照的适用方式对案例指导制度的影响是弊大于利，其内在的危害至少体现在以下几个方面。

首先，隐性参照无法明示指导性案例的存在及其意义，影响案例指导制度产生的实际效果。直接在裁判文书中援引指导性案例，是案例指导制度对司法实践产生影响的主要表现，也符合社会各界对该制度的预期。隐性参照的适用方式则无法实现以上效果。司法实务工作者本来就对指导性案例及其运行比较陌生，隐性参照会维持这一现状，遮蔽了指导性案例实际发生的积极效果。"从司法实践的层面看，将造法型指导性案例直接作为裁判依据予以引用，有利于明确指导性案例的作用，增强判决的可接受性。"② 当司法实务界对指导性案例越是了解时，越是能够积极主动地明示参照，进而明示参照又会加强司法实务部门对指导性案例的了解和适用。这是案例指导制度进

---

① 张骐：《再论类似案件的判断与指导性案例的使用——以当代中国法官对指导性案例的使用经验为契口》，载《法制与社会发展》2015 年第 5 期，第 150 – 151 页。

② 资琳：《指导性案例同质化处理的困境及突破》，载《法学》2017 年第 1 期，第 150 页。

入良性循环的状态。但是，隐性参照则影响（至少是延迟）了这一理想状态的出现，反而有可能造成恶性循环。指导性案例所提供的很多实体规则，有助于解决司法实践中的难题，有助于推动法律的统一适用，甚至有助于提升法官的总体业务素质和能力。隐性适用的方式降低了指导性案例的"出镜率"，也降低了以上指导性案例的价值在更大范围内的传播，造成了对案例指导制度的危害。

其次，法官在隐性参照中不回应其他诉讼参与人的合法请求，挫伤了后者对案例指导制度的信任和积极性。指导性案例在其文本中通过裁判要点部分提供了抽象规则，这应当成为所有参与案件的主体共享的法律资源。出于赢得案件的考虑，其他诉讼参与人都会积极利用各种法律资源，当然也包括指导性案例。从实证调查的结果来看，法官主动援引指导性案例的比例较低，而被动地回应其他诉讼参与人的请求而适用指导性案例的比例较高。在370个应用指导性案例的民商事案件数据样本中，只有101例为法官主动援引。①经过其他诉讼参与人请求，法官被动援引指导性案例，也属于明示援引的一种情况。而隐性参照连上述效果也无法实现，因为法官对其他诉讼参与人的合法请求没有给出有效回应，这种直接架空诉讼权利的行为却难以被准确地惩罚，会在很大程度上挫伤其他诉讼参与人对案例指导制度的信任，进而也会降低其请求适用指导性案例的积极性。

再次，隐性参照导致法官的自由裁量缺乏有效监督，无法保证指导性案例适用的准确性。在案件审理过程中，其他诉讼参与人提出适用指导性案例的请求，如果法官没有回应，那么，请求提出者也并不了解法官是否在最终裁判结果上参考了相应的指导性案例。现代诉讼的发展具有商谈化的特征，各方参与主体都有机会充分表达自己的意见并说明理由。法官对最终判决结论也有进行阐明的权利和义务，这也是司法公开的重要内容。隐性参照无法明确法官是否参照了指导性案例，提出适用请求的其他诉讼参与人无法对适用指导性案例的情况进行监督。司法审判的权力如果缺乏有效监督，也很可

---

① 赵晓海、郭叶：《最高人民法院民商事指导性案例的司法应用研究》，载《法律适用》2017年第1期，第60页。

能发生被滥用的情况。就目前案例指导制度运行的情况来说，参照适用指导性案例并不是一个简单的过程，很多法官也在逐渐熟悉和摸索之中，很容易出现误用或者滥用指导性案例的情况。此时，来自其他诉讼参与人的监督就显得十分必要了。例如，在比较指导性案例和待决案件相似性时，法官应当基于主要案件事实或者具有决定性的案件事实才能形成准确判断。但是，在实际操作过程中，一些法官经常以某些非决定性案件事实不相似为由，拒绝适用本来应当适用的指导性案例。这种直接拒绝的方式毕竟是一种显性存在，能够获得直接的监督。相比之下，对隐性参照进行监督就更难了，出现误用或者滥用的比例也就更高。相反，如果司法过程能够形成商谈化情境，各方都表达意见，同时也能够对其他主体的意见进行评议和监督，那么，各种协调获得的结论对于适用指导性案例来说就能达到兼听则明的效果。

最后，隐性参照会影响最高人民法院在推动案例指导工作方面的权威。在案例指导制度的运行过程中，充满着行政化的色彩。例如，最高人民法院掌握着指导性案例的认定和发布的权力，各级法院必须经过层报的方式才能够推荐指导性案例。虽然有学者对此提出了批评，但是应当看到，对于步履维艰的案例指导制度来说，借助于最高人民法院的权威和行政化权力还是相当有必要的，特别是在初创时期。即使是在任何法院都有权作出判例的英美法系中，最高司法机关作出的判决也是具有最高权威和直接约束力的先例，大陆法系的判例制度也同样强调最高司法机关的作用。例如德国的《德国最高法院民事判例集》中汇编的判决都具有直接约束力。[①] 简言之，最高司法机关对于推动判例发挥积极作用扮演着极为重要的角色，这一点也是案例指导制度应当借鉴的实践经验。具体到隐性参照来说，地方法院的这种适用指导性案例的方式相当于没有明示参照指导性案例，同时，直接违背了最高人民法院出台的《〈关于案例指导工作的规定〉实施细则》。在没有受到相应惩罚的背景下，这种"上有政策、下有对策"的处理方式影响了最高人民法院的权威。目前案例指导制度更多依靠此种行政化权威，而非指导性案例自身的质量，隐性参照产生的消极影响还是非常明显的。从长远来看，指导性案

---

① 欧宏伟：《联邦德国最高民事判决书评介》，载《法律适用》2007 年第 6 期，第 92 页。

例对司法审判的实践意义是巨大的，案例指导制度的前景还是比较乐观的。但是，在其施行启动阶段，最高人民法院的行政化权威还是主要的推动力量。任由隐性参照长期存在，最高人民法院在推进案例指导方面的努力就无法获得应有效果。

# 第三节　对隐性参照的规制与改造

虽然隐性参照的方式优于完全忽视指导性案例，能够在一定程度上显示指导性案例的价值，但是距离明示参照的理想状态还相差甚远。隐性参照对案例指导制度的运行产生了非常消极的影响，需要进行有效的规制和引导。作为司法改革的创新之一，案例指导制度已经被呼唤多年，蕴含着非常重要的实践价值。因此，在发现隐性参照对该制度的危害时，最高人民法院应当采取多种措施，规制其消极影响，引导法官逐步转向在裁判文书中明示参照指导性案例。具体来说，对隐性参照进行规制和引导的有效措施，主要包括以下几个方面。

首先，开展专门针对案例指导的培训工作，推动法官对参照指导性案例的了解和认知。在案例指导制度初创时期，各级法官并不熟悉指导性案例的参照方式和方法，这是产生隐性参照的主要原因之一。在案例指导制度已经积累了一定经验的基础上，最高人民法院应当推进开展针对此项制度的培训工作。虽然在多数法官培训活动中都涉及案例的内容，但是，专门以指导性案例为主题的培训活动还是非常少的。该项培训工作的具体方式包括以下几个方面。（1）由国家法官学院和最高人民法院案例指导工作办公室联合牵头，以逐轮培训的方式从高级人民法院向基层人民法院展开。前者是专门进行法官培训的机构，后者则是专门组织案例指导工作的机构，二者能够发挥各自优势，为案例指导培训工作奠定坚实基础。（2）培训的内容主要是指导性案例的内容、识别、与待决案件相似点的比较以及具体参照方式。其中，后两个方面的内容尤其重要，是目前各级法官在适用指导性案例时主要面对的困难和疑惑之处。此外，还可以将指导性案例的原审裁判文书作为培训内容，推动参加培训的法官能够了解到比较成功的裁判文书是如何进行说理论证的。（3）培训的主讲人员建议由最高人民法院内部审判单位的法官和案例指导工作专家委员会委员组成，这两部分人员都非常了解特定指导性案例从推荐到遴选的全过程，对指导性案例的适用方式有着非常全面的了解。此外，必要时还可以邀请部分原审判决法官对案件进行讲解。通过以上培训，各级法官能够更加充分地了解指导性案例的内容及其参照方式，减少对指导性案例的陌生感，也更有信心和能力在裁判文书中直接明示参照指导性案例，降低隐性参照的比例。总体来说，"各级法院要积极开展案例培训工作，将案例培训列入法官培训的常规课程，讲授案例编选和应用技能，培养法官案例意识"。① 此外，在逐步熟悉案例指导制度运行过程的基础上，法官们通过培训也可以了解更多指导性案例的推荐和遴选的程序与标准，从而更有针对性地向上级法院推荐指导性案例。这种备选指导性案例在数量上的增加对于遴选出高质量的指导性案例也是必要的。

其次，明确参照指导性案例的奖惩措施，激励法官准确适用指导性案例。隐性参照能够存在的重要原因就是奖惩措施不明确，尤其是惩罚措施几乎没有直接规定。最高人民法院应当在这个方面继续细化《〈关于案例指导工作的规定〉实施细则》，将相关奖惩措施直接确定为对法官进行考核的重要内容。例如，将应当援引相关指导性案例而未援引的情况，作为上诉理由之一，上诉法院可以以此为由否定一审判决结论。除了应当援引而未援引的情况之外，还有不当援引、不规范援引等。具体到隐性适用，如果法官对其他诉讼参与人提出适用指导性案例的情况不予回应，提出请求者可以向法官惩戒委员会进行投诉。在查实后，该委员会应当给予主审法官相应的惩戒。更加有效的措施则是将指导性案例的适用作为法律适用的基本情况之一，凡是该引不引、不当引用等情况都属于法律适用不当的类型，上诉法院可以以此为由发回重审或者直接改判。当然，除了惩戒措施之外，案例指导制度还可以增加一些奖励性内容，例如成功推荐指导性案例，或者主审的案件最终被遴选

---

① 颜茂昆：《关于加强案例指导的几点思考》，载颜茂昆主编：《中国案例指导》（总第4辑），法律出版社2016年版，第218页。

为指导性案例，都应给予相应的奖励。《〈关于案例指导工作的规定〉实施细则》第 14 条是专门规定奖励内容的条款，但是却过于笼统和概括，无法形成有效的正面激励，仍然需要进一步细化，其中基本原则应当是提升推荐和准确适用指导性案例在法官评价和待遇中的比重，与法官员额制、司法责任制等司法制度形成联动。

再次，指导性案例应当提供更加精致和创新性的裁判要点，便于法官直接援引。根据《〈关于案例指导工作的规定〉实施细则》第 11 条第 1 款，裁判要点是法官能够在裁判文书中直接援引的对象。从这个意义上说，裁判要点是整个指导性案例的核心，也是最能够体现指导性案例价值的部分。但是，目前很多指导性案例并没有给法官带来实质性的指导意义，只是对已有的法律法规或者司法解释进行了简单重复，这一点在刑事指导性案例中表现得尤为明显[1]。虽然案例指导制度运行初期采取保守态度是可以理解的，但是，低质量的裁判要点也影响了法官参照的积极性和准确性，这也是隐性参照出现的背景因素之一。提供创新规则本来就是指导性案例应当承担的任务之一。[2] 如果裁判要点的概括非常精致，而且能够针对司法实践中普遍存在的法律不明问题或者漏洞，同时表述清晰、准确、严谨，那么，法官就更愿意直接明示参照指导性案例。由此也对最高人民法院案例指导工作办公室提出了更高的要求，笔者建议结合原审法官、案例指导工作专家委员会以及最高人民法院内部审判单位进行综合概括，有助于形成高质量的裁判要点。

最后，为了进一步为其他诉讼参与人提出适用指导性案例提供便利，对法官参照指导性案例进行有效监督。隐性参照导致监督的缺失，从而影响法官适用指导性案例的准确性。现有的规定只是赋予了其他诉讼参与人在审判过程中将指导性案例作为控（诉）辩理由的权利，这项诉讼权利如何具体落实，还存在规定上不明确的地方。为了更好地监督指导性案例的适用，应当细化该项权利的内容和行使方式。虽然指导性案例并没有被明确为我国司法审判的正式法律渊源，但是，鉴于指导性案例的重要地位，应当从起诉阶段

---

[1]　林维：《刑事案例指导制度：价值、困境与完善》，载《中外法学》2013 年第 3 期，第 509 页。
[2]　陈兴良：《案例指导制度的规范考察》，载《法学评论》2012 年第 3 期，第 126 页。

就肯定指导性案例的作用，并将其贯穿于审判的全过程。换言之，应当保证其他诉讼参与人在诉讼全程的任何阶段都可以提出适用指导性案例的请求，主审法官对此都必须回应并详细说明理由，这样，隐性参照的存在空间就会被大大压缩。配合前述论及的惩戒措施，法官就必须以直接明示的方式正面回应指导性案例的参照问题。具体到诉讼文书中，对于适用指导性案例的问题，提出请求的其他诉讼参与人可以单独在文书中进行强调，或者专门制作关于请求参照特定指导性案例的诉讼文书。这样就可以直接凸显参照指导性案例的问题，这种强烈明示的方式也更容易获得法官的证明回应。

隐性参照属于案例指导制度运行过程中法官的经验性做法，其实际存在的范围还是非常广泛的，从广义上属于司法过程中的"潜规则"。这种来源于审判实践的经验经常同时包含着积极和消极两种因素：前者表现为减少法官个人决策的风险，或者有助于提高审判效率；后者则表现为经常架空相关法律规定，影响当事人诉讼权利的全面实现。对于这种情况，最佳方案是通过制度完善来降低消极影响。具体到案例指导制度来说，隐性参照是基于制度漏洞存在的实践经验，一方面能够间接地发挥指导性案例的作用，另一方面也对案例指导制度的长期运行产生了不少危害。最高人民法院应当充分分析和了解其中的利弊得失，及时通过弥补制度漏洞的方式减少隐性参照的消极影响，引导和推动法官在裁判文书中更加积极地明示参照指导性案例。这对于处理疑难案件、提升司法审判的质量和效率，都是大有裨益的。

## 第七章

# 区别技术在援引指导性案例
# 中的实践及其改进

区别技术在遵循先例的普通法运行中居于核心地位，基本含义是法官比较先例与待决案件是否具有相似性，对案例指导制度也具有重要的借鉴意义。通过梳理引述指导性案例 24 号的裁判文书可以看到，法官在运用区别技术否定参照指导性案例时，可以以案件事实或者法律适用不相似为论证理由，但是这种运用比较粗糙和混乱，甚至存在矛盾之处。即使在运用区别技术肯定参照指导性案例的裁判文书中，也存在着将特定指导性案例扩展到其他类型案件的"跨界"适用，其中包含着不少隐患。从对以上两种结果的分析中可以看到，目前区别技术在参照指导性案例的实践运用中仍然处于自发探索的初级阶段，需要从多个方面进行改进和完善，包括提供更多类型丰富的指导性案例，细化制度设计中操作性较强的技术性规定，借助程序性手段形成有效规制，以及结合其他司法制度创新等。区别技术的改进和提升能够有效推动法官参照指导性案例从自发走向自觉，进而充分发挥案例指导制度的应然价值。

在转型社会的背景下，司法领域面临着更多挑战和考验，立法上的修订和完善无法及时更新，法官需要更多的资源和依据进行准确裁判，案例指导制度在此种背景下应运而生。从 2010 年底施行《关于案例指导工作的规定》以来，案例指导制度从无到有，影响力不断扩大和提升，每批指导性案例的公布都能够引起学术界和实务界的广泛关注，已经成为具有相当权威性的新类型法律渊源。[①] 但是，这种广泛关注和影响并没有以同等程度体现在司法

---

① 雷磊：《指导性案例法源地位再反思》，载《中国法学》2015 年第 1 期，第 289 页。

裁判的具体实践之中，最为典型的表现是法官很少在裁判文书中直接援引指导性案例作为裁判理由，甚至在很多案件中对当事人提出参照指导性案例的要求视而不见。备受热议的指导性案例在审判活动中遭受冷遇，其间的迥异态度颇有些"叶公好龙"的意味。案例指导制度借鉴于普通法中的先例制度，对于长期习惯于适用抽象规则的我国法官来说，仍然相当陌生。案例指导制度具有多种应然价值，例如统一法律适用，推动司法公正，提高审判效率，等等。以上诸多应然价值如何转换为具体的制度实效，仍然需要细致探讨和分析。制度的直接变革固然重要，技术性因素的提升和改进也不可忽视。

在关于案例指导的研究中，不少成果主要是围绕指导性案例的裁判要点展开的，多数以其中的实体规则为研究对象，但是，对司法实践中如何援引指导性案例，尤其是细致的区别技术等微观问题，还缺少全面精致的分析。为此，这里将选取指导性案例 24 号为分析对象，聚焦于区别技术在案例指导制度中的运行实践，主要是基于如下考虑。（1）区别技术是遵循先例的核心技术，是整个先例制度运行的关键因素。无论是先例、判例，还是指导性案例，都需要将其与待决案件进行比较，在确定相似性的基础上进行援引，这是区别技术的主要含义。普通法法官对此已经相当熟悉，而我国法官尚未完全掌握区别技术，只有一些自发的摸索，学界中结合我国司法实践的探讨也偏少。从我国裁判文书中总结区别技术的已有经验，有助于提升法官援引指导性案例的能力和水平，进而推动案例指导制度的实效。（2）根据实证数据分析，指导性案例 24 号是目前为止被裁判文书直接援引次数最多的指导性案例。其中既包括肯定该指导性案例与待决案件相似的情况，也包括相反的情况，甚至还有扩展适用的情况。这种丰富的素材能够充分地展示区别技术在现有司法实践中的运用状态，有助于保证探讨分析的全面。

从概念表述上来说，区别技术直译于英文中的"Distinguishing Technique"。字面上是将先例与待决案件在案件事实和法律适用上进行区别，即否认两者的相似性。在普通法的司法实践中，区别技术还包括相反的情形，即认定两者的相似性并遵循先例。从内容上而言，普通法中的区别技术还包括对先例中的判决理由（或译为判决理据，即 Ratio Decidendi）和附带意见（或译为附带理由，即 Obiter Dicta）的区分，但是这一点在大陆法系的判例和指导性案例中并无必要，因为后两者都有专门的裁判要点（裁判要旨）对具有决定意义的判决理由进行了专门的总结，后案法官无须专门比较判例理由与附带意见。因此，这里主要侧重于从比较相似性的结果以及论证理由的角度，来分析区别技术在司法实践中的运用。一般而言，区别技术的运用最终将形成三种结果：（1）遵循先例，这是普通法运行的常态；（2）不适用先例，因为法官确定特定先例与待决案件之间存在着巨大差异；（3）推翻先例，这一情况比较少见，大多仅限于某些高级法院和最高法院。[①] 显然，在案例指导制度的背景下，第三种情况的出现微乎其微。这里将首先分析区别技术运用后的否定结果及其理由，再探讨相反的肯定结果及其扩展产生的效果，最后在总结前述两个方面的基础上提出相应的改进措施。

## 第一节　区别技术在参照指导性案例 24 号中的否定结果及其理由

随着指导性案例的影响力的提升，对其在司法实践中进行量化分析成为一种衡量案例指导制度效果的重要手段，相关研究对此保持着长久的关注度。其中指导性案例 24 号的受欢迎程度一直名列前茅，该案例主要针对的是受害人特殊体质对侵权损害赔偿责任范围的影响问题。从 2015 年至今，指导性案例 24 号始终是在裁判文书中被援引次数最多的指导性案例，这一点已经在诸多研究数据中成为共识。[②] 虽然这些研究成果所采用的数据库不尽相同，但

---

① 董皞：《司法解释论》（修订版），中国政法大学出版社 2007 年版，第 251 页。

② 详细数据分析参见石磊、刘松涛：《指导性案例参照情况的实证分析》，载《人民司法》2015 年第 23 期；孙海波：《论指导性案例的使用与滥用——一种经验主义视角的考察》，载舒国滢主编：《法学方法论论丛》（第 3 卷），中国法制出版社 2016 年版；赵瑞罡、耿协阳：《指导性案例"适用难"的实证研究——以 261 份裁判文书为分析样本》，载《法学杂志》2016 年第 3 期；周翠：《民事指导性案例：质与量的考察》，载《清华法学》2016 年第 4 期；赵晓海、郭叶：《最高人民法院民商事指导性案例的司法应用研究》，载《法律适用》2017 年第 1 期；郭叶、孙妹：《指导性案例应用大数据分析——最高人民法院指导性案例司法应用年度报告（2016）》，载《中国应用法学》2017 年第 4 期；彭中礼：《司法判决中的指导性案例》，载《中国法学》2017 年第 6 期等。在这些数据统计结果中，在被援引次数的绝对数量上，指导性案例 24 号往往都超过了排名 2－4 名指导性案例的总和。

是在自身限定的数据范围内却形成了一致的结论，这些充分说明了指导性案例 24 号的突出地位，这一点在指导性案例被司法实践普遍忽视的背景下，显得相当难能可贵。

鉴于指导性案例 24 号的独特地位，这里对区别技术的探讨也需要对其进行细致而全面的数据收集。本次搜索分析的数据库为"中国裁判文书网"，搜索限定时间为 2014 年 1 月 26 日（指导性案例 24 号发布日期）到 2018 年 8 月 1 日。对于关键词的选择需要略作说明：由于案例指导制度仍然处于初创时期，全国各地法院裁判文书援引指导性案例的方式仍然不够规范，例如，将以往的公报案例也认作指导性案例，再如对具体指导性案例及其编号的表述也不尽相同。本次数据分别以"指导性案例 24（二十四）号""指导案例 24（二十四）号""24（二十四）号指导性案例"和"24（二十四）号指导案例"为关键词进行搜索。同时，某些裁判文书只是笼统提及"最高人民法院指导性案例"，并未直接提及具体编号，对此，本次统计也以"指导（性）案例 + 特殊体质"为关键词进行再次检索。在两次搜索的合集中，删除不规范的表述、不相关案件和重复案件之后，获得了这里进行分析的数据结果。

在以上数据结果中，既包含着当事人一方提出参照指导性案例 24 号要求的情况，也包括法官主动援引指导性案例的情况；较之于单纯收集将指导性案例 24 号作为裁判理由的数据而言，以上数据能够更加全面地展示该案例在司法实践中的存在状态；而且，根据《〈关于案例指导工作的规定〉实施细则》第 11 条，当事人及其代理人也有权利要求援引相应的指导性案例。从运用区别技术的结果来看，肯定性结果意味着法官认定待决案件与指导性案例 24 号具有相似性，否定性结果则相反。此外，还存在着第三种情况——不予回应：法官对于当事人提出的适用指导性案例 24 号的请求，并没有给予任何回复。这一情况又可以分为两种次级情况：最终裁判结果与指导性案例 24 号不一致，最终裁判结果与指导性案例 24 号一致。其中，后一种次级情况被称为"隐性参照"，即法官已经通过当事人的请求了解到指导性案例 24 号的存在，在没有直接援引该指导性案例的情况下却依据该案例作出了相似性裁判。"隐性参照"在案例指导制度的实际运行中已经成为一种常态甚至是主流，在涉及援引指导性案例的裁判文书中比例相当高①，指导性案例 24 号也不例外。由于隐性参照并没有说明确认指导性案例 24 号与待决案件之间具有相似性的原因，因此并不能将此种类型归于肯定结果之中。质言之，本次对裁判文书的搜索是以形式上是否引述了指导性案例 24 号为标准，并非以实体裁判结论上参考该指导性案例为标准。本次搜索最终获得有效裁判文书 472 份，其中肯定结果为 67 份，否定结果为 72 份，未予回应的结果为 333 份。这些裁判文书虽然并未全部论及给出参照结果的相应原因，但是，也足以为分析区别技术在我国司法实践中的运用情况提供素材。

传统英美法系中普通法的广泛运行，使法官和律师都长期浸淫于先例与待决案件之间比较相似性的问题之中，区别技术的运用也是相当纯熟。当先例提供了一种相当明确而又合理的准则时，法官就将适用该准则，这是严格意义上的"遵循先例"。如果先例并不完全适用于该法官所审理的案件，法官就缩小先例中"决定的理由"适用的范围，从而排除参照该先例。②"区别技术往往分为两种形式。第一种形式是先通过宣告技术来确立一项先例规则，然后再表明已宣告的规则与手头的案件毫无关系。第二种形式是先适用一项已宣告的规则，这条规则看上去与决定法院作出的判决互相矛盾，然后再用最低限度方法和结果中心方法来重新表达或从根本上重新诠释该规则，直到该规则与那个判决不相矛盾为止。"③ 大陆法系虽然并不以遵循先例为传统，但是对于判例也相当重视，其中也包括区别技术的运用。例如，在德国法中，先例的区分技术实践通常分为两种：其一是简单地阐述先例与待决案件之间存在着重大差别，在此种情况中，先例与待决案件通常是直接相关的；其二是附带性区分，即待决案件的裁判文书中对先例仅仅是非常简略地涉及。④ 虽然从最终结果的角度可以将区别技术的运用分为肯定结果和否定结果两种，但是对于区别技术的核心问题——相似性比较，却一直没有形成基本共识。

---

① 孙海波：《指导性案例的隐性适用及其矫正》，载《环球法律评论》2018 年第 2 期，第 145 页。

② 孙国华主编：《中华法学大辞典·法理学卷》，中国检察出版社 1997 年版，第 339 页。

③ ［美］埃森博格：《普通法的本质》，张曙光等译，法律出版社 2004 年版，第 85 页。

④ 陈林林：《法律方法比较研究：以法律解释为基点的考察》，浙江大学出版社 2014 年版，第 176 – 177 页。

绝对意义上的相同案件并不存在，任何两个案件之间比较时都存在着相似性和差异性，只是程度有所不同。究竟相似到何种程度才能够成为参照先例的理由，并不能给出一个实体意义上的终极标准。在判断两个案件是否足够相似时，普通法法官只是选择其中最重要的某些方面（关节点）来进行比较，这就意味着法官在这一判定过程中具有非常大的裁量幅度。① 换言之，区别技术很难通过进行准确的归纳概括，法官往往凭借其学识、经验、智慧和推理作出判断。② "比较点的确定主要不是依据一个理性的认识，而是很大程度地根据决断，因而取决于权力的运用。"③ 从内在特征上来说，普通法一直强调经验主义而非建构主义，推崇在个案中解决具体纠纷或者法律问题，并不重视抽象概念或者规则的运用。这种特质自然也难以演化出区别技术运用的终极标准。当然，终极标准的缺失并不意味着不能在具体个案中形成确认相似性的准确判断，只是在不同类型的案件中运用区别技术需要进行不同的说理和论证。

在指导性案例 24 号涉及的交通事故中，无过错的受害人年事已高，因其具有的骨质疏松症而在住院期间产生了更多的医疗费用。该案件实质上针对了受害人特殊体质能否减少损害赔偿范围的问题，该问题在《侵权责任法》及相关司法解释中没有具体的规定，但是在现实中的确广泛存在，属于"自始的法律漏洞"，即在法律被制定时就已经存在的漏洞。④ 法律对于此类问题应当规定而没有规定，这是法律漏洞存在的原因。指导性案例应当涉及审判实践中的疑难问题，解决法律漏洞也是其中之一。对于某些法律漏洞的存在，立法者是非常明确地知晓的，但是由于该漏洞过于复杂或者争议较大，立法者尚未对此形成统一的意见，于是便留下了自始的漏洞。指导性案例 24 号所涉及的核心问题，就属于这一类型。该问题在侵权法理论中经常被冠以"蛋壳脑袋理论"，大陆法系的制定法中对此也多数少有细致规定，英美法系在

---

① 周赟：《普通法先例制度基本问题研究》，载陈金钊、谢晖主编：《法律方法》（第 12 卷），山东人民出版社 2012 年版，第 296 页。
② 董暟等：《判例解释之变迁与重构：中国判例解释发展与构建之路》，中国政法大学出版社 2015 年版，第 269 - 270 页。
③ ［德］考夫曼：《法律哲学》，刘幸义等译，法律出版社 2004 年版，第 116 页。
④ 黄茂荣：《法学方法与现代民法》，中国政法大学出版社 2001 年版，第 337 页。

不同地区和不同时期，也存在着迥异的判例。① 这就说明，关于受害人特殊体质对损害赔偿范围的影响问题是相当复杂的，这也可以理解该法律漏洞在我国现行法律体系中存在的原因。从实体规则的角度来说，受害人特殊体质对侵权责任的影响存在着相当复杂的具体类型划分，需要考虑诸多因素，包括主观状态和因果关系等。② 但是，指导性案例 24 号在裁判要点部分却对此问题提供了明确的唯一规则："交通事故的受害人没有过错，其体质状况对损害后果的影响不属于可以减轻侵权人责任的法定情形。"以上明确的否定性规则忽视了受害人特殊体质与损害赔偿责任之间的复杂关系及其类型，从实体规则的角度来说并不十分妥当。可以说，最高人民法院在指导性案例 24 号中只是选择了一种类型或者方案，裁判要点中提供的规则非常明确具体，针对广泛存在的法律漏洞进行了形式上的有效填补，自然受到审理类似案件法官的高度欢迎，一方面表现在指导性案例 24 号的高频次援引；另一方面表现在原来处理该类纠纷的"外伤参与度理论"逐渐被抛弃。质言之，指导性案例 24 号中的规则虽然略显粗糙，但是具有良好的统一效果，因此受到了法官的认可和接受。

但是，通过梳理裁判文书的具体表述可以看到，还有相当数量涉及受害人特殊体质对损害赔偿责任范围影响问题的案件中，法官对指导性案例 24 号持有否定态度。裁判结果的形成一般需要考虑案件事实和法律适用两个方面，这也是目前裁判文书写作中的最常见格式，前者经常以"本院查明"为开头，后者主要以"本院认为"为开头。《〈关于案例指导工作的规定〉实施细则》第 9 条也确认，在基本案情和法律适用方面相似时，法官应当参照指导性案例作出裁判。因此，法官运用区别技术否定参照指导性案例 24 号的理由也可以从以上两个方面展开分析。

（一）基于案件事实的区别而否定参照

在案例指导制度运行初期，对于指导性案例的效力定位及其在法庭中的

① 孙鹏：《受害人特殊体质对侵权责任的影响》，载《法学》2012 年第 12 期，第 94－95 页。

② 例如，基于受害人特殊体质与损害后果之间的因果关系及其对损害赔偿责任的影响，就能够划分为共同因果关系、假设因果关系等；对于加害人和受害人的过错以及能否使用过失相抵等，也可以划分为若干具体情况细致分析。具体参见程啸：《受害人特殊体质与损害赔偿责任的减轻——最高人民法院第 24 号指导案例评析》，载《法学研究》2018 年第 1 期。

作用，无论是当事人还是主审法官都存在着一些含混和模糊之处。例如，当事人经常将指导性案例作为证据提交给法庭，这一点并不符合《关于案例指导工作的规定》及其实施细则的规定（当然，各类诉讼法中也尚未对指导性案例的性质作出明确规定）。而主审法官也并未完全明确如何适用指导性案例，直接以指导性案例与待决案件之间在事实上存在差异为理由，可以非常便捷地否定参照指导性案例。在英美法系中，基于案件事实上的差异而否定相应先例在待决案件中的适用，也是区别技术发挥作用的基本方式之一。通过考察涉及指导性案例 24 号的裁判文书，可以将法官基于案件事实的区别而否定参照该案例的理由分为如下几类。

（1）待决案件与指导性案例 24 号之间的案由不同。例如，"（2017）鄂 01 民终 2606 号"文书认为："最高人民法院的第 24 号指导案例是一起交通事故赔偿案件，对同类案件具有指导意义，但是，本案系一起身体权侵权案件，不符合适用条件。"再如，"（2015）沪海法海初字第 31 号"文书认为："本案并非道路交通事故责任纠纷，而是海上人身损害责任纠纷，案件的性质不同"。

（2）指导性案例 24 号强调了特殊体质，而待决案件强调了受害人自身的疾病。强调这一事实区别的裁判文书数量较多，主要原因是当事人一方（尤其是保险公司）经常提出，个人体质与疾病存在着区别，仍然应当坚持外伤参与度理论。例如，"（2014）东民一终字第 147 号"文书认为："上诉人援引最高人民法院的指导性案例并不适用于本案，因为指导性案例指的是个人体质而本案是本身疾病"。"（2014）黄民初字第 2034 号"文书认为："本案审判中应将既往病（强直性脊柱炎）和老年病予以区别对待，对此参与度应予以鉴定，不能机械运用最高院指导案例。""（2015）普民初字第 3037 号"文书认为："本次交通事故导致原告两根肋骨骨折，结合原告自身陈旧性骨折共同构成十级伤残，原告陈旧性骨折不同于自身体质状况较差的自然、客观情况。"

（3）对于当事人将指导性案例 24 号作为证据提交，给予否定评价。例如，"（2017）鲁 16 民终 350 号"文书认为："上诉人颜某某提交的证据与本案无关联性，不予认定。""（2015）商民终字第 908 号"文书认为："最高人民法院发布的指导性案例以及商丘市睢阳区人民法院民事判决书反映的是具体案件的法律适用问题，与本案不具有直接关联性，本院不予评述。""（2014）广民二初字第00658号"认为："李某某为证明自己的主张向本院提交的证据有：指导性案例……被告李某某提供的证据与本案无关联性，依法不予认定。"

（4）个人体质在整体损害赔偿中所发挥的作用不同，因此，待决案件区别于指导性案例24号。例如，"（2016）豫07民终2122号"认为："在上述指导性案例中，当事人个人体质（年老骨质疏松）因素造成其容易骨折，且个人体质因素在损害后果中仅起次要作用，而本案周某某不仅存在颈椎退行性变等个人体质问题，而且其椎管狭窄、某某等疾病也是造成颈髓损伤及伤残的主要原因。故此，本案与上述指导性案例的案情不相一致。"

（5）单纯强调待决案件与指导性案例24号之间在事实上并不相同，但没有给出任何理由或者说明。例如，"（2013）汤民一初字第285号""（2015）滨中民一终字第461号""（2016）豫13民终691号"等。

从区别技术的运用角度而言，否定了案件事实上的相似性，自然也就否认了法律适用上的相似性。因此，基于案件事实而进行的区别，对于审理案件的法官来说，是非常便捷地否定参照指导性案例的理由。但是，从以上几种现实中存在的类型来看，能够真正构成区别待决案件与指导性案例的理由多数并不规范或者存在争议。例如针对类型（5），《〈关于案例指导工作的规定〉实施细则》第11条已经专门规定，对于是否援引指导性案例，法官应当作出回应并说明理由，而该类型中法官对作出区别的决定并未给出任何理由，是明显违反上述规定的。再如类型（3），虽然当事人将指导性案例作为证据提交的行为并不规范，法官也不应仅仅否定了事，而应当告知当事人指导性案例的准确效力和运用方式。至于类型（2）则充满了争议：自身疾病是否属于个人特殊体质，这一问题并没有直接的法律规范，法官应依据特殊体质的一般含义，倾向于将自身固有的疾病（尤其是慢性病）纳入其中，这也符合对行人进行倾向性保护的立法目的和精神。可以说，以上几种基于案件事实而区别待决案件与指导性案例的类型表明，区别技术在司法实践中已经有所运用，但是大多还停留在比较初级的自发探索阶段，无论是实体判断还是运用流程，甚至是裁判文书中的具体表述，都有待规范和改进。

　　值得注意的是，在否定参照指导性案例 24 号的裁判文书中，类型（2）所占的数量是最多的，但是，也存在着持有相反意见的例证。例如，前述"（2015）普民初字第 3037 号"文书认定陈旧伤并非个人特殊体质，而"（2014）泰中民终字第 00827 号"文书则持有相反观点："虽然其原有旧伤对损害后果的发生具有影响，但该原有旧伤亦属于其个人体质状况，该个人体质状况并非侵权责任法等法律规定的过错，因此被上诉人钱某某不应因其个人体质状况对交通事故导致的伤残存在影响而自负相应责任，原审法院参照最高院相关指导案例判决上诉人应对全部的残疾赔偿金承担赔偿责任正确。"对于受害人原有的陈旧伤是否属于指导性案例 24 号中所涉及的个人特殊体质，法官之间也并没有形成一致意见，反对者和赞成者都有其各自理由。这种情况进一步说明，法官在决定是否运用区别技术来肯定或者否定参照指导性案例中，具有十分巨大的自由裁量权。

　　在以上法官形成的相反结论中，强调个人体质不同于疾病的观点占据着数量上的明显优势，背后重要的原因之一是律师的参与。在英美法系的传统中，区别技术并非为法官所单独掌握，律师也是积极运用该技术的主体之一。"由于没有两个案件的事实完全相同，律师在诉讼程序中尽量把自己案件中的事实，和对自己不利的以前案件中所判决的事实相区别，避免适用不利的先例。相反地，尽量把自己案件中的事实和对自己有利的以前案件中所判决的事实相等同，以求适用有利的先例。法官认为以前的先例不合理时，尽量区别其和当前案件的事实不同，因而不能适用。通过这个方法，先例没有取消，实际等于废除。"① 由于交通事故在近年呈现出日益高发的态势，相关纠纷的数量急剧增加，保险公司在相应案件中出现的频率也大幅度上升。对于特殊体质对损害赔偿范围的影响问题，基本上都是由受害方提出参照指导性案例 24 号的请求，保险公司则以疾病并非个人体质为由进行反驳。作为共同被告之一，保险公司有职业律师处理案件，相对于受害方来说经常处于一种

---

　　① 王名扬：《美国行政法》（第二版）（上册），中国法制出版社 2005 年版，第 18 页。

明显的优势。有调查数据表明，律师是否参与案件审理，对于法官参照指导性案例来说有着十分重要的影响。[①] 在涉及是否参照指导性案例 24 号的案件中，数量和能力都处于优势地位的保险公司及其代理律师，对法官具有更强的说服力，这也促成了认定疾病不同于个人体质的裁判文书在数量上明显超过相反观点，其实质就是区别技术的倾向性适用。

（二）基于法律适用的区别而否定参照

在英美法系的区别技术实践中，案件事实是否相似是最主要的标准，一旦在此问题上确定了否定答案，相应的先例就会被排除适用。"区别系争案件与先例的事实和合理使用先例确定的法律规则，是律师和法官的最核心职责。其中的核心问题其实是划线问题，即面对新情况时，先例确定的法律规则是扩展适用还是限缩适用。问题总是一样的：系争案件的事实与先例的事实是否存在关键而决定性的区别，以使系争案件应当适用与先例不同的法律规则。"[②] 换言之，在区别技术的传统实践中，并不特别强调法律适用问题上也要在待决案件和先例之间比较相似性。但是，《〈关于案例指导工作的规定〉实施细则》第 9 条同时要求在法律适用方面也相似，才能参照指导性案例。这一点对于案例指导制度发挥实际作用来说存在着不少不利影响。[③] 这种规定与长期适用制定法的实践有着内在联系，可以通过对法律适用方面相似性的确认来进一步巩固参照判例或者指导性案例的正当理由。反言之，如果法官发现在法律适用问题上能够"区别"指导性案例和待决案件，那么，相应的先例即使在事实上类似也不会被法官所参照。案件事实的查明主要是通过证据法来调整和规制的，而法律适用方面的内容就十分丰富。

通过梳理参照指导性案例 24 号的裁判文书可以看到，办案法官基本上都是以因果关系不同为理由，在法律适用方面否定其与待决案件之间的相似性。有观点认为，在参照指导性案例的过程中，对因果关系的判断应当属于案件

---

① 彭中礼：《司法判决中的指导性案例》，载《中国法学》2017 年第 6 期，第 136 页。

② ［英］赞德：《英国法：议会立法、法条解释、先例原则及法律改革》，江辉译，中国法制出版社 2014 年版，第 457 页。

③ 孙光宁：《反思指导性案例的援引方式——以〈《关于案例指导工作的规定》实施细则〉为分析对象》，载《法制与社会发展》2016 年第 4 期，第 94－96 页。

基本事实方面。① 这一观点有一定道理，但是，笔者更倾向于将其归于法律适用的范围，原因包括以下几个方面：（1）案件事实和法律规范的二分并非绝对，所谓"目光在事实与规范之间的往返流转"正是描述了法官的思考过程。"事实上，当我们将该案件事实理解为法律构成要件所指涉的事实时，已经带有价值判断的性质，或者，其本身已然是一种有评价性质的归类行为。"② 从参照指导性案例的操作角度来说，因果关系的判断虽然带有一定案件事实的属性，但是毕竟与通过证据证明的客观事实有着很大差异，归于法律适用方面的属性更明显，需要细致地展开分析和论证。（2）法律适用的过程需要更多法官主观能动性的参与，这一点也是判断因果关系的基本特征。"法律适用（法律发现）是一个类比的过程，在这一过程中，法律（应然）和案件（实然）彼此相互关联地被加工：通过对案件的解释，一个具体化了的'行为构成'从法律中产生，通过对法律的'建构'，一个类型化了的'事实行为'从单个（无定形）的案件中形成；比较的对象是'意义'（法之意义），在此意义中，行为构成与事实行为相互'适应'。如果它们不适应，法律规范就不能被适用。"③ 在对因果关系的判断中，广泛渗透着法官的价值判断或者主观因素，虽然这种主观因素以法律规范为基础，但是也结合个案以及法官个人的特点而有所差异。在比较待决案件与指导性案例或者先例时，这种法官的主观能动性就显得尤其重要和直接。基于以上原因，这里将对因果关系相似性的判断归于法律适用的范围。引述指导性案例 24 号的裁判文书中，否定因果关系的相似性，进而拒绝参照该案例的具体表述类型，可以分为如下几种：

（1）待决案件中受害人的体质状态为导致最终结果的诱因，区别于指导性案例 24 号中的直接原因。例如，"（2017）浙 06 民终 1852 号"文书认为："加害人的殴打行为系造成死亡结果的诱因，而最高人民法院指导案例 24 号所述内容为交通事故直接导致受害人损害后果，两者并非完全一致。"

---

① 刘作翔：《法治的路径：项目研究报告（2001—2006）》，山东人民出版社 2008 年版，第 112 页。

② ［德］卡尔·拉伦茨：《法学方法论》，陈爱娥译，商务印书馆 2003 年版，第 2 页。

③ ［德］考夫曼：《法哲学的问题史》，载［德］考夫曼、哈斯默尔主编：《当代法哲学和法律理论导论》，郑永流译，法律出版社 2002 年版，第 186 页。

"（2013）绍诸民初字第1905号"文书认为："本次交通事故仅造成原告左胫骨平台骨折、颈椎损伤和左小腿挫裂伤，与导致原告四级伤残的脑梗死之间并没有直接的因果关系，即交通事故外伤只是伤残的一个诱因，与第24号指导案例中侵权人对事故发生具有过错并直接导致被侵权人伤残的情形不同，本案中被告何某某虽对事故发生负全部过错责任，但原告的伤残却不是被告何某某的过错行为直接导致的，故两者不具有参照性。""（2018）鄂96民再6号"裁判文书认为："交通事故造成的损伤虽是受害人死亡的因素，但若没有受害人自身原有疾病的参与，正常情形下本案交通事故造成的损伤难以导致死亡的发生，这与最高人民法院发布的第24号指导案例中被侵权人对事故发生无过错并因事故直接导致伤残的情形不同，故该案例不具有参照性。"

（2）待决案件中受害人体质并非导致损害结果的原因。例如"（2016）皖01民终1457号"文书认为："本案蔡某某在交通事故发生时并无颅脑损伤，其在事故发生后一年多因脑干出血死亡，并非交通事故发生当时因车辆碰撞而导致其脑干出血而死亡，且并无证据证明蔡某某的脑干出血与交通事故车辆的碰撞存在法律上的因果关系，不存在与最高人民法院指导案例24号相类似的情形"。"（2016）鄂01民终7032号"文书认为："事故发生后，其所患房颤与交通事故直接导致的外伤有无相互影响亦无证据证实，且又无证据证实房颤系交通事故直接导致。综上，法院认为，本案与最高人民法院指导案例不可同日而语，需具体问题具体分析。"此外，"（2015）寒朱民初字第36号""（2014）沪二中民一（民）终字第1575号""（2017）辽06民申42号文书"等文书，都以要求参照指导性案例的当事人没有证明待决案件与该指导性案例在因果关系上相类似，进而否定了这些参照主张。

（3）待决案件中受害人的特殊体质与加害行为在主次关系上与指导性案例24号不同。例如"（2016）川16民终1174号"文书认为："本案中，王某某受伤部位为肋骨，因交通事故原因与其在住院期间所出现的急性下壁心肌梗塞及慢性阻塞性肺疾病继发症仅具有间接因果关系，与个人体质原因不属同一情况，因此，最高人民法院第24号指导案例中受害人所受损害，交通事故是直接的主要原因，与本案致王某某死亡交通事故仅系次要原因案情不同，在本案中不能机械适用。""（2016）黑02民终1442号"文书认为："本案中，原告李某受伤部位为腿部，因交通事故原因与其在住院期间所出现的脑梗塞现象仅具有间接因果关系，与个人体质原因不属同一情况，因此，最高人民法院第 24 号指导案例的案情与本案不同。"在这一类型中，否定参照指导性案例 24 号的法官经常以受害人的疾病并非特殊体质为理由。"（2015）厦民终字第 4153 号"文书认为："动脉炎也不像指导案例的骨质疏松一样，不是正常人都患有的常见疾病，且经鉴定王某万自身患有的动脉炎才是导致其第二次手术并截肢的主要的决定性原因，参与率高达 70% － 75%，也就是说对最后损害后果的扩大起决定作用，而不像该指导案例一样，个人骨质疏松是老年人的常见疾病且个人体质参与度只有 25%。""（2017）湘 0124 民初 5375 号"裁判文书认为："原告受伤前患有脑中风后遗症及高血压疾病，尤其是脑部已存在既有病灶且对目前损伤后果的发生起辅助作用，本案与以渐行性生理变化为主要特征的'特殊体质'存在区别，故不宜参照最高人民法院发布的第 24 号指导案例之裁判要点裁判。"

（4）在肯定指导性案例 24 号确立的因果关系基础上，待决案件处理结果却并不相同。在此类型中，法官肯定了受害人的体质并非过错，但是只要对损害结果有影响，就应当按照鉴定结论确定的比例进行分担，尤其以双方都有过错来否定援引指导性案例 24 号（在指导性案例 24 号中，受害方为完全无过错）。例如"（2015）沪二中民一（民）终字第 2767 号"文书认为："根据上述指导性案例，并结合上诉人王某既往有颈部手术史等病情综合分析，王某更符合指导性案例中原有残疾或者原有旧伤，侵权行为加重了残疾等级或者导致了功能受限情况加重，属于多因一果的情形。故原审认定王某本次交通事故伤残等级与其自身原有病理基础有关，并以此确定王某的伤残赔偿责任比例并无不妥，本院予以采纳。""（2014）长中民一终字第 01863 号"文书认为："虽然张某某的疾病对其死亡损害后果的发生有一定影响，但其本人对交通事故的发生和损害后果并无过错，故原审法院结合本案事实和各方过错并考虑张某某的疾病因素等，酌情认定车祸参与度为 70% 并据此计算相关损失和费用，并无不当，本院予以认可。""（2018）辽 13 民终 725 号"裁判文书认为："单就受害人而言，只有其被认定为无责任时，才说明其主观上无过错，才有参照 24 号指导案例的可能。而其余四类都意味着受害人主观上存在一定的过错，不符合参照 24 号指导案例的前提，故对被上诉人的答辩观点不予支持。""（2018）湘民再 33 号"裁判文书认为："该案例中系交通事故的受害人荣某某一方本身没有任何过错，交通事故是直接造成其人身损害，故本案不适用该指导案例。"①"（2018）川 11 民终 63 号"裁判文书认为："李某某自身的疾病不是自己的过错，本案中 20% 的参与度是交通事故与死亡后果因果关系的参与度，不是体质过错的参与度，与 24 号指导案例有本质的区别。"

（5）受害人的特殊体质为加害人无法预见的因素，超出正常的因果关系。例如"（2015）浙民申字第 726 号"裁判文书认为："虽然自身疾病并不属于沈某某的过错，但由于沈某某自身体质导致损害后果的扩大，损害后果超出正常情况下的预期范围，原判在此情况下酌情减轻侵权人的责任，在沈某某的残疾赔偿金中做相应酌减，应属合理。""（2016）浙 06 民终 2573 号"裁判文书认为："受害人自身疾病对交通事故造成的损害结果起到扩大效应，相应参与度比例的损害后果应予扣除。"

从以上列举的几种类型中可以看到，指导性案例 24 号所涉及的核心问题，在实体意义上是非常复杂的，该指导性案例用单一的规则来应对复杂的实际问题，并未被法官完全接受，以多样因果关系为由来否定待决案件与指导性案例 24 号之间的相似性，对于法官来说也并非难事。这一点在类型（4）中表现得尤其明显。

同时，在涉及指导性案例 24 号的裁判文书中，虽然外伤参与度理论的应用大幅下降，但是，无论是出于对指导性案例的不熟悉，还是以往工作惯例和经验使然，很多法官否定参照指导性案例 24 号的背后，都直接或者间接地沿用着司法鉴定意见中所确定的外伤参与度。从更深的层面上说，基于外伤参与度来解决特殊体质对损害赔偿的影响问题，表现为在受害人、加害方

---

①　对于受害方过错的评价，也存在着相反的观点。例如"（2017）浙 0225 民初 6993 号"裁判文书认为："原告赖某某对事故的发生虽有主观过错，对此交警部门已认定应该承担事故的次要责任，但其对损害后果的扩大无主观过错，其颈椎本身退行性变仅是与事故造成后果存在客观上的介入因素，并无法律上的因果关系。原告赖某某对于损害后果的扩大没有过错，不存在减轻或免除侵权人赔偿责任的法定情形。"这一判断的实质是，即使受害方存在着一定过错，也可以援引指导性案例 24 号。

（还包括保险公司等第三方）之间分担责任范围，带有"中庸之道"的意味。而指导性案例 24 号所强调的加害方单方承担所有赔偿，带有更加激进的色彩。在强调案结事了的背景下，各方妥协往往更能有效处理纠纷，而单方承担全部责任则容易激化矛盾或者引发上诉和申诉。为了避免后者所带来的消极影响，法官更倾向于继续适用原有的工作方法。当然，这种惯性或者倾向会与指导性案例 24 号带来的简洁和便利之间形成竞争关系，在短期内难以立分高下。

此外，类型（2）所列举的后面几份裁判文书，都确认待决案件与指导性案例 24 号在因果关系上的相似性应当由当事人来证明。从"谁主张、谁举证"的一般原理而言，以上证明责任应当由提出参照请求的当事人（通常是受害方）来提供。但是，这一基本原理并不符合参照指导性案例的特殊情况。从一般民事诉讼举证责任而言，《最高人民法院关于民事诉讼证据的若干规定》第 7 条规定："在法律没有具体规定，依本规定及其他司法解释无法确定举证责任承担时，人民法院可以根据公平原则和诚实信用原则，综合当事人举证能力等因素确定举证责任的承担。"在案例指导制度运行初期，各方参与人都不太熟悉指导性案例中的区别技术，相比于当事人，法官更应当熟悉这一技术，或者说更有义务和职责去完成比较相似性的任务。具体到案例指导制度的运行过程，法官的这一职责仍然没有改变，支持这一结论的理由集中在《〈关于案例指导工作的规定〉实施细则》的第 9 条和第 11 条。①一方面，该实施细则第 9 条和第 11 条第 1 款规定了法官应当在审理案件时对相关指导性案例进行检索。这就意味着法官负有积极义务在待决案件与检索到的指导性案例之间进行相似性比较。2017 年《最高人民法院司法责任制实施意见（试行）》第 39 条、第 40 条规定了类案及关联案件的检索，当法官发现待决案件的结果与本院以往判决存在差异的，应当提交审判委员会等机

---

① 《〈关于案例指导工作的规定〉实施细则》第 9 条为："各级人民法院正在审理的案件，在基本案情和法律适用方面，与最高人民法院发布的指导性案例相类似的，应当参照相关指导性案例的裁判要点作出裁判。"第 11 条第 1 款为："在办理案件过程中，案件承办人员应当查询相关指导性案例。在裁判文书中引述相关指导性案例的，应在裁判理由部分引述指导性案例的编号和裁判要点。"第 2 款为："公诉机关、案件当事人及其辩护人、诉讼代理人引述指导性案例作为控（诉）辩理由的，案件承办人员应当在裁判理由中回应是否参照了该指导性案例并说明理由。"

构讨论并说明理由。这一规定确定了法官负有检索类案和关联案件的法定职责，一旦在搜索结果中包含有指导性案例，法官应当就不适用该指导性案例的理由作出说明。这一检索机制也印证了法官应当成为证明待决案件与指导性案例之间是否具有相似性的主体。另一方面，根据以上实施细则第 11 条第 2 款，对于当事人提出参照特定指导性案例的请求，法官应当回应并说明理由。对于当事人来说，案例指导制度对其的直接规定仅仅有这一条，并未专门提出其他举证要求。对当事人的参照要求进行回应并说明理由，也属于法官的职责范围，其中当然也应当包括涉及因果关系是否相似的问题。简而言之，在案例指导制度的背景之下，法官负有职责去证明待决案件和相应指导性案例之间在因果关系上是否具有相似性，这一举证责任不应轻易转嫁给当事人，否则就是一种敷衍塞责的行为。之所以会出现上述类型（2），很大程度上在于，案例指导制度尚未被司法实践所普遍接受，其规定也不够细致全面，更没有照顾到与其他相关诉讼制度（尤其是证据制度）的衔接和配套。

## 第二节　区别技术在参照指导性案例 24 号中的肯定结果及其扩展

（一）肯定及扩展参照指导性案例 24 号的表现及其原因

与运用区别技术形成的否定结果相比，肯定结果的表述方式非常简单。例如 "（2015）泰民初字第 84 号" 文书的原文是："根据最高人民法院公布的指导性案例，个人体质特殊不属于减轻侵权人责任的情形，不应按照死亡参与度核减原告的损失。""（2014）芜中民一终字第 00652 号" 文书表述为："某某的个人体质状况对其残疾结果虽有影响，但并非法律意义上的过错，不应以此减轻李某某的责任，李某某对损害后果应承担全部赔偿责任。最高人民法院对此也公布了指导性案例。""（2016）内 09 民终 18 号" 文书表述为："是否应按参与度应为 10% 的评定理由对原告的残疾赔偿金作相应扣减，应依据《最高人民法院发布第六批指导性案例 24 号》为指导。""（2014）二中民终字第 11536 号" 文书表述为："最高院指导性案例中已经取消外伤参与度问题，对于卢沟桥环卫所要求按照 70% 比例承担责任的抗辩意见，法院亦不予采纳。""（2017）赣 01 民终 279 号"文书表述为："根据最高人民法院发表的指导性案例（2014 年 1 月 26 日发布），指出……""（2014）沪铁民初字第 278 号"文书表述为："本案与第 24 号指导案例在案由、事故责任认定和其他案情上具有相似性，本院理应予以参照。"在肯定参照指导性案例 24 号的裁判文书中，类似的表述在数量上非常多，而且多数并未进行详细论述。"幸福的家庭都相似，不幸的家庭各自有其不幸。"在任何案件之间都存在相似性和差异性的背景下，差异之处更容易发现，也往往成为当事人（包括其律师）驳斥对方观点的主要理由，而确认相似性一般并不需要特别细致的分析。由此也可以理解，既然同时能够包括否定结果和肯定结果，在英美法系中，区别技术在概念表述上使用侧重于否定的"区别"，而非中立性质的"识别"或者"比较"。

如前所述，就区别技术在参照指导性案例 24 号的结果中，否定结果强调该指导性案例的规则无法应对多样复杂的具体案情，肯定结果则推崇该指导性案例具有简洁、明确和同一的优点。在案多人少的现实压力与司法责任制推进的背景之下，法官很可能无暇顾及学理研究中细致划分的诸多类型，确认待决案件与指导性案例 24 号相似性的肯定结果具有更加明显的优势。

但是，这并不意味着明确参照指导性案例 24 号的裁判结论都正确，毕竟，相似性的判断带有非常强烈的主观色彩，运用区别技术形成肯定结果的一些案件也可能会引起质疑，首当其冲的就是那些表面上不具有相似性的待决案件也援引了指导性案例 24 号。通过搜索涉及该指导性案例的裁判文书可以发现，指导性案例 24 号所确立的规则，在一些其他类型的案件中得到了扩展适用，集中体现在涉及医疗纠纷的一些案件中也在裁判理由部分参照了指导性案例 24 号。对于在中国司法语境下探讨区别技术，这也是一种值得关注的现象。

例如，"（2016）津 0103 民初 6079 号"文书认为："本院认为，原告因伤就医，在医方给出多种治疗方案的情况下原告采取何种治疗方式有自主选择权，且根据最高人民法院指导性案例 24 号的裁判要点：原告本身的体质状况对损害后果的影响并不属于可以减轻侵权人责任的法定情形。""（2017）

吉 01 民终 1235 号"文书在引述了指导性案例 24 号的裁判要点之后，认为："（1）本案中，虽然韩某某的个人体质状况对损害后果的发生可能具有一定的影响，但这并不是侵权责任法规定的过错，受害人韩某某不应因其个人体质状况对伤残后果存在可能的影响而自负相应责任。（2）本案发生的直接原因，是吉大一院的医疗过错，韩某某本人对其颈间盘疝致残后果的发生并无过错。""（2017）鄂 01 民终 2625 号"文书论及："确认梨园医院的诊疗过失行为，对刘某的死亡后果存在过错，应负侵权责任。参照鉴定意见，考虑该过错与刘某自身特异体质因素，一审法院酌情确定由梨园医院对刘某死亡造成的损失后果承担 60% 的赔偿责任。应当说明，依照《中华人民共和国侵权责任法》的原理及参照最高人民法院第 24 号指导案例精神……""（2016）鄂 01 民终 3011 号"文书认为："从黄某某在武汉市汉南区人民医院的出院小结来看，黄某某的左下肢深静脉血栓系在治疗过程中形成，且治疗过程中医院亦有防止血栓的对症治疗，术后出现左下肢深静脉血栓与其个人体质差异有关。参照最高人民法院发布的指导案例 24 号……""（2016）津 0103 民初 6079 号"文书认为："本院认为，原告因伤就医，在医方给出多种治疗方案的情况下原告采取何种治疗方式有自主选择权，且根据最高人民法院指导性案例 24 号的裁判要点：原告本身的体质状况对损害后果的影响并不属于可以减轻侵权人责任的法定情形。"需要说明的是，并非所有涉及指导性案例 24 号的医疗纠纷都获得了肯定的参照结果，还有不少类似案件是以案情不相似、无关，或者没有证据证明相似性等理由否定参照该指导性案例，这一点与这里第一部分所列举的诸多否定理由是基本相同的。

从严格运用区别技术的角度而言，以上医疗纠纷案件与指导性案例 24 号所涉及的交通事故案件，在案件类型上并不相同。这种"跨界"的扩展适用在基本案件事实上就存在着相当差异，本应当被"区别"而获得否定参照的结果。但是，处理以上医疗纠纷的法官仍然在裁判文书中直接参照了指导性案例 24 号，个中原因可以从案例指导制度的总体设计和个案的特殊性两个方面得以说明。一方面，案例指导制度的规定比较疏漏，特别是奖惩机制的缺位为法官参照指导性案例留下了巨大的自由裁量空间。《关于案例指导工作的规定》及其《实施细则》，并没有为参照指导性案例提供详细的说明，这种情况为法官运用区别技术带来了不少困难。同时，在以上两个文件中，对是否正确参照指导性案例也没有规定具体的奖惩措施。前者的缺位导致法官不会、不愿参照，而后者的缺位则又推动法官无须过分担心参照后果而积极参照。虽然指导性案例援引率偏低说明前一种情况为主流，但是，这并不必然否定在某些具体案件的处理中，法官还是愿意援引指导性案例的，即使这种援引可能存在着错误的风险。

另一方面，医疗纠纷案件的处理与指导性案例24号在实体意义上存在着不少相似之处。例如，二者都涉及受害方的健康权被侵害，其主观状态一般是无过错，而加害者的主观状态一般是过失，在因果关系中都包含着受害方的特殊体质评价问题；在两类案件的处理过程中，司法鉴定意见经常发挥着巨大作用等。① 更重要的是，在医疗案件纠纷的处理过程中，缺少对受害方特殊体质进行规制的细致条文，这一点与指导性案例24号一样都属于自始的法律漏洞，处理此类案件的法官也迫切需要明确的规则作为裁判依据。在第二部分所列举的裁判文书原文中，法官们在援引指导性案例24号的裁判要点时，都有意、无意地忽略或者回避了裁判要点中"交通事故"的表述，而突出强调"其体质状况对损害后果的影响不属于可以减轻侵权人责任的法定情形。"这种选择性表述的潜台词，是将受害人特殊体质的评价问题，扩展到整个人身损害赔偿的一般规则层面上。这一点也是最高人民法院选择指导性案例24号的原因，虽然这种扩展带有不少风险。"在'蛋壳脑袋'规则遭遇广泛质疑的背景下，最高人民法院第24号指导案例期望将其作为我国人身损害赔偿领域的一般性规则，多少有些草率和机械。"② 此外，笔者也与参加编辑和报送指导性案例24号的相关人员取得联系，他们在讨论该案件时也侧重于强调阻断外伤参与度在侵权案件因果关系判断中的影响，既没有特别强调交通事故，也没有强调疾病和体质之间的区别，反而认为体质包括固有疾病

---

① 也正是由于这种相似性，涉及引述指导性案例24号的案件中，有不少是医疗纠纷，由原告（病患方）提出适用指导性案例24号。由于案件性质的不同，很多此类请求也受到了法官的否定。例如"（2018）鄂10民终433号"裁判文书认为："最高人民法院第24号指导案例是关于机动车交通事故责任纠纷的案例，机动车交通事故责任纠纷案件与医疗损害责任纠纷案件适用的归责原则、责任主体等均不相同，故吴某某、杨某某要求按该指导案例中的观点来作为本案裁判规则的主张不成立。"
② 孙鹏：《"蛋壳脑袋"规则之反思与解构》，载《中国法学》2017年第1期，第282页。

和其他身体的特殊情况。这一观点从原意解释的角度印证了指导性案例 24 号裁判要点后半部分具有扩张成为一般规则的潜质。

（二）扩展运用指导性案例 24 号的隐患

虽然扩展参照指导性案例 24 号的案件，在区别技术运用的肯定结果中只占少数，但是，这毕竟是一种与简单适用或者否定适用不同的新型倾向，需要对其利弊得失进行深入分析。从一般意义而言，区别技术形成的肯定后果为遵循先例，其实质是按照先例中确定的规则对待决案件形成类似裁判结果，是一种类比推理的实践运用。"很多法律传统中法律人思维，有很大一部分都把类推比较和区别技术摆上核心地位，坚持习惯与先例的基础性质，并拒绝一味追求更高层次的抽象性、普遍性和系统性。"[1] 在确认了先例中存在的规则（大前提）之后，待决案件的法官会运用演绎推理来形成最终的判决结果。"一旦选择了前提，普通法法官也可以在同样程度上使用演绎——这并非是说在一个很高的程度上——就像成文法法官解释一旦产生了一个供适用的概念后，成文法法官所能做的那样。"[2] 无论是先例还是制定法，都在遵循着同等情况同等对待的一般法治原理，只是在面对社会发展出现新趋势或者新动向时，有着不同的应对措施。对于大陆法系来说，一般是通过制定法的修正和补充，司法者在此之前仅能在少数情况下选择进行漏洞补充或者类推解释；对于英美法系来说，通过对先例进行扩张和补充，也能够实现类似效果。例如，美国联邦最高法院对隐私权的确立过程就能够对此进行细致说明：1965 年，最高法院在格里斯沃德诉康涅狄格州（Griswold v. Connecticut）案中判定，康涅狄格州禁止使用避孕用具的法律，由于适用于已婚夫妇，是对家庭隐私不能容忍的侵犯。1969 年，最高法院在艾森斯塔德诉贝尔德（Eisenstadt v. Baird）案中，将格里斯沃德案关于避孕的判决扩展到了未婚情侣之间。1973 年，最高法院在罗伊诉韦德（Roe v. Wade）案中，将这些先例扩展到对于妇女堕胎权的保护之中。[3]

如果说上述关于隐私权的先例存在于宪法案件层面，还显得比较宏观的

---

① ［美］昂格尔：《法律分析应当为何？》，李诚予译，中国政法大学出版社 2007 年版，第 88 页。
② ［美］波斯纳：《法理学问题》，苏力译，中国政法大学出版社 1994 年版，第 323 页。
③ ［美］劳伦斯·H. 却伯、迈克尔·C. 多尔夫：《解读宪法》，上海三联书店 2007 年版，第 68 - 69 页。

话，那么，微观层面上产品责任相关先例在英国的发展，与指导性案例 24 号就更为接近。其中非常典型的是 1932 年的 Donoghue v. Sterenson 案。在该案件发生之前，英国产品责任的确认和承担主要依据契约法，这种强调契约相对性的方式具有不少局限性，对保护消费者权益日益显示出其内在缺陷。在该案中，原告在酒馆中接受朋友所购买的姜汁啤酒并饮用，但是在续杯时发现不透明的啤酒瓶中有一只腐烂的蜗牛，这导致了原告身体上的极大不适。该案的重大突破在于确立了产品制造者的合理注意义务，并不以契约关系为限。在 Donoghue v. Sterenson 之后，英国又出现了不少后续扩展的类似案件，逐步确立了商品制造者的过失责任。① 该案所确立的原则被延伸到以下范围：（1）适用范围除生产者和销售者外，还包括修理者、产品总装配者、房屋的建筑者和卖主、转手经销者；（2）连同不动产在内的各种产品，包括产品各种缺陷，如设计或建造、生产和说明中的疏忽；（3）被保护的人中除最终的使用者和消费者外，还包括零售商。② 其中比较典型的是格兰特诉澳大利亚编织厂案（Grant v. The Australian Knitting Mills Ltd. ）：因被告的过错，其生产的衬裤中所含亚硝酸盐过量，致使原告因此感染皮炎。衬裤购自某零售商，所以原告与制造商之间并无直接合同关系。质疑观点认为，此案与 Donoghue v. Sterenson 一案尽管具有形式上的相似性，但在判决理由上，判例确立的原则仅适用于进入流通的、非消费者本人不可能接触的食品或饮料。审理此案的枢密院司法委员会认为，问题的实质要点在于，该商品在到达消费者或使用者手中时具有出品时就存在的同样缺陷。这才是判决理由的核心。因此，Donoghue v. Sterenson 案得以作为先例而被援引适用于处理该案。③ 从表面上看，食品或者饮料与服装并不属于同类商品，但是，法官适用区别技术更加注重的是其中实体问题的相似性：在没有契约关系的背景下，消费者因产品

---

① 这些责任大致包括：（1）需产品之缺陷对消费者之生命或财物造成损害；（2）产品之缺陷，于产品离开制造人之占有时，即已存在；（3）制造人不能合理期待消费者于损害发生前，得发现并改正产品的缺陷；（4）产品缺陷之存在，系由于制作者欠缺合理注意。参见王泽鉴：《民法学说与判例研究》（第三册）（修订版），中国政法大学出版社 2005 年版，第 195 – 196 页。
② 曹建明等主编：《国际经济法专论：第二卷》，法律出版社 2000 年版，第 556 – 557 页。
③ 王志强：《中英先例制度推理方式的初步比较——以清代成案与英国判例为中心》，载李昌道、韩小鹰主编：《中国法与欧洲法》，上海大学出版社 2005 年版，第 79 页。

缺陷所受到的损失，能否要求生产者赔偿。正是在确认此种实体问题相似、忽略细节事实差异的基础上，格兰特诉澳大利亚编织厂案才能够援引 Donoghue v. Sterenson 案作为先例而获得最终裁判效果。

与 Donoghue v. Sterenson 案的发展历程相比，部分法官将指导性案例 24 号扩展适用到一些医疗纠纷案件的处理之中，两者有着内在一致之处。如前所述，在指导性案例 24 号的裁判要点之中，交通事故并非重点，后半部分确定特殊体质与损害赔偿之间的关系才是法官（包括最高人民法院）关注的焦点，而且具有上升为普遍规则的潜质。由此，Donoghue v. Sterenson 案中的姜汁啤酒对应着指导性案例 24 号中的交通事故，而制造者的合理注意义务对应着特殊体质对损害赔偿责任的影响。Donoghue v. Sterenson 案在各种适用范围上既然能够不断扩展，那么，已然具备潜力的指导性案例 24 号能够获得扩展运用，也比较顺理成章。

但是，在中国的司法实践中，指导性案例的扩展适用还是存在一定风险的。例如，指导性案例 24 号扩展适用是否存在合理的范围，能否真正上升为人身损害赔偿的一般规则？从第一部分的分析中可以看到，指导性案例 24 号所确立的规则难以有效应对复杂多样的实际案件，这种缺陷在交通事故案件的处理过程中就已经出现，如果盲目扩张到整个人身侵权损害赔偿的范围之内，将使这种缺陷被急剧放大，对司法案件的处理很可能产生相当消极的影响。对此可能的质疑在于，从普通法的发展经验来看，先例总是要不断被扩展使用，进而确立新规则，才能适应社会不断发展的形势；而且，普通法并不注重抽象终极问题和范围的讨论，更注重在具体案件中针对具体适用范围进行分析。Donoghue v. Sterenson 案中所确立的规则，也是经过了几十年先后多个案件的援引才逐步确立了现有规则，这种缓慢而充分的个案探索能够摸索出合适的扩展范围。现有指导性案例 24 号的探索也带有此种色彩，其扩展适用的频率、规模幅度和绝对数量仍然明显偏低。如果一开始就强烈限制其扩展适用，很可能压制法官参照指导性案例的积极性。

以上质疑观点有其合理性，强调了先例与指导性案例的相似之处，但是，在一定程度上却忽视了两者所处的司法环境、制度设计和运用技术上的差别。在英国传统的司法实践中，保守渐进的社会环境，重视实践经验、轻视逻辑理性，以及对司法中心主义的推崇，都是遵循先例同时扩张先例的外部环境。同时，英国法律职业群体具有精英化、封闭式和内部交流频繁的特征。基于此而形成的职业共同体或者利益共同体是十分强大的，法官具备丰富的社会经验以及对法律的认知。先例制度的长期运行也形成了一套卓有成效、富有实践理性的"业内行规"，即使灵活运用先例也不会偏差太远。尤其是其中区别技术的熟练运用，更是保证了先例的扩张及其积极的社会效果。与以上遵循先例的实践条件相比，我国法官扩展适用指导性案例的基础仍有所欠缺、非常薄弱。法官尚未细致了解区别技术的准确运用，对指导性案例及其精神的把握也不够充分和全面，任由其扩展指导性案例的适用范围，很可能造成适得其反的消极效果。不可否认，部分法官的扩展适用带有司法探索的性质，能够为其他类似的案件处理甚至是立法完善积累经验，但是，这种探索并不适合大规模提倡。具体到指导性案例 24 号的扩展适用而言，虽然有助于处理部分医疗纠纷，但是，实体规则的内在不足和区别技术的缺位并不能保障扩张适用的放大效果，更不适宜上升到人身损害赔偿的一般规则层面。

## 第三节　区别技术在参照指导性案例中的改进方向和措施

从援引指导性案例 24 号的多份裁判文书中可以看到，区别技术在案例指导制度运行的过程中，虽然不可或缺，但却比较简略和粗糙。无论是运用区别技术形成的否定结果还是肯定结果，都缺乏细致充分的说理和论证，付之阙如已然是常态。这种情况并不利于案例指导制度长期有效的运行，也难以真正对法官以及司法裁判活动形成持续的积极影响。根据笔者前述的数据统计，仅仅在 2018 年 1 月至 8 月，直接在裁判文书中明确引述了指导性案例 24 号并肯定参照结果的案件数量为 23 件，已经将近所有明确引述并获得肯定结果案件数量的三分之一，其他明确引述并获得否定结果的比例也在大幅度上升，而不予直接回应的案件数量虽然仍然占据绝对多数，但是也呈现出下降趋势。这些数据的变化在很大程度上说明，对于指导性案例，法官已经开始熟悉，并且在裁判文书中越来越多地对是否引述相应指导性案例能够给出明确回应。《关于加强和规范裁判文书释法说理的指导意见》已经明确将指导性案例作为裁判文书说理的论据，这一规定更推动法官直接在裁判文书中论及指导性案例的引述问题。以上司法实践的趋势和最新的规定，都要求法官具备更高级的区别技术，以便在实体意义上确定是否引述指导性案例，同时在形式意义上将指导性案例引入裁判文书说理。而区别技术的现状却难以满足以上要求，亟待完善和提升。具体的改进方向和措施至少应当从以下几个方面入手。

（一）指导性案例的数量应当更加充分，类型更加多元，以便为区别技术提供研习对象

在普通法传统中，各个先例都是"自然生成"的，每一个既判案件都能够成为先例，只是其在权威性或者说服力上有所差异。与先例的生成方式不同，指导性案例需要经过最高人民法院的统一遴选和发布才能够得到正式确认，其他地方各级法院所发布的各类型案例都不是制度意义上的指导性案例，而只是参照性案例或者参考性案例。从第一批指导性案例发布以来，截至2018年初，最高人民法院一共发布了17批92个指导性案例。相比于审判实践活动的广泛需求而言，这种数量上的供给是远远不够的。法官经常需要面对困难程度不同的案件，对具有创新性规则的需求是非常强烈的。[①] 数量上过少，法官就难以从指导性案例中获得处理案件的规则或者启发，进而难以形成对指导性案例的稳定预期。"如果最高人民法院过于谨慎，所发布的指导性案例的数量和种类过少，对全国审判的指导意义就微乎其微。"[②] 指导性案例的数量过少，同时也意味着其类型也难以多元化。作为具体个案，指导性案例能够提供的规则或者审判思路也只能是比较局部的，难以涵盖特定类型案件的全部情况，基于这种比较局部的信息可能会影响裁判的整体决策。

具体到区别技术的运用而言，从遵循先例的司法实践可以看到，长期的实际练习是准确运用区别技术的重要前提。区别技术的运用在很多场合中都需要在具体个案和先例之间就一些微观问题进行细致比较，因此，该技术带

---

① 杨会、何莉苹：《指导性案例供需关系的实证研究》，载《法律适用》2014年第2期，第96页。

② 宋晓：《判例生成与中国案例指导制度》，载《法学研究》2011年第4期，第63页。

有"具体问题具体分析"的色彩，通过不断练习所获得的经验积累往往比抽象概括的标准更重要，这是遵循先例中一以贯之的精神主旨，也是英国法律职业群体师徒式教育方式的当然结果。与之相比，我国法学教育大致传承着大陆法系的传统，对抽象概念和规则进行着教义学式的灌输，对区别技术自然比较陌生。法科学生加入法律职业群体之后，虽然重视案例的分析和研究，却在全面性和系统性上仍然有不少欠缺。对于案例指导制度来说，改变法学教育方式的途径显得过于遥远，比较现实的选择就是大幅度提升指导性案例的数量，并在此基础上增加多种类型。数量充足、类型丰富的指导性案例，不仅能够推动法官形成对指导性案例的路径依赖，更能够为区别技术的掌握和数量提供必要的素材。在反复研习多类型指导性案例的过程中，法官能够更加细致入微地了解如何区分案件事实和法律适用，如何区别主要事实和次要事实，如何比较待决案件和指导性案例的相似性，如何对相似性展开说理和论证等。在这个方面的经验积累不仅能够保证法官正确地参照指导性案例，还能够在很大程度上提升其业务素质和能力，更好地判断指导性案例、待决案件以及相应法律规则之间的关系，甚至能够为扩展适用指导性案例提供坚实的基础。

例如，指导性案例 24 号所涉及的案件事实，仅仅是受害方特殊体质影响损害赔偿范围问题的一种类型，其细节事实包括受害方无任何过错，加害方在交通事故中负担全责，受害方的特殊体质为老年人常见慢性疾病等。鉴于该问题的复杂性和多样性，最高人民法院应当出台其他类型的指导性案例，例如受害方可能存在次要过失，加害方的多个主体共同侵权，受害方的特殊体质并非常见疾病等。这些多类型的案例能够与指导性案例 24 号形成比较和呼应，从而使法官对该问题有全面的把握和认识，避免"一刀切"式的单一规则所带来的消极影响。在指导性案例之间、指导性案例与待决案件之间的比较，都需要法官亲自细致操作才能领会其中要旨。过少的研习素材会大大阻碍区别技术的熟练掌握。简而言之，区别技术的提升是一个"在参照指导性案例中，学会参照指导性案例"的体验过程，大量多样的指导性案例样本将有助于加速这一过程。

（二）在案例指导的制度设计中针对区别技术提供更加详细的操作性规定

虽然案例指导制度借鉴于先例制度，后者的成熟经历了缓慢的过程，但是，对于我国来说，深受大陆法系传统影响以及实际司法实践的需要，都不会留给法官如普通法传统那样充分的时间。在了解自生自发的遵循先例传统之后，案例指导制度应当加速法官掌握区别技术的进程，其中比较直接的方式就是在制度设计中提供更加详细的技术性规定。

从 2010 年《关于案例指导工作的规定》到 2015 年《〈关于案例指导工作的规定〉实施细则》，前者初步建立了案例指导制度，后者则积累了实践中的经验，对前者进行了细化和完善，降低了法官援引指导性案例的困难和顾虑，提高了参照指导性案例的操作性。现在在已经实施三年左右时间的背景下，《〈关于案例指导工作的规定〉实施细则》有不少粗糙和疏漏之处，仍然需要进一步细化，例如，指导性案例能否作为上诉或者申诉的独立理由，应当援引而未援引指导性案例应当承担何种责任等。这些技术性规定事关指导性案例的基本效力和实践运作中的重大问题，应当在将来更新实施细则时重点关注。例如，长期推动案例指导制度的胡云腾大法官就认为："如果法官在审理与指导性案例类似的案件时，其裁判违反指导性案例确立的原则或精神，就可能导致被上级法院推翻。……这个裁判本质上不是因为违反指导性案例被推翻，而是由于其违背指导性案例所适用的法律而被推翻。"[1] 虽然从实体意义上来说，这一观点符合指导性案例的应然定位，但是，在没有直接明确的规定出台之前，指导性案例的以上运行过程也只能依靠其他制度得以实现，例如上诉制度和再审制度等。

就区别技术而言，案例指导制度的规定显得过于宏观和抽象，仅仅在《〈关于案例指导工作的规定〉实施细则》第9条中集中表述，而且在"基本案情"和"法律适用"这两个方面进行相似性比较，虽然较之于《关于案例指导工作的规定》第7条中的"类似案例"有所细化，但仍然无法提供具有操作性的规定或者提示。虽然普通法传统中的区别技术需要相当数量的经验积累，但是，从经验积累中确定更加细致的技术性规定，能够更有效地为法

---

[1] 胡云腾：《一个大法官与案例的38年情缘》，载《民主与法制》2017年第20期，第17页。

官研习和运用区别技术提供明确提示。"我们是有可能制订某种'案例相似性比对规则'的，我们确实可以找到并形成判断类似案件的方法和规则。虽然这些规则不会像酸碱试纸那样简明灵便，也不能放之四海而皆准。……一定的规则和理由，对于我们进行比较复杂的类似案件的判断就显得十分必要。这种规则可以一方面辅助我们进行类似性判断，另一方面规范我们的判断、防止进行类似性判断时的专断和失误。"① 虽然对区别技术的规定不能细化到为每次相似性的比较提供直接答案的程度，但是，提升实施细则中现有规定的操作性，是完善案例指导制度的应然方向。

例如，作为在待决案件和指导性案例之间比较相似性的主要前提，"基本案情"的表述显得过于笼统，特别是在涉及比较复杂的案件时，很难确定其与指导性案例的相似性。从普通法的经验来看，使用"关键事实"这一概念能够更好地作为区别技术的操作标准。所谓"关键事实"或者重要事实（Material Facts），是指形成判决理由所必需的那些事实。先例之判决理由所包含的法律原则和规则就是在关键事实的基础上产生的，并极大地依赖这些相当具体的关键事实。② 那些不重要事实（Immaterial Facts）可以弃之不顾，并且可以在庭前交换证据时被忽略，这有助于极大地提高司法效率。③ 在绝对相同的案件并不存在这一前提下，两个案件的相似性也仅仅是就关键事实而言的，真正的区别应该是对先例和待决案件中关键事实的区别，只有在具体的、相互关联的前后系列案件中才能体会到这种区别技术的真谛。④ 当然，关键事实的确认也并非绝无争议，也需要在具体的审判过程中经过论证之后才能确定。在指导性案例24号中，最为关键的案件事实是特殊体质对损害赔偿范围的影响问题，而交通事故能否作为关键事实，诸多裁判文书也给出了不同回答。那些将指导性案例扩展到医疗纠纷案件的法官就持有否定意见，而不愿进行扩展适用的法官则认定交通事故为关键事实，这种案由上的差异

---

① 张骐：《论类似案件的判断》，载《中外法学》2014年第2期，第533页。
② 陈林林：《法律方法比较研究：以法律解释为基点的考察》，浙江大学出版社2014年版，第43页。
③ 李红海：《判例法中的区别技术与我国的司法实践》，载许章润主编：《清华法学》（第六辑），清华大学出版社2005年版，第197页。
④ 何家弘主编：《外国司法判例制度》，中国法制出版社2014年版，第63页。

就否定了指导性案例 24 号被参照的可能。至于如何进一步确定关键事实，学者们能够设计出非常详细的理论化程式，[①] 虽然不能排除其广泛应用于司法实践的可能，但是目前来看还是面临着较多困难，尚不宜成为案例指导制度的直接规定。

除了以上将关键事实列为区别技术的操作标准之外，还有来自实务界的观点认为需要增加一些其他标准。例如，法律关系类似、关键性要件事实类似以及争议的法律问题类似；另外可以将裁判要点进行适度分解，明确得出规则结论的前提性要件事实，便于法官对相似性进行对比区别。[②] 这种针对区别技术的操作性规定能够在一定程度上为法官提供更加明确的指示，不仅能够规范法官参照指导性案例，还能够帮助其他主体（如诉讼参与人、上级法院等）对参照过程进行有效监督，是案例指导制度完善的重要方向。

（三）通过程序手段对区别技术的运用进行有效限制和约束

每一个指导性案例都是最高人民法院经过细致遴选才确定和发布的，其定位应当是带有相当疑难色彩的案件，而不应是简单、普通、常见或者典型案件。否则，法官的日常工作就是处理简单案件，是不会重视指导性案例的。从这个意义上说，指导性案例应当是疑难案件。而疑难案件的产生原因大致可以归于法律规范与案件事实难以准确对接或者涵摄，具体原因包括法律规范的缺失、模糊、笼统、概括等。法官也特别需要在此种类型中获得启示或者直接的规则供给。换言之，指导性案例应当在法律规范的创新性上有所建树。"对于案例指导制度来说，创制规则是其根本职责之所在。没有规则的创制，也就没有指导性案例存在的必要性。案例指导制度通过创制司法规则，发挥其对司法活动的指导作用，以弥补立法与司法解释的不足。"[③] 有学者将现有的指导性案例分为"宣法型""释法型"和"造法型"，就是以对法律

---

① ［英］拉兹：《法律的权威》，朱峰译，法律出版社 2005 年版，第 160 页；张骐：《再论类似案件的判断与指导性案例的使用——以当代中国法官对指导性案例的使用经验为契口》，载《法制与社会发展》2015 年第 5 期，第 141 - 142 页；等等。

② 齐珊珊、赵文艳：《指导性案例指供给机制改革——从 24 号和 32 号指导性案例对比分析切入》，载颜茂昆主编：《中国案例指导》（第 5 辑），法律出版社 2017 年版，第 322 页。

③ 陈兴良：《案例指导制度的规范考察》，载《法学评论》2012 年第 3 期，第 126 页。

规范的创新程度为标准作出的划分。① 造法型指导性案例填补了法律规范的空白和漏洞，更能够满足审判实践的需求，应当得到大力提倡。但是，现在指导性案例在创制规范方面还是有着明显的缺陷，过于求稳而刻意降低了创新程度。这一点集中体现在其点睛之笔——裁判要点之中。例如，刑事指导性案例在裁判要旨方面缺乏指导性的主要表现有：（1）重复已有的司法解释；（2）案件并非实务中的疑难案件；（3）没有提出实质性的法律适用结论；（4）裁判结论及其论证有待商榷。② 随着案例指导制度的发展，法官对指导性案例的需求也更加强烈，这种情况也对指导性案例的创新性提出了更高的要求。

从指导性案例 24 号的援引情况来看，针对司法实践中高频出现的法律漏洞，这一造法型指导性案例获得了相当程度的欢迎，特别是当事人一方（主要是受害方）经常提出适用该案例，很多也获得了法官的认可，很多案件为法官主动参照。这一情况应当引起最高人民法院案例指导工作办公室的关注，并在将来继续遴选指导性案例时有所偏向。但是，通过前述梳理也可以看到，在指导性案例 24 号的高频次援引之下，也存在着不少"乱象"。无论是实体上还是形式上，不规范的援引随处可见，其中区别技术的运用也同样疏漏和粗糙。疑难案件本身就处于法律规范和案件事实之间的灰色地带，因此，在指导性案例中，即使有裁判要点明确抽象规则，也无法直接为区别指导性案例和待决案件提供现成答案。加之案例指导制度的规定也过于概括和宏观，区别技术的误用、乱用甚至滥用成为常态，也就不足为奇了。

要改变区别技术运用中的混乱状态，除了出台更加细致的实体比较规则之外，通过程序性手段进行控制是另一条重要的进路。前述将应当参照而未参照指导性案例，或者违背指导性案例作为上诉或者申诉的理由，就属于这一进路。有统计数据表明，在最近三四年中，二审法院运用指导性案例的数

---

① 资琳：《指导性案例同质化处理的困境及突破》，载《法学》2017 年第 1 期，第 144 页。

② 林维：《刑事案例指导制度：价值、困境与完善》，载《中外法学》2013 年第 3 期，第 507 – 508 页。

量和频次都在大幅度增加，① 这实质上肯定了指导性案例作为上诉理由的重要地位。在以审判为中心的各种司法制度改革中，有很多更新后的设计都能够与案例指导制度（包括其中的区别技术）建立有效联系，也能够对法官运用区别技术形成有效限制。例如裁判文书说理改革，《关于进一步推进案件繁简分流优化司法资源配置的若干意见》中规定："根据法院审级、案件类型、庭审情况等对裁判文书的体例结构及说理进行繁简分流。复杂案件的裁判文书应当围绕争议焦点进行有针对性的说理。新类型、具有指导意义的简单案件，加强说理。"需要引用指导性案例的案件，一般来说并不是简单案件，需要比较详细地说理，自然应当包括其中将指导性案例与待决案件进行相似性比较的内容，这同时也是区别技术运用的直接表现。如果这个方面的说理不够充分的话，就难以保证相似性比较的成功。在重庆等一些省市的探索中，还将裁判文书说理与类案和关联案件检索机制相结合，在检索或者搜索到相似的指导性案例时，可以比较准确地援引相应的指导性案例。② 这一点也已经得到了前文论及的《最高人民法院司法责任制实施意见（试行）》的肯定。将裁判文书说理和类案及关联案件检索机制真正贯彻到审判实践中，就能够有效推动区别技术得到更加准确的运用，指导性案例的参照也会更有说服力。

再如重视律师辩护意见，有效回应当事人的请求。作为一种新型法律渊源，指导性案例在律师中受到了格外关注和欢迎。在众多涉及指导性案例的案件审理中主要是由律师代表当事人提出适用请求，甚至部分律师在代理案件时已经制作了类案及关联案件报告，其中尤其注重将指导性案例包含其中。这实质上就是运用区别技术获得肯定结果的一种表现。在英美法系中，各方当事人的律师都掌握了区别技术，既可以用来证成本方观点，也可以用于驳斥对方意见。法官在各方律师枚举的先例及其区别技术的运用中，对案件获得全面的分析，最终形成稳妥的参照效果。从指导性案例 24 号在司法实践中的运用来看，现有律师意见在参照指导性案例时主要还是关注是否参照某一

---

① 郭叶、孙妹：《最高人民法院指导性案例司法应用年度比较分析报告——以 2011—2016 年应用案例为研究对象》，载易延友主编：《中国案例法评论》2017 年第 1 辑，法律出版社 2017 年版，第 42 页。

② 孙海龙等：《司法责任制改革》，法律出版社 2017 年版，第 160 - 161 页。

特定指导性案例。借鉴两大法系判例制度的发展历程，将来随着指导性案例在数量和类型上的不断提升和丰富，以及庭审实质化的提升，很有可能出现不同当事人的律师之间就适用哪一个指导性案例进行充分辩论的情况，这将更有利于发挥指导性案例的作用。现有《〈关于案例指导工作的规定〉实施细则》第9条要求法官对当事人的参照请求予以回应。但是，由于没有相应的细化规定，法官基本上较少回应此种要求，即使有所回应也比较敷衍，这一点在指导性案例24号的裁判文书中已经表现得非常明显。这是案例指导制度应当改进的重要方面，也完全符合各类型诉讼法要求重视律师意见的主流倾向。从广义上来说，回应律师意见也是法官履行释明职责的应有之义，也是明示心证和司法公开的内容之一。甚至在一定程度上，在回应律师意见上进行细化规定（尤其是针对法官规定明确的责任和义务）是进一步激活案例指导制度的关键点，有助于在审判过程中大规模引入指导性案例。在反复斟酌和对比过程中，各个法律职业群体在运用区别技术的能力上都有所提升，法官误用、乱用和滥用区别技术的情况就会得到有效限制。

（四）与其他司法制度之间形成配合和互动，保证区别技术的准确运用

相比于其他既有的诉讼制度及其改革，案例指导制度显得更加另类，不仅与法官长期依赖的制定法裁判方式大相径庭，而且与现有以制定法为中心的诉讼制度设计格格不入。本章第一部分在结尾处，以指导性案例24号的裁判文书为例，分析了参照指导性案例时，在因果关系方面比较相似性的举证主体，不应是当事人，而应是法官。从以上分析可以看到，案例指导制度的规定与现有的诉讼制度在配合与衔接问题上存在着不相协调之处。相比于实体规则，各种程序制度的规则之间更需要相互配合，而在一定程度上被"孤立"的状态，使案例指导制度处于相对弱势的地位，实际影响力也非常有限，亟须和其他司法制度进行融合与互动。具体到区别技术而言，前述列出的一些制度，例如类案与关联案件的检索机制、裁判文书说理改革、审级制度等，都有助于限制法官滥用该技术。但是，要切实提升运用区别技术的质量，除了法官自身积极研习之外，也需要借助于现有制度中的一些"外力"来加速这一过程。从普通法运行的实践经验来看，区别技术也从来不是孤立运用的，总是与总体诉讼制度，甚至整体法律制度和司法环境共进的。简而

言之，借助于现有司法制度，对区别技术来说，不仅要约束和限制法官不乱用，还要保障法官会用和敢用，与后者有关的制度也有不少。

例如，专业法官会议就是法官可以借助外力分析运用区别技术的重要方式。在 2015 年《关于完善人民法院司法责任制的若干意见》、2017 年《关于落实司法责任制完善审判监督管理机制的意见（试行）》以及同年的《司法责任制实施意见（试行）》中，最高人民法院都对专业法官会议进行了重点强调。该会议的组成人员都是具有审判经验的高素质资深法官，在处理疑难案件时能够形成更加全面的观点，对于法官（包括合议庭）给予重点指导。例如，《司法责任制实施意见（试行）》规定了专业法官会议讨论的几种类型的案件，其中就包括重大、疑难、复杂、新类型的案件，还包括与既有生效案件裁判尺度不一致的案件。这些案件类型与指导性案例的类型几乎是一致的。特别是涉及裁判尺度不一致的案件，实际上就涉及区别技术的运用。专业法官会议中诸多资深法官提供的各种意见，能够详细分析指导性案例与待决案件之间在案件事实与法律适用方面是否具有相似性的问题，全面、深入的专业意见使承办案件的法官能够更透彻地了解区别技术的准确运用，进而通过参照指导性案例为裁判待决案件奠定坚实基础。专业法官会议既可以发挥一定程度的审判监督功能，更可以在保证法官独立性的基础上将集体智慧应用于审判实践。① 除了专业法官会议之外，原有的合议庭制度和审判委员会，在经过改进之后也能够发挥类似的作用，这里不再赘述。

再如，追究法官审判责任的反向清单。员额制和司法责任制的不断推进，使法官对审理案件需要承担更大的职责，错案追究制就是其中的典型代表。对于提高区别技术的运用来参照指导性案例而言，还应当保障法官"敢用"。《关于完善人民法院司法责任制的若干意见》除列举了一些应当追责的类型之外，还专门提出了排除作为错案进行追责的一些情况，即追责的反向清单。其中第一种情况就是"对法律、法规、规章、司法解释具体条文的理解和认识不一致，在专业认知范围内能够予以合理说明的"。在专业认知范围内以

---

① 梁桂平：《论专业法官会议的功能定位及运行模式》，载《法律适用》2016 年第 8 期，第 96 页。

及在理解和认识上的不一致，也应当包括对指导性案例的参照。在案例指导制度仍然处于探索阶段的背景下，各级法院对区别技术的运用也不成熟，以上反向清单有助于解除法官参照指导性案例的后顾之忧，以自身对案件事实、法律适用以及相关指导性案例的理解和认知为基础，在充分说理的基础上准确适用指导性案例。

对案例制度的呼唤从 20 世纪 80 年代就开始出现，而当这一呼唤转化为现实制度时，指导性案例的低援引率却在很大程度上意味着从最高人民法院到地方各级人民法院再到法官个人，并没有为此做好充分准备。"指导"之名以及付之阙如的细致规定，说明最高人民法院也处于探索阶段，遑论处于司法制度改革蓬勃更新背景下的个体法官。从先例制度运行的成功经验中，我们隐约能够看到案例指导制度所蕴含的应然价值，也可以预见充分适用指导性案例之后应当实现的积极效果。但是，指导性案例在现实中遭受冷遇却说明案例指导制度还存在着不少有待完善之处。如果说制度规定的缺位导致了法官"不敢"适用指导性案例，那么，区别技术的隔阂与陌生导致了法官"不会"适用指导性案例。案例指导制度的完善需要最高人民法院不断积累相关经验，而制度规定的缺位也同样给法官留下了自由操作的空间。从上文对指导性案例 24 号援引情况的分析可以看到，在相关规定非常粗糙和疏漏的背景下，还是有很多法官在比较指导性案例和待决案件之间的异同，并给出了相应的理由。这实质上就是区别技术在我国司法实践中的自发探索，是现实中法官自发适用指导性案例的一种具体表现。案例指导制度的产生是为了满足司法实践中处理疑难案件的需要，这种需要会推动法官积极适用指导性案例，前述一些法官将指导性案例 24 号进行扩展适用就是例证。即使这种适用只是一种自发探索，也能够为将来出台更为细致的制度设计积累经验。遵循先例传统的形成也并非一蹴而就，而是经过了漫长时间的积淀。区别技术是整个案例指导制度运行中的关键技术，虽然并非万能，但却发挥着支点的作用，在这个方面的经验积累十分必要。当各地法官不断自发适用指导性案例形成了共性做法时，最高人民法院对此加以总结和固定，就能够以制度更新的方式推动后案法官们更加积极地自觉适用指导性案例，进而使得案例指导制度的应然价值得到更加充分的实然体现。从这个意义上说，案例指导制度也才刚刚起步。

## 第八章

# 参照指导性案例的技术流程（一）：
# 考察关键事实

在指导性案例的相似性判断中，关键事实起着决定性的作用。关键事实是决定法律适用的事实。识别关键事实能有效保障实现类案类判。判断待决案件与指导性案例的相似性时遵循规范流程有助于提高参照援引指导性案例的正当性和准确性：首先，检索出相关指导性案例；其次，根据案件的争议焦点等方面，筛选出案件的关键事实；最后，综合运用多种解释方法规约相同点和不同点的比较。指导性案例的相似性判断结论及其对关键事实的识别需要在抽象与事实之间循环解释，以及加强法律职业共同体之间的交流与沟通，对相似性判断结论及其关键事实达成共识。

转型时期的中国，审判实践中经常会出现疑难复杂等新问题、新情况，指导性案例在此背景下应运而生，成为转型时期重要的司法改革代表作之一。但是具体到实践中，指导性案例在实践中存在援引频次低、援引不规范、缺乏详细的说理论证、隐形适用等问题。① 这与我国作为传统的大陆法系国家，法官普遍习惯运用三段论的推理模式裁判案件，对参照援引案例（尤其是指导性案例）的类比推理模式较为陌生存在密切联系。"很多法官可能并不熟悉或不习惯援引，而官方也未对如何参照予以明确指导或进行有效培训，这

---

① 孙海波：《指导性案例的隐性适用及其矫正》，载《环球法律评论》2018 年第 2 期；孙光宁：《反思指导性案例的援引方式——以〈《关于案例指导工作的规定》实施细则〉为分析对象》，载《法制与社会发展》2016 年第 4 期；赖江林、李丽丽：《类案识别：指导性案例适用技术的检视与完善——基于最高人民法院 52 件指导性案例适用现状的实证分析》，载贺荣主编：《尊重司法规律与刑事法律适用研究》（上册），人民法院出版社 2016 年版，第 389 页。

可能也是导致指导性案例引用率低的原因之一。"① 在类比推理中，主要是进行案件间的相似性判断，后案法官在论证相似性判断结果时，识别出指导性案例中的关键事实并权衡关键事实间的相同点和不同点重要性起着至关重要的作用。为增强指导性案例在实践中的生命力，明确识别关键事实的核心标准，统一规范指导性案例相似性判断的流程模式成为亟待解决的问题。

## 第一节　关键事实内涵的基本界定

指导性案例中的关键事实决定法律适用及其案件的相似性，在援引指导性案例的实践中占有重要的地位。界定指导性案例中的关键事实内涵，一方面有助于为法官判断是否应当参照援引指导性案例提供明确、清晰的指引；另一方面有助于改善法官在实践中不愿援引、隐形适用、规避适用指导性案例的现状，对强化指导性案例在实践中的影响力具有重要的作用。世界上没有完全相同的两片树叶，同案同判中的"同案"仅仅是案件类似。对"同案"的判断应主要着眼于关键事实比对，案件的关键事实是判断案件类似的根本比对点，关键事实不仅决定案件是否相似，而且决定指导性案例中的法律适用。发现、解释、比对案件的关键事实对实现指导性案例的正当援引起着根本作用。

（一）关键事实的几种不同的观点

指导性案件中的关键事实是随着指导性案例从纸面规定转化为动态实践的重要发现，目前，学界对关键事实的概念尚未达成一致，但表达的含义基本相同。有观点认为，与案件争议焦点直接相关的是关键事实，"关键事实是与案件争议点直接相关的案件事实。"② 还有观点认为，与案件的裁判结论直接相关的事实是关键事实，"所谓关键事实，就是该事实的存在与否会影

---

① 李红海：《案例指导制度的未来与司法治理能力》，载《中外法学》2018年第2期。
② 张骐：《再论类似案件的判断与指导性案例的使用——以当代中国法官对指导性案例的使用经验为契口》，载《法制与社会发展》2015年第5期。

响到判决的结论，从而对判例规则产生关键性影响。"[①] "与裁判要点中的法律问题有不可分割的、内在的、结构性联系的事实，就是关键事实或实质事实。"[②] "决定判决理由或所应适用之规则的正是关键事实而不是非关键事实。"[③] 笔者认为，关键事实是直接决定案件法律适用的法律事实。详而言之，在识别和判断指导性案例中的关键事实时需要注意以下三个方面：第一，在要件构成方面，关键事实由一系列可影响法律效果产生、变更和消灭的特定要素构成。指导性案例中的法律要件通常能够引起权利、义务等发生变化的法律效果，而关键事实则是对应法律要件构成要素中的必备事实，"关键事实是与发生某一法律效果（权利的发生、妨碍、消灭、阻止）所必需的法律要件（Tatbestand）之构成要素（Tatbestandsmerkmale）相对应的具体事实"[④]。第二，可通过裁判要点中的请求权基础规范逆推出关键事实。请求权基础方法的正向思维是找到请求权基础规范，分解出法律构成要件，与案件事实逐一比对，当案件事实的构成要件符合请求权基础规范时，可支持原告的请求权。[⑤] 在识别指导性案例中的关键事实时，可通过裁判要点中的请求权基础规范，寻找支撑裁判要点中抽象规范的关键事实，通过逆向思维判断和识别出指导性案例中的关键事实。第三，关键事实可成为构成指导性案例中法律关系的法律要素。案件裁判规范的形成需要围绕具体的法律关系进行，指导性案例也不例外。案件中的主体、客体、行为、因果关系、主观过错等通常是形成法律关系的主要要素，在具体的指导性案例中可成为关键事实要素。待决案件的法官识别指导性案件中的关键事实可以案件的法律关系为主线，识别、比对案件中形成关键事实的具体法律要素，"待决案件与指导性案例之间的对比要点宜以案件法律关系为框架体系，形成以具体行为、法律关系主体、客体以及内容（权利与义务）为要点的相似性对比标准。"[⑥]

---

① 邓妙婷：《美国判例体系的构建经验》，载《华东政法大学学报》2014 年第 2 期。
② 张骐：《论类似案件的判断》，载《中外法学》2014 年第 2 期。
③ 何家弘：《外国司法判例制度》，中国法制出版社 2014 年版，第 63 页。
④ 许可：《民事审判方法——要件事实引论》，法律出版社 2009 年版，第 40 − 41 页。
⑤ 葛云松、金可可、田士永、黄卉：《法治访谈录：请求权基础的案例教学法》，载《法律适用》2017 年第 14 期。
⑥ 雷槟硕：《指导性案例适用的阿基米德支点——事实要点相似性判断研究》，载《法制与社会发展》2018 年第 2 期。

值得注意的是，案件的基本案情是由多个事实组成，在诸多事实中存在一个或者多个产生法律效果的事实，一个或者多个法律事实中存在一个或者多个直接决定具体案件法律适用的关键事实。详而言之，在识别关键事实时需要注意以下两个问题：第一，一个案件是由诸多的事实构成，首先有法律事实与非法律事实之分。法律事实对具体个案中的裁判结论起着直接的作用，关键事实存在于法律事实之中，是法律事实的精髓。第二，一个案件中存在诸多的法律事实。法律事实分为关键事实和非关键性事实，而裁判结论是依照关键事实作出，因此，关键事实是案件的核心。非关键事实是具有法律意义的事实，对具体案件的裁判的完整性具有至关重要的意义，但是在案件的相似性比对的过程中，法律事实中的关键事实应当成为后案法官比对的核心。

（二）指导性案例中的关键事实例证

指导性案例中的关键事实，与抽象规范的存在形式不同，裁判要点中的抽象规范由专门的人员从具体的案情中抽象概括。关键事实需要待决案件的法官结合特定的法律适用从具体的案情中进行识别和归纳。此外，指导性案例中的关键事实决定裁判要点中抽象规范的意义，具体案件完整的裁判结论的最终形成，是在一系列事实与法律的涵摄过程中得出的。后案法官参照援引指导性案例中裁判要点中的抽象规范，需要根据案件的关键事实得出。关键事实是集事实与规范与一体的事实，如下所示。

在1号指导性案例中，案件的事实有：Ⅰ针对同一房源，有多家中介公司挂牌出售；Ⅱ并且不特定的公众可通过正当途径在相同条件下获知该房源信息；Ⅲ买方以不特定的公众的身份通过正当途径获知房源信息；Ⅳ买方选择众多中介公司中报价低且服务好的。以上的每一条事实都对决定指导性案例在裁判要点中确立的法律规则具有实质意义，逐一分析如下。事实Ⅰ：是使指导性案例1号在裁判要点中确立的"买房的跳单行为不构成违约"规则的前提事实。这是因为，如果不存在多家中介公司掌握同一房源的信息，那么买方只能从某一特定中介公司处获知具体的房源信息，就不会出现是否违约的法律行为。事实Ⅱ：买方作为不特定的公众从其他中介公司获得房源信息是通过正当化途径，与事实Ⅲ构成前后呼应的关系。事实Ⅲ：是确保跳单行为不构成违约的根本条件，融事实Ⅰ与事实Ⅱ于一体。买方的法律行为产生了特定的法律效力，激活了静止的法律。事实Ⅳ：是明确买方的行为属于善意，排除了因恶意丧失法律效力的情形，即确保事实Ⅲ不产生例外的重要条件，《合同法》第45条对此有着明确的规定。① 事实Ⅳ：对裁判买方的行为是否构成违约起着至关重要的作用，因为仅仅认为买方在满足事实Ⅰ、Ⅱ、Ⅲ的条件下，如果认为买方的跳单行为不构成违约，则违背了诚实信用的法律原则和精神。进一步而言，在已有事实Ⅰ、Ⅱ、Ⅲ的条件下，买方选择其他中介与之前的中介在对同一房源报价相同的情况下，因另一家中介的中介费低，而选择中介费低的中介公司时，可能构成恶意逃避支付原先中介的中介费，构成违约，无法得出本案的裁判结论。因而事实Ⅰ、Ⅱ、Ⅲ、Ⅳ都是确立1号指导性案例在裁判要点中确立抽象规则的不可或缺的事实。② 根据上文对关键事实含义的界定，对上述关键事实Ⅰ、Ⅱ、Ⅲ、Ⅳ可进一步作要素化处理。在指导性案例1号中，关键事实包括以下几个方面的要素：作为主体的善意买方、掌握同一公开房源信息的某一中介公司、主观方面为善意、居间法律关系以及存在"跳单"的法律行为等。简而言之，本案中的关键事实是买方与掌握同一公开房源信息的某一中介之间形成居间合同，但是善意的买方存在"跳单"行为，导致双方之间的合同无法履行。因而，日后法官在援引居间合同中的"跳单"不构成违约裁判规则时需要从众多的事实中，保障案件中的关键事实与指导性案例1号中的关键事实要素之间构成类似。

再如，指导性案例23号中关键事实中的客体为不符合安全标准的假冒伪劣食品，法律行为是消费者明知假冒伪劣食品而知假买假。指导性案例23号的消费者购买的假冒伪劣食品是案件的关键事实，作为关键事实的食品、药品在后案的相似性比较中不能随意扩展到任何产品。根据《关于审理食品药

---

① 《合同法》第45条第2款规定："当事人为自己的利益不正当地阻止条件成就的，视为条件已成就；不正当地促成条件成就的，视为条件不成就。"

② 指导性案例1号的裁判要点为：房屋买卖居间合同中关于禁止买方利用中介公司提供的房源信息却绕开该中介公司与卖方签订房屋买卖合同的约定合法有效。但是，当卖方将同一房屋通过多个中介公司挂牌出售时，买方通过其他公众可以获知的正当途径获得相同房源信息的，买方有权选择报价低、服务好的中介公司促成房屋买卖合同成立，其行为并没有利用先前与之签约中介的房源信息，故不构成违约。

品纠纷案件适用法律若干问题的规定》第 3 条规定，因食品、药品质量问题发生纠纷，购买者向生产者、销售者主张权利，生产者、销售者以购买者明知食品、药品存在质量问题而仍然购买为由进行抗辩的，人民法院不予支持。食品、药品属于知假买假的客体，法院支持知假买假的法律行为中的客体只能是食品、药品，不能是其他的任何商品。食品和药品的具体种类则不属于解释、比对的关键点。如当实践中出现消费者明知电器、化妆品等属于假冒伪劣产品而购买时，则因为案件关键事实中的客体不同，不能参照援引 23 号指导性案例在裁判要点中确立的规则。

（三）界定关键事实的域外例证

"虽然中国案例指导制度与西方判例法体系或先例制度不同，但是，从通过案例来指导法律适用来说，它们在方法论上还是有很大的共同性。"[①] 在英美法系中，区别技术是遵循先例抑或推翻先例的主要司法技术。区别技术是对判决理由与附带意见的区分。先例中法官作出的裁判结论依托于判决理由。判决理由就如同繁星点缀星空中的北斗星，指引发现裁判规则的方向，但是这需要法官从纷繁复杂的案件事实中予以识别。"在经过一系列推理后，案件的判决理由是被法官当作获得其司法结论的必要的手段，任何明确或暗含的法律规则，或指导陪审团寻找判决理由的必要成分"[②]。英美法对判决理由的识别与我国的指导性案例对关键事实的识别具有异曲同工之妙。在先例制度中，判决理由决定法律适用及其实践援引，而附带意见通常不产生法律效力。我国指导性案例中的关键事实决定裁判要点中的抽象规则的适用及其法律意义，除关键事实以外的事实通常不产生法律效果。

比如在 Donoghue v. Stevenson 中，该案的基本案情是消费者在饮用了一瓶姜汁啤酒后，发现里面有一只腐烂的蜗牛，引起身体的极大不适，起诉到法院，诉求法院判决姜汁啤酒的生产商承担损害赔偿责任。案件的裁判结果是，法院认为姜汁啤酒的生产商应当承担损害赔偿责任，判决理由是啤酒的

---

① 张骐：《再论指导性案例效力的性质与保证》，载《法制与社会发展》2013 年第 1 期。

② Rupert Cross and J. W. Harris, Precedent in English Law (Fourth Edition), Clarendon Press, 1991, p. 72.

生产商存在过失，没有对消费者的生命财产尽到合理的注意义务，尽管消费者与生产商之间不存在直接的契约合同。案件的裁判结果备受关注和推崇，成为后案法官处理过失和没有尽到合理注意义务的案件的典型先例。后来在Grant v. The Australian Knitting Mills Ltd. 案中，因生产商生产的衣裤中含有的亚硝酸盐过量，购买该衣裤的消费者的身体出现皮炎。Grant 作为本案原告向法院提起诉讼，被告是本案的生产商 The Australian Knitting Mills Ltd. 。本案的原告以生产商直接作为案件的被告，而没有选择销售给 Grant 衣裤的零售商。虽然本案的原告、被告之间没有直接的合同，但是法院经审理认为，本案的生产商存在过失使带有缺陷的衣裤给消费者造成损害，在本质上与Donoghue v. Stevenson 案因生产者没有尽到注意义务而使缺陷商品对消费者造成损害是相似的，因而能够参照 Donoghue v. Stevenson 案确立的先例规则作出裁判。Grant v. The Australian Knitting Mills Ltd. 案中，原告是因被告生产的服装而遭受损害，而在 Donoghue v. Stevenson 案中，原被告之间发生纠纷的客体是一瓶装有腐烂蜗牛的啤酒，而不是本案中的含有亚硝酸盐的衣裤。二者是否类似曾有争议，但是审理 Grant v. The Australian Knitting Mills Ltd. 案的法官认为本案的关键问题是因生产者存在过失，生产的产品因自始存在缺陷而在到达消费者之后对其产生损害，这与 Donoghue v. Stevenson 案中的判决理由在根本上是一致的。[①] 到底是因装有腐烂蜗牛的啤酒，还是含有亚硝酸盐的衣服则不属于案件核心。详而言之，Donoghue v. Stevenson 案和 Grant v. The Australian Knitting Mills Ltd. 案中的主体分别是生产者和消费者，具体的法律行为是缺陷产品对消费者产生损害而引发的侵权行为。虽然 Donoghue v. Stevenson 案的客体是啤酒，Grant v. The Australian Knitting Mills Ltd. 案的客体是衣裤，产品的具体种类不同，但是都属于因生产商的过失使其生产的缺陷产品在到达消费者之后对消费者产生损害。总之，在这两个案件中客体具体种类的差异不影响权利、义务及其法律关系的产生、变更、消灭，审理本案的法官认为这两个案件在实体问题上属于类似案件。

---

① 王志强：《中英先例制度推理方式的初步比较——以清代成案与英国判例为中心》，载李昌道、韩小鹰主编：《中国法与欧洲法》，上海大学出版社 2005 年版，第 79 页。

## 第二节　识别关键事实对比较案件相似性的意义

　　参照援引指导性案例首先是相似性的比对，然后是法律适用的裁决，关键事实同时作用于相似性比对及其法律适用。在实现指导性案例为类案设置类判规范方面，指导性案例中的关键事实与法律适用是一个问题的两个方面，"我们在进行案件比较时，只有将相关法律规定与案件事实关联起来，才能够发现问题的意义和实质。"① 待审案件与指导性案例类似是法官应当参照援引指导性案例作出司法裁断的前提，而论证参照援引的指导性案例中的法律适用时，关键事实起着至关重要的作用。② 司法实践中虽然对指导性案例的参照援引主要是围绕着裁判要点确立的抽象规范，但是指导性案例在裁判要点中确立的抽象规范并不是法条或者司法解释，这些抽象规范的意义依托于案件中的关键事实。后案法官在待决案件中参照援引指导性案例中的抽象规范时，识别出关键事实能有效保障实现类案类判。这是因为：

　　首先，关键事实是指导性案例中法律适用的前提。指导性案例的法律适用是法官参照援引的核心，而为保障法律的统一适用还需追根溯源，寻找法律适用的前提。明确认知法律适用的前提能有效保证法律适用的正确援引。司法实践参照援引的指导性案例主要是裁判要点确立的抽象规范，但是指导性案例在裁判要点中确立的抽象规范的意义语境依托于特定的、具体的个案案情。全案的基本案情不直接决定裁判要点中的抽象规范，而是由关键事实直接决定具体的法律适用。指导性案例中虽然没有明确表明关键事实，但是它决定着指导性案例中的法律适用，对法律适用产生约束力。同英美法系中只有判决理由才决定着先例确立的抽象规范类似，"只有那些在早期判例中

---

　　① 张骐：《论类似案件的判断》，载《中外法学》2014 年第 2 期。

　　② 张志铭：《中国法院案例指导制度价值功能之认知》，载《学习与探索》2012 年第 3 期；孟祥磊、徐平：《论类比推理在案例指导制度中的适用》，载《法律适用》2015 年第 8 期；马荣、葛文：《指导性案例裁判要点的类型与运用研究——以〈最高人民法院公报〉案例裁判摘要为原型的借鉴》，载《南京大学学报》（哲学·人文科学·社会科学版）2012 年第 3 期。

可以被称之为该案件的判决理由（Ratio Decidendi）的陈述，一般来讲，才能在日后的案件中被认为是具有约束力的。当法官在裁定一个日后的案件时，他完全可以不考虑那些不具有判决理由性质的主张。"① 判例法国家注重寻找先例中的判决理由，判决理由对裁判规则的确认具有直接约束力，而我国指导性案例中的关键事实决定了裁判要点中的法律适用，指导性案例的法律适用由关键事实决定。待决案件的法官可通过关键事实检验是否正当参照援引指导性案例。

其次，关键事实赋予指导性案例中的抽象规范以特殊意义。指导性案例确立的抽象规范与一般制定法文本中的法律规范相比具备了特殊意义，它力图避免法律规范在遭遇实践时出现的不周延性、冲突性、概括性、模糊性等。最高人民法院在遴选指导性案例时对指导性案例的法律适用已有了定位："指导性案例是法律问题重要、有一定的普遍性、案件类型新颖、裁判已经生效、裁判正确、符合法律的基本精神、内容明确、说理透彻、精当、有典型代表意义、有良好社会效果等的概括与阐释。"② 赋予指导性案例中抽象规范以特殊意义的是基本案情中的关键事实。在司法实践中后案法官在参照援引指导案例的抽象规范时，需要兼顾案件中的关键事实，否则指导性案例的指导意义形同虚设，甚至因缺乏统一的适用标准而出现误导裁判，背离统一法律适用的初衷。"指导性案例的特色就在于抽象规则与具体案情的结合，如果可以撇开案情、恣意在裁判要点中加入法律规则，那么就与其基本特征背道而驰。"③ 指导性案例中的关键事实赋予裁判要点中确立的抽象规范以真正的指导意义，待决案件的法官在理解解释抽象规范的意义时需要结合关键事实。

再次，对关键事实的不同认识，影响着实践参照援引指导性案例的不同形态。指导性案例中的关键事实决定每一个指导性案例具体的法律适用情形，而对关键事实的不同的认识又使指导性案例在动态实践中呈现出不同的参照

---

① ［美］E. 博登海默：《法理学：法律哲学与法律方法》，邓正来译，中国政法大学出版社1999年版，第546页。

② 蒋惠岭：《建立案例指导制度的几个具体问题》，载《法律适用》2004年第5期。

③ 曹志勋：《论指导性案例的"参照"效力及其裁判技术》，载《比较法研究》2016年第6期。

援引形态。一方面，关键事实决定后案法官是否应当参照援引指导性案例，识别关键事实是参照援引指导性流程中的必备程序；另一方面，指导性案例自身来源于司法实践，除具备普通案件法律适用的特征外又有着特殊的法律适用。特定的法律适用依托于特定的案件事实，而关键事实是案件事实的核心，对关键事实的不同认识会出现不同的援引结果。当待决案件与指导性案例的关键事实构成类似时，可能出现适用指导性案例或者推翻指导性案例的实践情形；当待决案件与指导性案例不类似时，可能出现排除或者扩展适用指导性案例的实践情形。在动态实践中参照援引的指导性案例决定指导性案例存在的意义，而在实践中参照援引指导性案例的多种形态与法官对关键事实的认识密不可分。

最后，识别关键事实能有效引导援引指导性案例的正确方向。指导性案例的基本定位是疑难案件，增加了待审案件的法官识别案件相似性的难度。疑难案件的基本案情通常由错综复杂的多种因素交织而成，日后法官在参照援引指导性案例时倘若无法厘清指导性案例基本案情中的关键事实，以全案事实作为比对案件事实相似性的依据，那么极易出现因基本案情中关键事实与待决案件争议焦点比对过程的错综复杂而偏离法律适用的正确方向。这种错误识别不仅无法实现指导性案例统一法律适用、维护善良公正，努力让人民群众在每一个司法案件中感受到公平正义的价值，反而因错误地适用指导性案例出现适得其反的遗憾结果，即应当参照援引而没参照援引或者不应当参照援引反而参照援引不相关的指导性案例。指导性案例中在裁判要点中确立的抽象规范根据案件中的关键事实得出，指导性案例的法律适用以关键事实为前提，因而，在参照援引指导性案例时，识别待决案件与指导性案例中的关键事实并在相似性判断中以关键事实为主线，可有效引导参照援引指导性案例的正确方向，最大限度地实现类似案件类似裁判。

## 第三节　以关键事实为开端的相似性判断流程

通过上文的分析可知，识别指导性案例中的关键事实具有十分重要的实践意义，因而在启动和运行判断指导性案例相似性流程的实践中也应当成为重要环节。判断待决案件是否应当参照援引指导性案例在裁判要点中确立的抽象规范，以及论证参照援引指导性案例抽象规范的正当性、合理性、可接受性，需要待决案件中的法官在以关键事实的识别为主线的基础上，遵循特定的流程对案件的相似性作出判断。

（一）参照援引指导性案例的具体流程

检索出的相关的指导性案例，目的是实现在疑难案件中正确参照援引指导性案例，有助于丰富裁判文书的说理论证，提升裁判的可接受性。援引指导性案例的核心是适用指导性案例在裁判要点中确立的抽象规范，而指导性案例中的抽象规范的意义由案件的关键事实决定。此外，关键事实还决定着待审案件与指导性案例之间的相似性，进而决定着是否适用指导性案例确立的抽象规范。因而，无论是否参照援引指导性案例，都是法官对关键事实以及法律适用相似性判断的结果。在参照援引指导性案例时，遵循特定的援引流程有助于提高参照援引指导性案例的正当性和准确性。

1. 检索出相关的指导性案例

当实践中法官发现正在审理的案件属于新颖、疑难复杂，存在法律漏洞、规范冲突、法律规定不细致、过于原则或者可能引发社会广泛关注的案件等情况时，根据相关法条和基本案情，可利用大数据、人工智能等技术检索出相关指导性案例。如支振锋认为："利用人工智能与大数据，可以使法官得到类似案件的全部先例以及法律、法规、司法解释等裁判规则，从而在减轻法官工作负累，促进法官准确适用法律以及保证类似案例、类似判决等方面，发挥巨大作用。"[1] 通过输入关键词、法律问题等具体事项查找相关指导性案

---

[1]　蒲晓磊：《法律该赋予人工智能怎样的地位？》，载《中国人大》2018 年第 4 期，第 34 页。

例属于智能化阶段的类案检索技术。指导性案例由编号、标题、关键词、裁判要点、基本案情、裁判理由、裁判结论七个部分组成，在人工智能法律检索系统中，指导性案例中的七个组成部分可成为输入和检索的"标签"，为人工智能应用于检索相关指导性案例提供重要的数据支持。人工智能及其大数据技术将会对司法实践中法官、律师、当事人及其社会公众检索法律信息的方式产生深刻影响，成为法官检索出相关指导性案例重要的技术支持与保障。尤其是在案多人少以及当基本案情和法律适用类似时"应当参照"指导性案例的背景下，人工智能中的类案检索及其类案推送技术等将在很大程度上节约司法资源，有助于提高援引指导性案例的准确性。

2. 筛选出案件的关键事实

案件的争议焦点通常是当事人之间对事实或者法律存在争议，能够对裁判结果产生影响的主要部分。但是案件的争议焦点并不是关键事实，一个案件的争议焦点存在着多个方面，既包括法律适用，又包括事实确认等等，"争议焦点是当事人之间以及当事人与法官间在诉讼标的、法律适用、事实、证据以及一些程序事项等方面具有实质意义的分歧"。[①] 在纷繁复杂的基本案情中，案件的争议焦点左右一个案件的主要走向，对法官把握案件的脉搏、作出正当裁判具有决定性的意义。案件的关键事实也主要存在于争议焦点中，只不过还需要法官从争议焦点中进一步提取。如果说争议焦点是案件的脉搏，那么案件中的关键事实则是脉搏中跳动着的脉象。案件是一幅由主体、客体、行为等因素及其纵横交错的法律关系构成的多彩图景。尤其是在指导性案例的相似性比对中，不仅是将指导性案例看作法律推理的大前提，运用演绎推理的模式得出结论，而且是运用类比推理比对关键事实详细运作。其中，由于指导性案例中的裁判要点并没有载明案件的关键事实及其具体的法律要素，需要法官从纷繁复杂的案情中予以识别和筛选。

3. 综合运用多种解释方法和利益衡量规约关键事实类似性比较

在案件的相似性比对过程中，对关键事实中相同点和不同点的不同理解会产生不同的结果。关键事实中的主体、客体、法律关系等构成类比推理主

---

① 黄湧：《民事审判争点归纳：技术分析与综合运用》，法律出版社2016年版，第29页。

要比较要点。法官在进行比较的时候，主体、客体、法律关系等这些因素是否类似还需要通过法官的理解、解释得出裁断。比如，一个案件中的客体为关键事实时，在比对客体是否类似时，对客体的理解、解释也要首先选择文义解释的方法。当文义解释明显不符合法的价值时，可以辅佐以其他的法律解释方法。值得注意的是，指导性案例是由最高人民法院从全国各地法院遴选出的案例。我国地域辽阔，各地区之间的政治、经济、文化、风俗、道德、习惯等因素大都具有地方特色，而案件的相似性是一个约数，如何使案件的判决结果既符合法律的规定又能兼顾具体案情，还需裁判者进行利益衡量，兼顾具体实际。

（二）判断指导性案例相似性的实例推演

依照特定流程进行类比推理为法官作出待审案件的关键事实与指导性案例之间类似或者不类似的判断提供了重要的程序保障。在（2016）豫 1303 民初 1953 号王某某与张某某、中国人寿财产保险股份有限公司南阳中心支公司机动车交通事故责任纠纷案中，案件的主要事实是在一起机动车与机动车道路交通事故中，被侵权人患有脑动脉硬化，扩大了损害后果的发生。本案可适用的法律规范有《侵权责任法》第 26 条以及《道路交通安全法》第 76 条第 1 款第 2 项，但是法条没有对受害者患有脑动脉硬化现象作出规定。依照上述流程可得：

首先，检索出指导性案例 24 号。利用人工智能及其大数据检索方式，根据待决案件中的基本案情、相关法条及其指导性案例确立的关键词等七个部分可检索出与本案相关的案例为指导性案例 24 号。并且经查找发现，指导性案例 24 号是属于与待决案件相关的权威判例。指导性案例 24 号的裁判要点对道路交通事故侵权案件中受害人患有骨质疏松症的特殊体质作出了规定。

其次，筛选出指导性案例 24 号与（2016）豫 1303 民初 1953 号案件间的关键事实及其相同点和不同点。通过筛选发现，（2016）豫 1303 民初 1953 号和指导性案例 24 号中的相同点和不同点分别有 2 条。两起案件中关键事实之间的相同点有：（1）都是机动车与机动车之间发生的道路交通事故；（2）在案件发生时，受害人具有特殊体质，导致损害后果扩大。不同点有：（1）24 号的指导性案例中侵权人负全责，被侵权人无责；（2016）豫 1303 民初 1953

号案件中，侵权人负主要责任，被侵权人负次要责任；（2）24 号指导性案例被侵权人因年老体弱，患有骨质疏松症，（2016）豫 1303 民初 1953 号案件中的被侵权人患有动脉硬化。

最后，评价案件的相似性。待决案件中的关键事实是被侵权人因自身患有动脉硬化的特殊体质扩大了损害后果。对于因损害后果扩大产生的费用由谁承担，法律没有规定；指导性案例 24 号的关键事实是因被侵权人年老体弱的特殊体质扩大损害结果，法律没有规定。经比对发现，两起案件在患有特殊体质的受害人主体方面及其法律后果以及案由等方面构成类似，即（2016）豫 1303 民初 1953 号与指导性案例 24 号在关键事实方面构成类似。至于什么原因导致的损害扩大，包括疾病、先天残疾等以及侵权案件的具体类型，包括道路交通事故、医疗损害纠纷、动物致人伤害、安全保障义务等，案件的基本性质是侵权抑或违约，这些不同点的重要性要弱于案件本质上的相同点的重要性。虽然这些具体因素可能在具体案件中属于案件的争议焦点，但是不属于本案中的关键事实，因而，审理（2016）豫 1303 民初 1953 号的法官可参照援引指导性案例 24 号在裁判要点中确立的抽象规范作为裁判结论的说理论证理由。

（三）识别关键事实的注意事项

识别指导性案例中的关键事实的主要目的之一是实现参照援引指导性案例的正当性、准确性等。只有确定关键事实，才能实现对指导性案例的准确参照援引，确认关键事实能够有效保证案件的类似性判断结论的可靠性。对此，在进入案件的相似性判断时，在指导性案例的语境下，还应注意识别关键事实的具体事项，最大限度地发挥指导性案例在统一司法适用，维护公平正义，增强判决的可接受性等方面的价值。具体有以下两个方面。

一方面，基于裁判要点为关键事实定性。在个案中，关键事实是法官司法判断的结果，可能会出现不同的法官对关键事实的认知不同，进而影响指导性案例在司法实践中的参照援引。以裁判文书援引的指导性案例 24 号为例，中国裁判文书网中刊登的援引 24 号指导性案例的裁判文书中，对同一指导性案例在裁判援引中呈现出不同样态，其中的重要原因是，不同的法官对指导性案例 24 号的关键事实存在不同的理解和解释。裁判要点如同英美法中无判决理由的裁判案例，在英美法中，判决理由可从案件事实中逆推导出来。当我国法官在识别指导性案例关键事实时，也可从裁判要点中逆推出关键事实。指导性案例在裁判要点中确立的抽象规则是待审案件法官参照援引的主体，但是，抽象规则不同于制定法文本的法律条文，指导性案例中的抽象规则是依托于具体的案件事实得出，是特定案件语境下的法律规则。而决定裁判要点中法律适用规则的语境是案件中的关键事实。指导性案例 24 号在裁判要点确定的抽象规则是：在交通事故中，无过错的受害人的特殊体质并不能成为减少侵权人责任的理由。以裁判要点中确立的抽象规范为指引，可推出案件的关键事实是受害人因特殊体质造成损害结果的扩大，增加了损害赔偿费。这是指导性案例 24 号在裁判要点中确立的抽象规则的语境。

另一方面，引入裁判理由巩固定性结论。"裁判理由展现了当事人与法官为共同解答诉讼争点而进行的思考和交涉商谈活动，并为某个诉讼争点的确定与解决提供了内在理据，才使先例具备了可理解、可量度、可再现、可检验、可把控的基础，而成为案例参照的立足点和着眼点。"[①] 如前文所述，指导性案例中的裁判理由是对全案事实的规范性分析，对决定裁判要点中的抽象规则的关键事实的识别，仍需要以抽丝剥茧式的方式才能获得。关键事实不仅存在于基本案情中，先例中法官在裁判理由中的规范性分析包括对关键事实的理解与解释，基本案情是关键事实产生的母本，而裁判理由为后案法官从基本案情中发现、提炼出的关键事实提供了检验标准。试图参照援引指导性案例法官的个体化工作形成的结论是否正当，尚无统一的硬性标准，而裁判理由可成为巩固定夺案件关键事实的重要领域。指导性案例中的裁判理由展现着先例中法官对进入法律领域内的案件事实的筛查、甄别过程，为后案法官对发现关键事实的内心确认提供了检验场域，在允许遵循、扩展、背离适用指导性案例的情况下，对判决理由的分析成为检验是否是关键事实的最后一道屏障。此外，以裁判理由作为对识别的关键事实的定性结论还有另外一方面的重要原因，是因为裁判理由是对抽象规则的详细论证，"从指导性案例的表述方式看，如果以制定法来比喻的话，裁判要点大致相当于法

---

① 冯文生：《审判案例指导中的"参照"问题研究》，载《清华法学》2011 年第 3 期。

条，是最高人民法院希望表达的规范性内容的外在表现。而这种外在表现为什么成立，则必须理解裁判理由中表述出的论证内容。"① 关键事实与抽象规则密不可分，而裁判理由又有对抽象规则的论证说明，对巩固法官识别出的关键事实具有重要意义。

"法官对指导性案例的参照必然是对各个要素的整体性参照，这是由法官进行法律适用的'解释学循环'过程决定的。"② 关键事实的识别及其相同点和不同点的比对无不围绕事实与法律，尤其是指导性案例在为类案设置类判规范方面，关键事实与法律适用是一个问题的两个方面，对此，需要法官的目光在事实与法律之间循环往复，保障识别出关键事实的准确性以及相似性判断的可靠性。对指导性案例的相似性判断，是为了使指导性案例在回归司法实践时充分发挥指导意义，而实现这一目的的根本前提条件，是待审案件与指导性案例在关键事实方面构成类似，对此还需要加强法律职业共同体之间对关键事实认识的沟通与交流，对关键事实达成共识。"对于希望发挥裁判规则作用的指导性案例来说，尤其需要共同体的共识。"③ 对关键事实的不同认识和理解，是实践中出现参照援引的指导性案例诸多问题的重要因素，法律职业共同体具有较高的专业知识能力，对案件中的关键事实的识别更具理性。若法律职业共同体对关键事实达成共识，那么能够赋予识别出的关键事实以更强的说服力。在指导性案例的相似性判断中，关键事实及其法律适用的相似性比较，始终是援引指导性案例的永恒主题。

---

① 朱芒：《论指导性案例的内容构成》，载《中国社会科学》2017 年第 1 期。
② 王彬：《案例指导制度下的法律论证——以"同案同判"的证成为中心》，载《法制与社会发展》2017 年第 2 期。
③ 张骐：《再论指导性案例效力的性质与保证》，载《法制与社会发展》2013 年第 1 期。

## 第九章

# 参照指导性案例的技术流程（二）：
## 分析法律规范

指导性案例在裁判要点中确立的抽象法律规范是法官参照援引的核心，而这些抽象法律规范呈现出不同的类型和特征。分析不同法律适用特征的指导性案例是确定相关指导性案例的重要铺垫。援引指导性案例的裁判文书展现着指导性案例在实践中的运作样态，而经统计发现，对同一指导性案例在不同的案件中出现四种不同的参照援引方式。在参照援引指导性案例的进程中，关键事实与法律适用是一个问题的两个方面，为最大限度地发挥指导性案例中的抽象规范指导类似案件审判的实践意义，还需通过关键事实为抽象法律规范作定性分析。

在案件事实相似的情况下，指导性案例的核心是指导法律的适用，申言之，案件事实的相似性确认最终都要上升到法律适用层面。后案法官在参照援引指导性案例时需要准确把握指导性案例裁判要点中抽象法律规范的类型。指导性案例作为直接来源于我国司法实践已审结的案例，呈现出自身特定的法律适用特征和类型。而待决案件的法官在裁判文书中援引指导性案例作为裁判理由时，对指导性案例也存在多种适用情形。为切实发挥指导性案例在司法实践中的实现统一法律适用以及类案类判、维护公平正义等目标，对指导性案例中的法律规范以及实践中适用指导性案例的情形尚需进行细致的研习。

## 第一节　指导性案例裁判要点中的法律规范类型及其特征

指导性案例的法律适用在我国的司法语境下具有双重含义：一是最高人民法院编纂、发布的指导性案例中对法律规范的适用；二是动态裁判文书中法官援引指导性案例作为重要法律适用。第一重含义的指导性案例是静态文本的案例，是参照援引指导性案例的根本。而第二重含义上的指导性案例是待决案件的法官在案件审判中参照援引指导性案例，适用指导性案例作为案件审判的裁判理由。在具体审判实践中检索出裁判文书中已援引的指导性案例有助于为后案法官在待审案件中判断是否以及如何参照援引相关指导性案例作出准确预测。但是，这两重含义上的指导性案例具有不同作用和价值，对静态文本中的指导性案例进行分类有助于后案法官在审判实践中明晰指导性案例自身的效力进而择取恰当的参照援引方式。"选择恰当的标准，对指导性案例进行类型划分，在此基础上讨论不同类型的指导性案例所具有的效力。"① 对不同法律适用性质的指导性案例采取不同的参照援引方式，是深刻把握指导性案例指导意义的核心和关键。

---

① 指导性案例的分类及其类型对预防、缓解和指导性案例初期在司法实践中的滥用、误用、不规范应用等具有重要的实践价值和理论意义，值得深入分析和研究。学界对此方面也逐渐引起重视，对指导性案例的类型进行详细的研究论证。参见资琳：《指导性案例同质化处理的困境及突破》，载《法学》2017 年第 1 期。《法治中国语境下指导性案例的分类适用》，载《法制与社会发展》2013 年第 5 期。瞿灵敏：《指导性案例类型化基础上的"参照"解读》，载《交大法学》2015 年第 3 期。陈兴良：《案例指导制度的规范考察》，载《法学评论》2012 年第 3 期。王利明：《我国案例指导制度若干问题研究》，载《法学》2012 年第 1 期。四川省高级人民法院、四川大学联合课题组：《中国特色案例指导制度的发展和完善》，载《中国法学》2013 年第 3 期。赵瑞罡、耿协阳：《指导性案例"适用难"的实证研究——以 261 份裁判文书为分析样本》，载《法学杂志》2016 年第 3 期。王彬：《指导性案例遴选标准的完善》，载陈金钊、谢晖主编：《法律方法》（第 22 卷），中国法制出版社 2017 年版。胡云腾、吴光侠：《指导性案例的体例与编写》，载《人民法院报》2012 年 4 月 11 日，第 8 版。此外，笔者在中国知网中检索到的 1168 个与研究指导性案例相关的文献资料中发现，学者在分析论证指导性案例时，虽然没有专门提及指导性案例的类型化，但是在整个文献的论述中，是隐含承认指导性案例的基本类型。参见孙光宁：《法律解释方法在指导性案例中的运用及其完善》，载《中国法学》2018 年第 1 期。冯文生：《审判案例指导中的"参照"问题研究》，载《清华法学》2011 年第 3 期。董皞、贺晓翔：《指导性案例在统一法律适用中的技术探讨》，载《法学》2008 年第 11 期。雷磊：《指导性案例法源地位再反思》，载《中国法学》2015 年第 1 期。

　　法官在司法实践中参照援引指导性案例，主要是参照裁判要点中的抽象规范，而实现参照援引指导性案例首先要确定相关指导性案例。截至 2018 年 11 月，最高人民法院公布 18 批 96 个指导性案例，但是对 96 个指导性案例的法律适用尚缺乏明确的、细致的分类。根据《关于案例指导工作的规定》第 2 条规定，指导性案例包括以下几种类型的案件："（一）社会广泛关注的；（二）法律规定比较原则的；（三）具有典型性的；（四）疑难复杂或者新类型的；（五）其他具有指导作用的案例。"进一步而言，具有这五种法律适用特征的案例是被遴选为指导性案例的必要条件和前提。详细、明确、清晰的分类对引导法官正确参照援引指导性案例作出正当裁判规范具有重要的理论和实践价值。

　　指导性案例中有不同类型的法律适用，各自发挥不同作用，厘清既有指导性案例的法律适用特征，有助于为后案法官在审判实践中确定相关指导性案例做好重要铺垫。最高人民法院已公布的指导性案例属于静态文本中的指导性案例。在这 18 批 96 个指导性案例中，每一批都有多种类型的法律规范，其中肯定或者排除法律规范适用的指导性案例共有 42 个，占比 43.8%。扩展或者补充法律规范适用的指导性案例共有 43 个，占比 44.8%。宣示法律规范适用的指导性案例共有 11 个，占比 11.5%。后案法官对不同法律适用特征的指导性案例需要选择不同的参照援引方式。具体有以下几种情形：一是对于肯定或者排除法律适用的指导性案例，应将论证放在肯定或排除的关键点上，裁判要点中会出现对某类法律规范意义的解释字样：如"应当""应""不""不能""不予"等。当出现"应当"时，意味着需要肯定法律规范的适用，当出现"不"时则排除法律规范的适用。后案法官在遇见无法明确是否适用法律规范的情形时，可参照肯定或者排除法律规范适用的指导性案例。二是扩展或者补充法律规范的指导性案例。此类案件对应的法律漏洞情形，裁判要点中主要出现"可以""可""以……论"等字样。当实践中出现规则模糊等情形时，法官可寻找有以上字样的指导性案例，并结合案件的相似性判断等，释放指导性案例弥补法律漏洞的实践意义。三是宣示法律规范适用的指导性案例，主要包括社会广泛关注以及具有典型性和其他类型的指导性案例。该类指导性案例主要是进一步强调具有典型意义的法律规范在实践中的适用。其中的其他类指导性案例则主要是公共政策的功能。此外社会广泛关注的案件，既包含因案件事实引发社会民众广泛关注的案件，即热点案件，其本身也经常内含着肯定或者排除以及扩展或者补充法律规范适用的情形，宣示某项法律规范适用的指导性案例中经常会出现"无须""不得影响"等字样。社会广泛关注的案件，通常是民意舆论参与司法的案件，为冰冷的机械的裁判带来的僵化结果注入了温度，对我国的司法实践也具有重要的意义，比如93号指导性案例。不同法律规范适用情形的指导性案例可满足司法实践中出现的对法律规范的多种需求。具体情况如下所示：

一是肯定或者排除法律规范。法律规定比较原则意味着法律的规定比较模糊，属于概括性条款，在司法裁判实践中容易引发歧义、无法确定法律规范的意义。在通常情况下，由于此类规范外延广而内涵少，司法者无法在具体个案中肯定或者排除法律规范，使法律规定比较模糊的规范在实践中处于尴尬或者左右为难的局面。由于制定法规范是人类理性对复杂多样的规则的抽象概括，当法官在适用概括性、普遍性的法律规定时，总会出现既有的法律规定无法精确、细致地解决纷繁复杂的社会矛盾与纠纷的现状，使司法实践出现同案不同判的现象。原则性的法律规定可通过法律解释等方法适用到司法实践中，但是，对制定法的解释可能因人而异，法律规定比较原则的条款也不例外。法律规定比较原则的案件赋予了司法者较大的自由裁量空间，因而缺乏明确的裁判尺度，容易使法官错误理解法律规范的意义，使应当适用法律规范的而没适用，不应当适用的反而适用，违背了立法者的意图和法律规范的目的。法律规定比较模糊的指导性案例主要是为了明确肯定或者排除法律规范在实践中的适用。遴选出法律规定比较原则的指导性案例，不仅明确了原则性、模糊性的法律规范在司法实践中的应用，进一步阐明原则性的法律规范在司法实践中的肯定或者否定适用，而且为后案法官参照援引此类指导性案例指明了方向，有利于统一裁判尺度，在类似案件中保障法律的统一适用。在立法者不可能为每一个案件立法的现实状况下，具有明确性的适用法律规定比较原则的司法判例为后案法官解决类似案件，明确肯定或者排除法律规范并实现立法者目的具有重要的实践价值。而将法律规定比较原则的案例遴选为指导性案例，有利于消解法律规定比较原则的条款的模糊性，明确应当肯定或排除法律规定比较原则的法律规范在司法实践中的适用，对法律规定比较原则的法律规范在司法实践中的明确，是顺应法治不断向前发展的要求。

二是扩展或补充法律规范。疑难复杂或者新类型的案件通常是因法律漏洞或者规则与规则冲突、规则与原则冲突、原则与原则冲突等无法简单适用三段论裁判模式的情形。此类案件属于司法实践中的"疑难杂症"，疑难复杂或者新类型的指导性案例通常需要对制定法文本中的法律规则进行扩展或者补充。通常情况下，司法者会根据既有规范的字面含义，作出司法裁判。但是，文本中的法律规范在遇到纷繁复杂的现实时也无法做到尽善尽美，尤其是在转型时期的中国，新情况、新问题不断涌现，静止的文本规范有时难免会显得苍白无力。疑难复杂或者新类型的指导性案件是典型的无法适用三段论的裁判模式的案件，通常需要扩展或者补充法律规范的适用，法官对法律规范的扩展或者补充适用可为后案法官解决新型疑难复杂案件提供宝贵的智识经验。但是，被定位为疑难复杂或者新类型的案件，其个案属性更为突出，与指导性案例的普遍指导意义的性质存在冲突。最高人民法院在遴选疑难复杂或者新类型的案件时，需要格外注意疑难复杂或者新类型的案件是否具有普遍的指导意义。此外，疑难复杂或者新类型的案件通常是无法查明可直接适用于案件的法律规则，扩展法律规范适用的指导性案件与肯定法律规范适用的指导性案件比较，其复杂程度更高。

三是宣示法律规范的适用。社会广泛关注的、具有典型性以及其他类的指导性案例对推动法律规范在司法实践中的适用起到模范、引领作用，是形成良好的法律效果与社会效果案件的表率，尤其是该类案件中适用的法律规范，值得后案法官进行细致研习。将社会广泛关注的案件及其典型案件遴选为指导性案例有助于增强民众法治意识的提高并加速推动法治进程的步伐，是宣示法律规范适用的表现。转型时期的中国，社会广泛关注的案例往往是涉及重大公共利益、公民的基本权利或者众多利益群体的案例，是各种复杂因素综合作用的产物，它超越了个案层面，案件的性质、裁判结果等为社会民众所普遍关注。而民众的参与有利于增进司法与社会现实的接触，避免机械裁判带来的消极影响，从而助推法治的进步。但是，社会广泛关注的案件往往容易掺杂更多的法外因素，并且因不同案件中民众的关注焦点不同，不同时期影响案件裁判的实质因素也不同，使这类案件具有鲜明的个案属性。如若仅凭社会影响力作为遴选为指导性案例的标准，风险和成本比其他几种类型更高。最高人民法院将"社会广泛关注的"案件类型归为指导性案例的遴选标准之一，重要依据是最高人民法院的公共政策功能。"以案例是否具有社会影响力作为遴选标准，实际上是根据政策标准而非法律标准对指导性案例进行界定，这实际上延续了最高法院制定公共政策的职能。"① 最高人民法院与将社会广泛关注的以及典型性的案件遴选为指导性案例具有共同的价值初衷，实质是宣示法律规范在司法实践中的适用，引领司法裁判的价值导向。

在司法实践面临案多人少以及案例制度处于运行初期的现实背景下，将文本中的指导性案例分为肯定或者排除法律规范的适用、推动法律规范的适用以及扩展法律规范的适用三种类型，有利于法官在参照援引指导性案例之前对指导性案例的性质进行宏观上的预测，对指导性案例进行分类还有助于法官在参照援引指导性案例时选择论证的恰当对策，提高参照援引指导性案例的积极性与准确率。总而言之，当司法实践中无法确定应当肯定或者排除法律规范的案件时，明晰指导性案例的宏观类型不仅有利于节约司法资源，提高审判效率，而且有利于充分发挥指导性案例在司法实践中统一法律适用的作用。

## 第二节　裁判文书适用裁判要点中法律规范的情况及其例证

上文所述静态文本中的三种类型是最高人民法院遴选出的指导性案例的自身特点。在案例指导制度运行初期，为保障和引导指导性案例的正确援引，

---

① 王彬：《指导性案例遴选标准的完善》，载陈金钊、谢晖主编：《法律方法》（第22卷），中国法制出版社2017年版，第6页。

审判实践中援引指导性案例的既有裁判文书也应成为后案法官重点检索的场域。对于指导性案例的类型及其分类相异的学者基于不同的立场和视角有着不同的观点，但普遍的不足是对指导性案例的类型研究的学理性色彩过重，止于理论构思，缺乏对司法实践中援引指导性案例的实践进行分析论证。研究既有的援引指导性案例的裁判文书具有重要的意义和价值：一方面，裁判文书中援引的指导性案例展现着指导性案例在司法实践中的运作动态，赋予了文本中的指导性案例以鲜活的生命力，并对引导后案法官在待审案件中援引指导性案例提供了宝贵的司法经验；另一方面，检索裁判文书中援引的相关指导性案例，提供了法律职业共同体对司法审判中出现的类似案件实现超越时空的对话、思考和反思的特定语境。这不仅有利于提高审判质量和减轻错案审判压力，而且有助于提升指导性案例的实践适用能力。此外，根据《〈关于案例指导工作的规定〉实施细则》第 11 条的规定，无论是否参照援引指导性案例，都需要进行说理论证。而裁判文书中对指导性案例的参照援引情况，为待审案件的法官论证说明指导性案例的参照援引情况提供了重要的素材和参考价值。裁判文书中对指导性案例的援引状况是静态文本中的指导性案例应用于司法实践的直观体现。后案法官在参照援引相关指导性案例时，目光需要在静态指导性案例与动态指导性案例之间往返流转，既要锁定即将援引的指导性案例又要兼顾相关指导性案例在司法裁判中的援引现状，全面细致掌握指导性案例的指导意义和实践价值。查找既有裁判文书中援引的相关指导性案例是对我国法官审判经验总结的再总结，是一次审判智识的升华和提高，对法官准确参照援引指导性案例具有重要价值。

指导性案例尚处于运作初级阶段，又是司法改革的创新作品之一，在实践中不免存在制度运作初期的种种问题，比如援引频次低、援引不规范、缺乏详细的说理论证、存在隐形适用等。① 截至 2018 年 6 月 23 日，在最高人民

---

① 孙海波：《指导性案例的隐性适用及其矫正》，载《环球法律评论》2018 年第 2 期。孙光宁：《反思指导性案例的援引方式——以〈《关于案例指导工作的规定》实施细则〉为分析对象》，载《法制与社会发展》2016 年第 4 期。赖江林、李丽丽：《类案识别：指导性案例适用技术的检视与完善——基于最高人民法院 52 件指导性案例适用现状的实证分析》，载贺荣主编：《尊重司法规律与刑事法律适用研究》（上册），人民法院出版社 2016 年版，第 389 页。

法院公布的 18 批 96 个指导性案例中，24 号指导性案例在司法实践中的援引频次最高，[①] 是司法审判实践中指导性案例的援引状况的典型和代表。由于指导性案例的参照援引还处于萌芽发展阶段，法官在司法实践中尚未形成统一的援引参照指导性案例的形式。为最大限度地展现指导性案例在司法实践中的运作状态，实现统计数据的完整性、全面性，笔者分别以"指导性案例 24 号""指导案例 24 号""24 号指导性案例""24 号指导案例"为关键词在中国裁判文书网中进行检索，[②] 共收集到 414 份裁判文书。在这 414 份援引指导性案例 24 号的裁判文书中，经过分析和梳理可得出在动态裁判文书中，存在肯定指导性案例的适用、排除指导性案例的适用、推翻指导性案例的适用以及扩展指导性案例的适用四种情形。[③] 指导性案例是具有中国特色的司法先例，其直接来源于我国本土的司法实践，是我国法官集体司法智慧的结晶以及对我国司法经验的积累、总结和升华。根据最高人民法院《〈关于案例指导工作的规定〉实施细则》第 11 条第 2 款的规定，[④] 在个案审判中当事人、辩护人等都可以提出参照指导性案例，法官也可以主动提出参照援引指导性案例。本次选取比较有代表性的援引 24 号指导性案例的裁判文书，具体适用情况见表 9 - 1。

---

① 赵瑞罡、耿协阳：《指导性案例"适用难"的实证研究——以 261 份裁判文书为分析样本》，载《法学杂志》2016 年第 3 期，第 117 页。郭叶、孙妹：《指导性案例应用大数据分析——最高人民法院指导性案例司法应用年度报告 (2016)》，载《中国应用法学》2017 年第 4 期，第 48 页。郭叶、孙妹：《指导性案例应用大数据分析——最高人民法院指导性案例司法应用年度报告 (2017)》，载《中国应用法学》2018 年第 3 期，第 117 页。谢彩凤、赵鸿章：《指导性案例应用现状探究及完善——以 52 个指导性案例的援引情况为分析视角》，载《尊重司法规律与刑事法律适用研究 (上)——全国法院第 27 届学术讨论会获奖论文集》，第 416 页。

② http://wenshu.court.gov.cn/Index，检索日期截至 2018 年 6 月 24 日。

③ 本书所使用的"适用指导性案例"是参照援引指导性案例简称，适用指导性案例是对参照援引指导性案例同一含义的不同的表达。

④ 《〈关于案例指导工作的规定〉实施细则》第 11 条规定：公诉机关、案件当事人及其辩护人、诉讼代理人引述指导性案例作为控 (诉) 辩理由的，案件承办人员应当在裁判理由中回应是否参照了该指导性案例并说明理由。

表 9 – 1　24 号指导性案例适用情况

| 24 号指导性案例适用情形 | 裁判文书的名称及其编号 | 援引 24 号指导性案例的裁判文书个数 | 占总裁判文书比重 |
|---|---|---|---|
| 肯定适用指导性案例 | （2014）芜中民一终字第 00652 号、（2014）二中民终字第 11536 号、（2014）沪铁民初字第 278 号、（2015）泰民初字第 84 号、（2016）内 09 民终 18 号、（2017）赣 01 民终 279 号、（2016）津 0103 民初 6079 号、（2016）鄂 01 民终 3011 号、（2016）津 0103 民初 6079、（2017）吉 01 民终 1235 号、（2017）鄂 01 民终 2625 号 | 11 | 2.7% |
| 排除适用指导性案例 | （2013）汤民一初字第 285 号、（2014）广民二初字第 00658 号、（2014）黄民初字第 2034 号、（2014）东民一终字第 147 号、（2015）滨中民一终字第 461 号、（2015）商民终字第 908 号、（2015）普民初字第 3037 号、（2015）沪海法初字第 31 号、（2016）豫 13 民终字第 691 号、（2016）豫 07 民终第 2122 号、（2017）鲁 16 民终 350 号、（2017）鄂 01 民终 2606 号 | 12 | 2.9% |
| | （2013）绍诸民初字第 1905 号、（2014）沪二中民一（民）终字第 1575 号、（2015）寒朱民初字第 36 号、（2016）皖 01 民终 1457 号、（2016）鄂 01 民终 7032 号、（2016）川 16 民终 1174 号、（2016）黑 02 民终 1442 号、（2016）浙 06 民终 2573 号、（2015）厦民终字第 4153 号、（2015）浙民申字第 726 号、（2017）辽 06 民申 42 号、（2017）浙 06 民终 1852 号 | 12 | 2.9% |
| | （2014）广民二初字第 00658 号、（2015）商民终字第 908 号、（2017）鲁 16 民终 350 号 | 3 | 0.7% |
| 推翻指导性案例 | （2014）长中民一终字第 01863 号、（2015）沪二中民一（民）终字第 2767 号 | 2 | 0.4% |
| 扩展适用指导性案例 | （2016）津 0103 民初 6079 号、（2017）吉 01 民终 1235 号、（2017）鄂 01 民终 2625 号、（2016）鄂 01 民终 3011 号、（2016）津 0103 民初 6079 号 | 5 | 1.2% |

司法实践中出现与指导性案例类似的案件时，指导性案例可作为法官裁判的重要论证依据。但是，在将指导性案例适用到待审案件中时，法官需要对适用的指导性案例作为裁判依据进行详细的说理论证，以提高裁判的可接受性。《关于加强和规范裁判文书释法说理的指导意见》的整体理念与精神也体现出，法官在司法裁判过程中无论肯定指导性案例的适用、排除指导性案例的适用、推翻指导性案例的适用以及扩展指导性案例时，都需要对进入司法裁判领域的指导性案例进行论证说理。在具体审判实践中，待决案件的法官援引指导性案例作为法律适用情形具体体现在以下四个方面：

其一，肯定适用指导性案例。当待审案件的关键事实与法律适用都类似时，法院应当肯定适用指导性案例，即基本案情和法律适用都类似是肯定适用指导性案例的充分必要条件。但是值得注意的是，根据《〈关于案例指导工作的规定〉实施细则》第 10 条规定："各级人民法院审理类似案件参照指导性案例的，应当将指导性案例作为裁判理由引述，但不作为裁判依据引用。"法官需要明确，肯定适用指导性案例意味着在待审案件中只能将指导性案例作为裁判理由予以适用。

其二，排除适用指导性案例。当司法实践中的待审案件与指导性案例在关键事实或者法律适用有一方面不类似时，可排除指导性案例的适用，排除适用指导性案例的情形是先例法中的常见现象。"英美法系中出现应排除适用判例的情况如下：一是前后案件不同，包括法律争议不同、事实不同、社会及经济情况不同、判决可在不同背景下予以解释、实际判决理由比被主张的理由或宽或窄；二是先例的规则存在缺陷，如冲突的先例、错误的先例、过时的先例、疏忽作出的先例、无理由的先例等。"①

其三，推翻适用指导性案例。类似案件类似处理，是最高人民法院公布指导性案例的初衷，其根本目的是实现公平正义，努力让人民群众在每一个司法案件中感受到公平正义。而这也从侧面显示，司法实践中会不可避免地出现同案不同判的现象。从直观上看，同案不同判削弱了司法公信力。但是，随着社会的不断向前发展，不同的时代会有独特的社会时代特征，法治需要

---

① 于同志：《论指导性案例的参照适用》，载《人民司法》2013 年第 7 期，第 8 页。

融入社会现实中，法律是社会现实中的法，需要随着时代的发展变化而变化，如此才能保证法律的生命力。同案不同判不能"一刀切"地认为违反正义。法律规范的意义是结合特定时期的政治、经济、社会核心价值观、文化习惯等方面表现出的意义。法官在适用法律规范，包括参照援引指导性案例中的抽象规范时，应当充分考虑适用法律规范意义的语境。随着时间不断向前推进，法律规范的意义也会发生流变。维护特定时期的正义仍是实现正义的应有之义。在司法实践中，当法官认为待审案件的基本案情与指导性案例类似，而否认适用指导性案例确立的规则时，其实质是推翻先例。

其四，扩展适用指导性案例。同案同判是理想法治的要求，其前提条件是案件类似，而类似案件如何识别，在实务界与理论界仍然缺乏识别案件类似性的元规则。案件的相似性通常是法官进行司法判断的结果。在缺乏类似案件事实区别的统一识别标准时，不同法官对基本案情类似性的司法判断会出现偏差。当先例与待审案件的基本案情不类似时，法官仍参照先例适用的规则作出司法裁判。在参照援引指导性案例的层面上，这种表现意指扩展适用指导性案例。

总而言之，法官在司法实践中适用指导性案例作为法律适用通常具有四种情形：一是待审案件的关键事实与法律适用与指导性案例都类似，法官应当参照援引指导性案例作出裁判结论，是肯定适用指导性案例的情形。二是待审案件与指导性案例在关键事实或者法律适用方面与指导性案例不类似，法官排除适用指导性案例。对此，又可细分为三种次级情况：（1）待审案件的关键事实与指导性案例不类似；（2）待审案例的法律适用与指导性案例不类似；（3）待审案件与指导性案例在关键事实和法律适用方面都不类似，这三种情形都不属于法官应当参照援引指导性案例的情形，只有当待审案件与指导性案例在关键事实与法律适用方面都类似时，法官才应当参照援引指导性案例，《〈关于案例指导工作的规定〉实施细则》第9条对此有着明确的规定①。三是待审案件与

① 《〈关于案例指导工作的规定〉实施细则》第9条规定：各级人民法院正在审理的案件，在基本案情和法律适用方面，与最高人民法院发布的指导性案例相类似的，应当参照相关指导性案例的裁判要点作出裁判。值得注意的是，基本案情的外延更广，待审案件与指导性案例相似性比较需要以基本案情中的关键事实作为分析比对的关键点。

指导性案例在案件的关键事实方面类似时，但后案法官认为待审案件与指导性案例的法律适用不类似。法官在裁判理由中没有参照援引指导性案例，此种情形意味着推翻先例。在我国的司法语境下，推翻先例是推翻指导性案例裁判要点中的抽象规则，在类似案件中确立一种新的规范。进一步而言，推翻先例的实质是尽管待审案件与指导性案例在案件事实方面类似，如果后案法官排除参照援引指导性案例，那么实际是裁判者对指导性案例确立的抽象规则的推翻，法官对此需要承担更多的论证负担。值得注意的是，推翻先例在我国的司法语境下有两种意义：（1）后案裁判者直接推翻指导性案例中确定的抽象规则，不管该抽象规则有何种意义；（2）后案法官推翻指导性案例中抽象规则的某一种意义。因为指导性案例中的抽象规则属于广义上的规则，制定法文本中的法律规则因解释方法的不同，在遭遇纷繁复杂的案件现实时，为维护个案正义，会出现多种解释结果。指导性案例裁判要点中的抽象规则也不例外。尤其是我国为成文法国家的背景，指导性案例在裁判要点中确立的抽象规范也可能出现滞后性等抽象法律规范存在的天然缺陷，推翻指导性案例中的抽象规则的某一种意义，既可以从形式上维护法的安定性又可以推翻指导性案例中违背个案公正的法律意义，为审判实践不断注入新的活力。但是推翻先例抽象规则的某一意义，比推翻制定法文本的法律规则的某一种意义需要承担更强的论证负担。四是待决案件的基本案情与指导性案例不类似，但后案法官认为法律适用应类似，参照援引指导性案例的。此种情形实质是后案法官对指导性案例的扩展适用。司法实践中出现扩展适用指导性案例的情形，与不同主体的经验、学识、价值偏好、生活环境、学识经历等不同以及语言天然的模糊性使得以文字形式表达的法律规范会产生多义性、歧义性等存在密切关联。这些不同因素使不同的主体对指导性案例理解和解释也会不同。

如表9-1所示，指导性案例24号在司法实践中可以被肯定适用、排除适用、推翻适用和扩展适用。待决案件的基本案情与指导性案例的基本案情类似时，司法参照援引指导性案例存在肯定适用或者推翻参照指导性案例两种情形；当待决案件的基本案情与指导性案例的基本案情不类似时，可以排除或者扩展适用指导性案例。基本案情类似可能出现推翻指导性案例的情形，待决案件的法官如果想参照援引指导性案例，那么需要认定待决案件中的基本案情和法律适用与指导性案例都类似。

## 第三节　法律规范适用的逻辑流程

当待决案件与指导性案例构成类似时，法官可参照援引指导性案例中确立的抽象规范作为裁判理由，但是指导性案例并不是法条或者司法解释，指导性案例基本案情中的关键事实成为解释适用抽象规范的意义的特殊语境，"在分析判例的时候，我们的任务不是主张事实和结论，而是主张法官认为的实质性事实和他建立于其上的结论。……如果我们说我们接受法官的结论而不是他有关事实的见解，那么我们的先例制度就没有任何意义，脱离于结论建立于其上的实质性事实得出的结论是非逻辑的，并且注定会导致专断和不正确的结果"[1]。如前所述，最高人民法院公布的指导性案例自身呈现出不同的法律适用形式，而裁判要点中确立的类型多样的抽象规范是基于不同的案件事实，事实多样的指导性案例为应对转型时期出现的新型疑难复杂案件提供了重要的保障。指导性案例的核心指导意义是统一法律适用，而动态实践中，对同一指导性案例出现不同的适用情形不免引人发问：在缺乏统一适用指导性案例标准的现实情况下，司法实践对指导性案例的不同适用是否会违背指导性案例追求的同案同判的初衷？甚至因适用情形的混乱而走向统一司法裁判的反面，破坏法的安定性，削弱司法公信力等困境。而关键事实同时作用于相似性判断以及法律适用，对待决案件的法官论证参照援引的指导性案例中的抽象规范，帮助待决案件的法官理解、解释裁判要点中确立的抽象法律规范意义进而实现准确参照援引指导性案例具有不可或缺的作用。[2]

---

[1]　A. L. Goodhart, Determining the Ratio Decidendi of a Case, Yale Law Journal, Vol. 40, 1930, p. 169.

[2]　张志铭：《中国法院案例指导制度价值功能之认知》，载《学习与探索》2012 年第 3 期。孟祥磊、徐平：《论类比推理在案例指导制度中的适用》，载《法律适用》2015 年第 8 期。马荣、葛文：《指导性案例裁判要点的类型与运用研究———以〈最高人民法院公报〉案例裁判摘要为原型的借鉴》，载《南京大学学报》（哲学·人文科学·社会科学版）2012 年第 3 期。

以关键事实的识别和确认为开端，指导性案例的参照流程还应当包括相应法律规范的适用。这里以法律推理方法为视角，对其中的问题展开分析。

　　指导性案例的适用应附着于成文法的演绎推理之下，采用事件之间的类比推理。其中事件之间的类比推理主要是事件要素相似性的判断，但"我国法官普遍不熟悉案件相似性质判断标准，对类比推理方法、案件事实的深入分析等缺乏系统性认知。"① 即是说《关于案例指导工作的规定》（以下简称规定）第7条提出了"应当参照"的规范性要求，对如何具体援引没有作出进一步的明确规定，即使《〈关于案例指导工作的规定〉实施细则》（以下简称细则）第9、10、11条将"参照"部分限于"裁判要点"，指导性案例性质限于"裁判理由"，但仍没有细致到适用规则与程序的程度；并且，据有关实证调研显示："76.56% 的调查对象（法官、法院其他人员、人民陪审员、律师等）认为有必要制订专门的案例相似性比照规则，其中律师群体的需求更为强烈，达81.56%。"② 指导性案例当前面临的适用难现状很大程度上就是因为缺乏明确的"适用""参照"规则；另外，"案例指导所设置的监督体系是从上而下的内部监督，上级对下级有较强的控制能力，下级司法人员独立性不足，在指导性案例适用方法上缺乏共识的情况下，上级司法人员握有解释指导性案例的权力，下级司法人员很难有效提出异议。"③ 适用方法的共识就是"参照"规则，"在司法权威仍然有待提高的背景下，大多数法官更希望以正式的明确规定为依据，减少个人决策所带来的职业风险。"④ 明确"参照"规则的前提必须明确指导性案例的"参照"逻辑。

　　无论是采用准用性规则的法条之间的类比推理还是"判例法"思维下的案例之间的推理，其基础都必须是事件之间的类比推理以及更为基础的类比推理技术。

---

　　① 赵瑞罡、耿协阳：《指导性案例"适用难"的实证研究——以261份裁判文书为分析样本》，载《法学杂志》2016年第3期，第120页。

　　② 四川省高级人民法院、四川大学联合课题组：《中国特色案例指导制度的发展与完善》，载《中国法学》2013年第3期，第42页。

　　③ 吴君霞、秦宗文：《指导性案例适用方法研究》，载《四川大学学报》（哲学社会科学版）2016年第2期，第145页。

　　④ 孙光宁：《反思指导性案例的援引方式——以〈《关于案例指导工作的规定》实施细则〉为分析对象》，载《法制与社会发展》2016年第4期，第91页。

关于类比推理技术在前述"适用方式的反向影响"部分已有部分论证，其基本结构是两个对象之间的相似性与差异性。"如果两者之间不存在差异性，那么就应当以演绎推理的方式直接适用该一般性标准；如果两者之间共存相似性与差异性，那么就应当选取类比推理的论证形式。"[①] 同时，事件要素 f 与事件要素 g 之间的构成要件必须具备盖然的相似性[②]，若 $f = x1 + x2 + x3 + x4 + x6$，$g = x1 + x2 + x3$，则 $g \in f$，此时，g 与 f 之间并不存在差异性，g 与 f 之间不能采用类比推理。g 与 f 过度包含，消除了差异性。同样，$f = x1 + x2 + x3 + x4 + x5 + x6 + x7 + x8 + x9$，$g = x1 + x10$，尽管在 x1 上两者重合，但 f 与 g 差别为 x2、x3、x4、x5、x6、x7、x8、x9 与 x10，差异性过大，导致类比推理可能严重偏离。若 $f = x1 + x2 + x3 + x4 + x6$，$g = x1 + x2 + x3 + x4 + x5$，则 f 与 g 之间不能演绎推理，因为 g 的 x5 与 f 的 x6 相异。又因为在 $g - x5$ 与 $f - x6$ 以外部分的相似，构成盖然相似性，采用类比推理的模式。就

---

① 陈景辉：《规则的扩张：类比推理的结构与正当化》，载郑永流主编：《法哲学与法社会学论丛》2010 年第 1 期，北京大学出版社 2010 年版，第 174 页。

② 此处以及前文采用的盖然相似性借用了民事诉讼的概念。容易引起争议的是法律判断的核心是价值判断。判断案件是否相似主要是法律性质判断，关键的差异就可以将两个案件区分开来。必须予以澄清的是：指导性案例的类比推理的适用前提就是定性一致。所谓的定性一致是指演绎推理的大前提（法律规范，即待决案件适用的法条和指导性案例中的相关法条）一致，正是法律规范一致，才可以进行下一步的类比推理。这也是后文所阐述类比推理附着于演绎推理的附着的含义之一。因为待决案件与指导性案例的法条一致，且该法条存在理解歧义或者依据该法条并不能解决待决案件，进而需要适用指导性案例。例如，23 号指导性案例，适用的前提（23 号指导性案例的相关法条）是旧《食品安全法》第 96 条第 2 款，该条决定了定性一致。尽管行为人是"知假买假"，还是要依据该条进行十倍赔偿。待决案件必须是适用旧《食品安全法》第 96 条第 2 款（或新《食品安全法》148 条第 2 款）的案件，若行为人"知假买假"购买了一套房屋（宣传为 120 平方米，实际只有 119 平方米）因为争议进入诉讼程序就不能适用 23 号指导性案例，尽管 23 号指导性案例是用于解决"知假买假"，且该案中行为人也是"知假买假"者。因为本案与指导性案例本质上定性不同，这是由法律规范所决定的，待决案件适用的既不是旧《食品安全法》第 96 条第 2 款，也不是《消费者权益保护法》第 55 条。参见梁慧星：《法学学位论文写作方法》，法律出版社 2006 年版，第 133－137 页。但如果待决案件是张某三购买的鸡蛋出现了问题，而不是 23 号指导性案例中的香肠，则不影响定性一致。在定性一致的基础上，并不意味着指导性案例必然适用，此时在演绎推理适用大前提基础上才能进行类比推理，将待决案件与指导性案例进行类比，即事件要素的对比，此时的事件要素要达到盖然性相似。除此之外，类比推理"是一种或然性的推论，而不必然是颠扑不破的真理，其正确性取决于许多因素。"参见张骐：《论类似案件的判断》，载《中外法学》2014 年第 2 期，第 524 页。依赖单个性质或法律价值判断属于典型的演绎推理，从一般到特别；而类比推理属于从个别到个别，个别内部的事件要素的对比，基于某些方面属性类似假定其他属性也类似的假定。从待决案件到指导性案例的类比推理必然附着于演绎推理，但类比推理不解决定性问题，只负责演绎推理大前提解决定性问题之后的事件要素的问题，盖然相似性也是在这个意义上主张的。

指导性案例的事件要素推理来说，盖然性也是必须满足的要求。

何为要素相似性之盖然性是解决类比推理最大的困境。若 $f = x1 + x2 + x3 + x4 + x6$，$g = x1 + x2 + x3 + x5 + x7$，在构成要件上存在 x1、x2、x3 三点相似点，f 在 x4、x6 与 g 在 x5、x7 上存在差异，是否仍然构成盖然相似性仅在逻辑上不能明确判断。脱离具体案例事实或规则构成要件仅能在比例上区分，1/2、2/3、3/5、4/5 哪一个比例是最接近盖然性亦无科学的标准。更进一步追问民事、刑事以及行政案件等不同类型的案件是否需要采用相同的盖然性标准（尽管刑法禁止类推适用，但在有刑法规定却又规定得并不特别明确的情况下，可以适用指导性案例辅助刑法规则说理，否则刑事指导性案例如 3、4、11、12、13、14、27、28 号指导性案例就毫无价值），不采用统一的盖然性标准，分别为多高比例都没有科学的、唯一的答案。所有的类比推理都必须回归具体的案例或成文法规则，在案例或规则的事件要素划分的基础上还必须考虑常识、理性、语境等要素，在整体场域中判断。

另外一个被遗留的问题是：类比推理的类比是法律原因的类比抑或仅是法律效果的类比。《德国民法典》中两种模式都存在，其中《德国民法典》第 440 条第 1 款规定："债务人须返还特定标的的，自诉讼系属发生时起，债权人因损毁、灭失或由于其他原因而发生的返还不能所享有的损害赔偿请求权，依关于自所有权请求权的诉讼系属发生时起，所有人和占有人之间的关系的规定予以确定。"① 该条就是类比法律效果。《德国民法典》第 651 条规定："关于买卖的规定适用于以待制作或待生产的动产的供应为标的的合同。"② 该条是类比法律原因。在我国台湾地区同样存在类似类比模式的区别。③ 即是说，在法律规则之间的类比或准用性规则之类比分为两种模式，基于不同目的或价值考量，分别采用不同模式。指导性案例之类比不同于准用性规则之类比。"'参照'主要是指参照指导性案例明确的裁判规则、阐释

---

① 《德国民法典》，陈卫佐译，法律出版社 2015 年版，第 97 页。
② 《德国民法典》，陈卫佐译，法律出版社 2015 年版，第 257 页。
③ 王泽鉴：《民法学说与判例研究：重排合订本》，北京大学出版社 2015 年版，第 82 页。

的法理、说明的事理，不是'比照葫芦画瓢'参照具体的裁判结果。"[①] 并且，类比亦不等同于"准用"，准用系法律明文授权法院将法定案例类型之规定适用于另一类型之上，又称为授权式的类推适用。[②]"准用"在不同法条之间的类比在立法之初为法律授权确认，是法律明确的规范性要求：条款 A（参照 B）→条款 B，作为基础的事件要素 a→事件要素 b 已经经由法律确认（$a = x1 + x2 + x3 + x4 + x6 + x8$，$b = x1 + x2 + x3 + x4 + x5 + x7$。条款 A：参照 B），无论事件要素 a 与事件要素 b 中的相似性与差异性多大，都不需要法官考量、判断。法官需要做的工作是判断事件要素 $x \in a$，经由条款 A 中的"参照 B"转接适用条款 B，$\because a \rightarrow A$，A（参照 B）$\rightarrow B$，$\therefore x \rightarrow B$（$x \in a \rightarrow A \rightarrow B$）。指导性案例需进行事件要素的类比推理。因此，准用性规则强调的是立法之后的司法遵从，在实现立法简练之要求的同时，实现法条之间的指引，最终为待决案件提供规则方案。而指导性案例则是司法实践技术，需要法官进行基础事件要素的类比推理。以司法实践中适用最多的 24 号指导性案例（荣某某诉王某、永诚财产保险股份有限公司江阴支公司机动车交通事故责任纠纷案）为例，审结日期截至 2016 年 8 月 22 日，24 号指导性案例被实际援引的案件个数为 122 个。[③] 无论援引的结果是遵从还是背离指导性案例，不同案例多将待决案件的事件要素与指导性案例的事件要素进行对比。其中 24 号指导性案例的裁判要点为："交通事故的受害人没有过错，其体质状况对损害后果的影响不属于可以减轻侵权人责任的法定情形。"原告荣某某同被告王某驾驶的轿车发生刮蹭致其受伤，但因原告年老体衰骨质疏松，同事故的客观后果有因果关系；但终审法院认为，客观因果关系并非法定因果关系。"因此，受害人荣某某对于损害的发生或者扩大没有过错，不存在减轻或者免除加害人赔偿责任的法定情形。"择取援引 24 号指导性案例的 2 个案件：（2014）绍诸民初字第 1905 民事判决书与（2014）芜中民一终字第

---

① 胡云腾、吴光侠：《用好用活指导性案例、努力实现司法公正——最高人民法院研究室负责人就案例指导制度答记者问》，载胡云腾主编：《中国案例指导（总第 1 辑）》，法律出版社 2015 年版，第 324 页。

② 黄茂荣：《法学方法与现代民法》，中国政法大学出版社 2001 年版，第 306 页。

③ 向力：《从鲜见参照到常规参照——基于指导性案例参照情况的实证分析》，载《法商研究》2016 年第 5 期，第 97-98 页。

00964 号民事判决书。两个案件在裁判文书中都明确指出 24 号指导性案例，都将 24 号指导性案例中的"体质状况"作为事件要素类比。可以明确的是，指导性案例的"参照"亦不仅是法律效果的"照搬照用"。

因此，指导性案例适用的"参照"在逻辑上以类比推理为核心，但指导性案例适用中的类比推理不同于准用性规则的类比推理，其强调法律原因的类比推理，包括但不限于法律效果的类比适用。而法律原因的类比推理的关键在指导性案例与"待决案件"之间的事件要素相似性，判断要素相似性并不存在科学的、唯一的标准——尽管类比推理是实践理性，但仍不可能祛除价值判断与认知倾向的影响，"类推具有评价的、主观的和唯意志的要素"①。仍以 24 号指导性案例在司法实践中被适用的情况为例，关于"体质状况"这一事件要素，不同的法官具有不同的见解，24 号指导性案例中法官认为"年老体衰引发的骨质疏松"是"体质状况"，但高血压、糖尿病等疾病是否包含在"体质状况"之中〔（2015）合民一终字第 04222 号民事判决书〕，或者多囊肾等类型的遗传性疾病是否包含在"体质状况"之中〔（2014）芜中民一终字第 00964 号民事判决书〕，观点不一而足。除此之外，还必须明确的是：判断案件之间相似性与事件要件相似性分别为不同步骤的事务。适用指导性案例的前提是案件具有相似性，判断事件要素相似性则具有两方面要求：概括相似性与要件类型相似性。概括相似性要求事件要素在量上或整体上达到一定的比例，底限则是相似性超过差异性；要件类型相似性则是指作为类比的指导性案例与"待决案件"在类型上相似，如法律事实中证据与证据对应、法律事实中的当事人体质与体质对应。而不能是体质与证据笼统对应，否则会降低类比推理的准确性。判断是否适用指导性案例需要必要的概括性与整全性。事件要素之间具体相似性则是检验指导性案例的具体内容是否适用于待决案件的步骤，或言之——确认案件相似性解决是否适用指导性案例的问题，而具体事件要素相似性则负责指导性案例的要件要素的适用、背离

---

① 〔德〕伯恩·魏德士：《法理学》，丁晓春、吴越译，法律出版社 2013 年版，第 369 页。

或改变。①

　　指导性案例的"参照"是附着于演绎推理的类比推理，规避演绎推理的方式直接运用类比推理就会产生同成文法体制冲突的问题。在立法确认或修改以前，恪守指导性案例的辅助地位既是规范性缺位的必然要求，也是《决定》《人民法院第一个五年改革纲要》和《人民法院第二个五年改革纲要》的司法改革政策的要求。因此，不仅需要析清附着于演绎推理的类比推理的逻辑结构，还必须核实演绎推理以及类比推理如何附着于演绎推理的逻辑结构。这一逻辑结构是符合指导性案例定位的结果；同时，核实逻辑结构更有利于祛除指导性案例在司法实践中引发的困惑。并且，指导性案例并非成文法规定，何以进入演绎推理都值得明确。

　　首先，演绎推理是涵摄（Subsumption）的过程，主审法官将整个法律规范——而非某个单个法条——适用于案件事实，或将相关事件要素归入法律规范。司法实践中，涵摄被理解为三段论推理：

以 23 号指导性案例为例，其基本案情是："2012 年 5 月 1 日，原告孙某某在被告南京欧尚超市有限公司江宁店（简称欧尚超市江宁店）购买'玉兔牌'香肠 15 包，其中价值 558.6 元的 14 包香肠已过保质期。孙某某到收银台结账后，即径直到服务台索赔，后因协商未果诉至法院，要求欧尚超市江

---

　　① 对于指导性案例类比的要素，学界有不同的观点，各有论证。如王利明教授主张案件的关键事实、法律关系、案件的争议点以及案件所争议的法律问题相似，参见王利明：《成文法传统中的创新——怎么看"案例指导制度"》，载《人民法院报》2012 年 2 月 10 日，第 2 版；张志铭教授主张以案件事实的法律特性为线索来确定待决案件与指导性案例的事实涉及法律问题是否相同，参见张志铭：《中国法院案例指导制度价值功能之认知》，载《学习与探索》2012 年第 3 期；张骐教授提出借鉴布儒（Scott Brewer）教授类比保证规则与类比保证理由，首要保证案件的争议问题的相似性，关键把握先例的判决理由及其实质事实，参见张骐：《论类似案件的判断》，载《中外法学》2014 年第 2 期。除此之外，还有刘作翔与徐景和、黄泽敏与张继成等学者的观点，不一而足。但这并非本书的主题，关于相似性要素对比将另有文章讨论，为保证本书的主题同一性与连贯性，在此不做过多赘述。

宁店支付14包香肠售价10倍的赔偿金5586元。"基本案情陈述的就是"小前提"，但案件陈述仅是描述性的客观事实，并不能得出规范化的结果，因此，必须有法律规范存在。该案主要涉及的是旧《食品安全法》第96条第2款（新《食品安全法》第148条第2款，新《食品安全法》对旧《食品安全法》作了相应的修改，此处仍然依照指导性案例中列的旧《食品安全法》）："生产不符合食品安全标准的食品或者销售明知是不符合食品安全标准的食品，消费者除要求赔偿损失外，还可以向生产者或者销售者要求支付价款十倍的赔偿金。"依据法律涵摄（三段论）的过程，大前提：法律规范（《食品安全法》第96条第2款，"非达标食品十倍赔偿"）＋小前提：案件事实（孙某某买到非达标食品）→结论：裁判结果（被告欧尚超市江宁店于判决发生法律效力之日起10日内赔偿原告孙某某5586元）。通常依照演绎推理就能解决案件，这就需要作为演绎推理的大前提的概括性与完整性。但不存在涵盖一切事件要素的法律规范，即任何法律规范不可避免地存在"空缺结构"。尽管没有明确可用的法律规范的案件是很少的，只要存在没有规范涵摄的案件就证明"空缺结构"的存在。尤其是在民事案件中，"空缺结构"不能成为法官规避的托词。早在1804年的《法国民法典》第4条就规定："法官不得以法律无规定为由拒绝审判。"

其次，三段论式的涵摄是理想模型，规制法官行为的推理模式。法官裁判案件必须首先面对案件事实，根据案件事实与前理解予以探寻适合待决案件的法律规范，进而以其中的某一或某些具体法律条文作为大前提进行推理。之后的工作亦并不是简单规制案件事实，得出结论，往往是在事实与法律规范之间"目光流连"。"它首先选择可能'适合于'该事实的（一个或若干）法律规范，然后淘汰（由于各种原因）被证明不能适用的法律规范。"[①]

基于前述种种原因的考量，法律规范适用于案件事实或待决案件不能仅采用演绎推理，为适用其他推理方式预理了伏笔。其中针对成文法规范之"空缺结构"，在不突破法律规范的要求下，法律解释和"案例"可以纾解制度的僵硬。同时，指导性案例具备成文法基础，指导性案例包含七个部分，其中一个部分为"相关法条"。该相关法条即是指导性案例成文法基础，"相

---

① ［德］伯恩·魏德士：《法理学》，丁晓春、吴越译，法律出版社2013年版，第286页。

关法条是裁判要点发挥指导作用的重要法律依据，是我国指导性案例区别于西方判例的重要标志。……明确标示指导性案例裁判要点所依据的法律，表明指导性案例是'以案释法'。"① 在法律规范不明确或存在"空缺结构"之处"以案释法"，并不突破成文法作为法的正式渊源的法律体系。最后，针对涵摄模型仅为三段论的问题，同样可以一定程度上由类比推理补充。在案件事实与法律规范之间的"目光流连"是抽象到具体的更定。任何从抽象到具体的传递都存在缝隙，类比推理采用的方式是个别到个别、具体到具体，类比推理则可以弥合抽象与具体的缝隙。同时，相关法条类比推理前予以定性，只有相关法条明确确定指导性案例与待决案件在性质上相似时，才能够进行接下来的类比推理。

最后，指导性案例的类比推理具有补充、辅助演绎推理的价值，但不代表指导性案例可以作为演绎推理的大前提直接运用。在恪守规范性要求的同时，指导性案例还需符合类比推理的逻辑结构，将类比推理附着于演绎推理。解决类比推理对演绎推理的附着同样重要，否则就会割裂指导性案例适用与成文法体制之间的关系：要么以指导性案例为法的正式渊源，重归判例制度，突破当前成文法体制要求；要么以指导性案例为纯粹思维理性而非司法实践技术，排斥指导性案例适用的空间。这也是当前指导性案例在司法实践中适用难的原因之一。

解决指导性案例的类比推理附着演绎推理的问题，必须再次强调"决定"的要求："统一法律适用"。如前文所述，指导性案例不是"立法"，而是"立"法之后的法律适用问题。法律的抽象性和滞后性不可避免，并且法律规则的内涵及其理解存在一定的主观性，容易导致"同案不同判"。② 最高

---

① 胡云腾、吴光侠：《〈关于编写报送指导性案例体例的意见〉的理解与适用》，载胡云腾主编：《中国案例指导（总第 1 辑）》，法律出版社 2015 年版，第 319 页。

② 成文法体制下的"同案不同判"不同于判例法体制下的"同案不同判"，起码不能等而视之。成文法体制下的"同案不同判"（或"同案同判"）强调的是不同个案对于法律规则的适用应统一。任何一个法官都必须遵从法律规则进行审判，但由于法律规则并非科学公式，不存在唯一准确的答案。正是基于此，对同一规则的不同理解可能出现"同案不同判"，如"体质状况"是否包含疾病（先天疾病、遗传疾病、外发性感染疾病等）就出现不同的理解。而判例法体制下的"同案不同判"则是指"遵循先例"的违背，强调传统力量、经验理性的约束，区别于以全称命题进行建构理性约束的成文法体制。尽管两种法系或体制的"同案同判"都追求法的可预期性、稳定性与范导性，但在具体规则、技术与理念上存在差异。

人民法院对于存在差异理解的法律规则可以发布法律解释与案例，其中的案例既可以是最高人民法院自身裁判的案件，亦可以是下级人民法院裁判的案件。最重要的是裁判案件"认定事实清楚、适用法律正确与裁判说理充分"，在此基础上对于某法律规则的理解正确，即使存在释法或法律续造的空间，也符合该法律规则的立法目的等价值的需求，即可为最高人民法院认可。最高人民法院将其作为指导性案例，以最高司法权威的身份发布，以该案例为理解某法律规则的标准文本，消弭存在于司法实践中对于某法律规则理解的歧义。实现该目的的前提是存在相应的法律规则，如23号指导性案例的"相关法条"——《食品安全法》第96条第2款，24号指导性案例的"相关法条"——《侵权责任法》第26条、《交通安全法》第76条第1款第2项，42号指导性案例的"相关法条"——《国家赔偿法》第35条等。指导性案例的案件本身是对法律条文的理解与适用，其中在指导性案例发布之前，对于该条文的理解存在歧义，甚至"同案不同判"，而该案（最终被选为指导性案例的案件）的理解最符合最高人民法院认可的法律的理解与适用。本质上，仍是对法律规则的辅助，辅助法律规则的统一理解与适用，防止"同案不同判"的出现。

仍以23号指导性案例为例。该案例涉及《食品安全法》第96条第2款（新《食品安全法》第148条第2款）。对于消费者的理解存在争议，早年"王海打假"的"知假买假"者是否属于"消费者"一直存在争议。而23号指导性案例通过对《食品安全法》第96条第2款规定的理解，"特别是对于'消费者'概念的扩张解释，扭转了'知假买假'者在各地司法实践中屡屡败诉的不利情况，也符合了'保护消费者的合法权益'（《消费者权益保护法》第1条）和'保护公众身体健康和生命安全'（《食品安全法》第1条）的立法宗旨。"[①] 就本案而言，尽管23号指导性案例扩大解释将"知假买假"者认定为"消费者"，但《食品安全法》（包括新、旧《食品安全法》）都未将"知假买假"者明确写入。到下一个案件发生时，引用《食品安全法》第

---

① 曹志勋：《论指导性案例的"参照"效力及其裁判技术——基于对已公布的42个民事指导性案例的实质分析》，载《比较法研究》2016年第6期，第12页。

148 条第 2 款审理"知假买假"时，以之为演绎推理大前提，仍存在语义不明确的情况。此时 23 号指导性案例的"裁判要点"："消费者购买到不符合食品安全标准的食品，要求销售者或者生产者依照食品安全法规定支付价款十倍赔偿金或者依照法律规定的其他赔偿标准赔偿的，不论其购买时是否明知食品不符合安全标准，人民法院都应予支持。"在类比待决案件与 23 号指导性案例的基础上，事件要素具有盖然相似性，可以辅助《食品安全法》第 148 条第 2 款进行演绎推理。因此，假定待决案件 C 同样为"知假买假"者购买食品，在对比其同 23 号指导性案例之后，发现两者之间存在盖然相似性，在《食品安全法》第 148 条第 2 款的理解上仍存在歧义，此时，23 号指导性案例的"裁判要点"就可以在类比推理的基础上辅助第 148 条第 2 款进行演绎推理，消弭了"知假买假"者是否可以作为消费者的困惑。必须强调的是，之所以可以将待决案件 C 与 23 号指导性案例进行类比推理，乃是基于《食品安全法》第 148 条第 2 款的前提。即是说相关法条在定性上明确了指导性案例适用的可能性，这是演绎推理的大前提，同时也是类比推理开展的前提。但是否最终适用指导性案例，则需要进一步进行类比推理与要件相似性判断。待决案件 C 进入法院后，主审法官在审视案件事实的基础上发现可以或应该适用于该案件的《食品安全法》第 148 条第 2 款，但对于该条中规定的"消费者"存在争议。为了解决争议，以第 148 条第 2 款为关键词或连接点在"指导性案例库"进行检索获得 23 号指导性案例。进而得以进行类比推理。在此，存在以下五个步骤。

第一，待决案件进入法院，法官发现适用于该案件的《食品安全法》第 148 条第 2 款，但本案中的当事人 P 是"知假买假"，该法条并未解决这一问题。

第二，通过该法条为检索关键词或连接点，于"指导性案例库"检索得到 23 号指导性案例，其中 23 号指导性案例对"消费者"的理解进行了解释，尤其是"知假买假"者是否属于"消费者"进行了明确。

第三，在明确 23 号指导性案例对"知假买假"者是否属于"消费者"之后，将待决案件与 23 号指导性案例进行事件要素的类比推理。

　　第四，待决案件与 23 号指导性案例的事件要素之间存在盖然相似性，因此，23 号指导性案例可以适用于待决案件。

　　第五，仍以"相关法条"（《食品安全法》第 148 条第 2 款）为演绎推理的大前提，基于"相关法条"检索得出的 23 号指导性案例中的"裁判要点"可以辅助"相关法条"说理或辅助说明"相关法条"。

　　用逻辑符号表达为：

　　1. C（待决案件）→Rsp – 148.2（《食品安全法》第 148 条第 2 款）：x1（要件）+ x2 + x3 + x4 + x5，x5 = x5 – 1/x5 – 2/x5 – 3/x5 – 4……（存在差异理解等空缺结构）；

　　2. C→Rsp – 148.2→GC（指导性案例库）→GC – 23：x5 = x5 – 1；

　　3. C = c1（事件要素）+ c2 + c3 + c4 + c6，GC – 23 = c1 + c2 + c3 + c4 + c5，C vs. GC – 24；

　　4. ∵ C∩GC – 23 = c1 + c2 + c3 + c4，∴ C≈GC – 23；

　　5. ［Rsp – 148.2 + GC – 23（c5→x5 = x5 – 1）］+ F（案件事实）→J（裁判结果）。

　　至此，指导性案例的类比推理与演绎推理实现融合：作为演绎推理的大前提的法律规范同时作为检索指导性案例的关键词/连接点，通过检索法律规范于"指导性案例库"中搜寻可兹弥补演绎推理全称命题缝隙与对比的指导性案例。在满足演绎推理大前提的规范性要求后，将待决案件与指导性案例进行事件要素相似性对比。达到盖然相似性的时候，可将指导性案例裁判要点中的部分作为演绎推理大前提——法律规范的辅助理由进行适用。通过演绎推理与类比推理的融合实现了填补法律规范的"空缺结构"的功能，解决司法实践的实际需求。可表述为：案—例—案/演绎—类比—演绎。

　　最后，在析清指导性案例的类比推理不背离成文法体制的基础上融入演绎推理的逻辑之后，作为总结，需将指导性案例从产生到最后适用于待决案件的整个流程梳理清楚，增强其在司法实践中的适用性，见图 9 – 1。

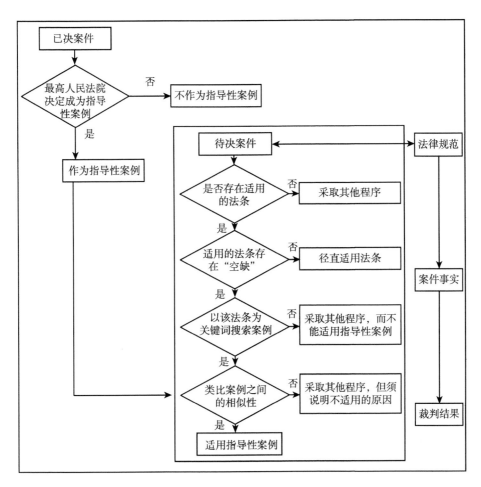

**图 9 – 1　指导性案例适用流程**

　　指导性案例最初来自演绎推理的结果。"'法'是'判'之源，'例'是'法'之流，'判'是'例'之体，'例'是'判'之用，'法'是'判'之本，'判'是'法'之末。"① 指导性案例首先是案件，在成为指导性案例之前，其仅为一个终审审结的案件。但因其"认定事实清楚""适用法律正确""裁判说理充分"，具备"统一法律适用"的功能，被下级法院编写、推送，最高人民法院认可、发布成为指导性案例。也就是说，指导性案例最初作为"案件"呈现。"案件"就自然是演绎推理的结果，则指导性案例从演绎推理

---

① 冯文生：《审判案例指导中的"参照"问题研究》，载《清华法学》2011 年第 3 期，第 96 页。

而来。在"案件"中对某一或某些法律问题的理解和适用对"统一法律适用"有价值，被选为指导性案例之后，便具备了相对独立性。但尽管"'指导性案例'的裁判理由是最高人民法院认可的，代表最高人民法院的观点……指导性案例的理由不是学术上的案例分析，只能在原裁判说理的基础上'锦上添花'，而不能脱离原判例的说理'无中生有'。"[①] 即使被选为指导性案例，仍是演绎推理的结果，处于法律规范合理涵摄范围内，不能完全脱离作为其基础的"案件"：

1. $Rn$（$x1 + x2 + x3 + x4 + x5$，$x5 = x5 - 1/x5 - 2/x5 - 3.$） $+ F \rightarrow C$（$x5 = x5 - 1$）；

2. $C \rightarrow$（$Rn$）$\rightarrow GC$（本级及下级法院编选、推送，最高人民法院决定并发布）；

3. $Rn + F \rightarrow C \rightarrow GC - xx$（$1 + 2$）；

4. $Rn + F \rightarrow GC - xx$（$Rn$（$x5$）$= x5 - 1$）。

其中第一步为一个完整的演绎推理，而第二步到第四步则是经过行政程序决定基础案件成为指导性案例的过程，而（$Rn$（$x5$）$= x5 - 1$）则是基础案件被选为指导性案例的原因，也就是指导性案例的裁判要点，亦是对相关法条的理解、解释得到最高人民法院认可的明证。

成为指导性案例之后，通过制度性权威与强大的说理功能获取相对独立性，并基于前述逻辑结构重新作为新的裁判的出发点。所以，所有的适用逻辑为：

一 $\begin{cases} 1. Rn（x1 + x2 + x3 + x4 + x5，x5 = x5 - 1/x5 - 2/x5 - 3.）+ F \rightarrow C1； \\ 2. C1 \rightarrow GC - xx（xx 号指导性案例）； \\ 3. Rn + F \rightarrow C \rightarrow GC - xx（1 + 2）； \\ 4. Rn + F \rightarrow GC - xx（Rn（x5）= x5 - 1）。 \end{cases}$

二 $\begin{cases} 5. C2（待决案件）\rightarrow Rn：x1 + x2 + x3 + x4 + x5，x5 = x5 - \\ \quad 1/x5 - 2/x5 - 3……； \\ 6. C2 \rightarrow Rn \rightarrow GC \rightarrow GC - xx； \end{cases}$

---

[①] 胡云腾：《谈指导性案例的编选与参照》，载胡云腾主编：《中国案例指导（总第 1 辑）》，法律出版社 2015 年版，第 352 页。

三 {
7. $C2 = c1 + c2 + c3 + c4 + c6$，$GC - xx = c1 + c2 + c3 + c4 + c5$，C vs. $GC - xx$；

8. $\because C2 \cap GC - xx = c1 + c2 + c3 + c4$，$\therefore C2 \approx GC - xx$；

9. $GC - xx$（$Rn$（$x5$）$= x5 - 1$）$\rightarrow C2$（$Rn$（$x5$）$= x5 - 1$）；
}

四 10. $[Rn + GC - xx$（$Rn$（$x5$）$= x5 - 1$）$] + F \rightarrow J$。

在上述系列步骤中，第一部分为演绎推理（案→例），并在前面已经论述。第二部分则是一个待决案件 C2 对第一部分演绎推理大前提的展开：在 C2 中，关于 Rn 法条的理解出现了歧义，不知或者不能明确该如何裁判。因此以 Rn 法条为连接点/关键词在指导性案例库检索获得 $GC - xx$，但却不能直接适用 $GC - xx$。检索只是获得指导性案例的必要前提，要想适用指导性案例，则需要进一步进行第三部分的类比推理，因此说类比推理是附着于演绎推理的。从第一部分演绎推理面临的困境，通过第二部分演绎推理大前提（Rn 法条）为连接点进行指导性案例检索，到第三部分的类比推理。第二部分就是附着的过程，同时也是前文所述定性的关键与流程图从法律规范到待决案件的过程。因此，第二、三部分尽管具有一定的独立性，但并不是独立存在的，即流程图中间流程的第三判断"是"为前提，若为"否"则无须进行接下来的类比推理。"是"与"否"的判断就是演绎推理的大前提存在与否，如果不存在，以成文法体制的要求为限，就不能径直适用指导性案例；否则就突破了指导性案例不能作为法的正式渊源的要求。因此，第二、三部分依附于第一部分；换言之，指导性案例的适用是附着于演绎推理的类比推理。当类比推理开展后，事件要素具备盖然相似性才足以适用指导性案例。此时，附着于第一部分的第二、三部分将适用于待决案件的法律规范运用指导性案例 $GC - xx$ 对 Rn 的认定（（$x5$）$= x5 - 1$）类比传递到 C2，此时 C2 的结论就是（$Rn + GC - xx$（$Rn$（$x5$）$= x5 - 1$））$+ F \rightarrow J$。Rn 与 $GC - xx$ 对 Rn 的补强得出 J。或者说，第二部分本应进行演绎推理，但演绎推理的前提在待决案件中出现差异理解，导致演绎推理虚弱，为此需要进行以该演绎推理大前提为前提的类比推理，通过类比推理的盖然相似性获得的结论补强虚弱的演绎推理，成就第四部分坚固的演绎推理。

可能会有人问：此种路径是否会限制指导性案例的适用空间？答案是肯定的。我国作为成文法国家，演绎推理仍然是裁判的主要推理方式，尽管存在适用类比推理以及其他推理方式的可能性，但仍必须以演绎推理为前提，否则就突破了成文法的规范性要求。

## 第十章

# 参照指导性案例的技术流程（三）：
# 裁判文书说理论证

在指导性案例制度定位于论证说理背景下，表达因素选择、文本结构设定成为裁判文书参照指导性案例方式研究的重要内容。从表达因素来看，指导性案例因素、法官因素、当事人因素是裁判文书中参照指导性案例论证说理应当关注的主要因素。从文本结构来看，首先，应当遵守指导性案例参照适用的形式规范，对当事人参照指导性案例的诉求予以明确回应；其次，在充分展示指导性案例与待判案件就关键事实相似性比对结论基础上，还需全面呈现指导性案例辅助制定法规则有效涵摄待判案件形成裁判结论的完整过程，从而在遵循指导性案例形式规范要求的前提下充分发挥指导性案例的论证说理功能，助力司法裁判的接受与实现。

《〈关于案例指导工作的规定〉实施细则》第 10 条规定：各级人民法院审理类似案件参照指导性案例的，应当将指导性案例作为裁判理由引述，但不作为裁判依据引用。于此，指导性案例制度在司法实践中的主要功能被定位于说理论证。这就决定了裁判文书参照指导性案例的具体方式需要围绕说理论证进行表达因素选择、文本结构设定。基于此，本章内容立足参照指导性案例说理论证，首先探讨参照援引指导性案例说理论证具体方式可能涉及的基本因素，在此基础上，探讨参照援引指导性案例说理论证的具体文本结构，以此建构裁判文书参照指导性案例的基本模式，以期在司法实践中充分发挥指导性案例说理论证的基本功能，助力司法裁判的接受与实现。

## 第一节 说理论证：指导性案例在司法实践中的基本功能

司法实践中，"由于指导性案例不是法律渊源，对于法官的裁判不具有法定的拘束力，只能具有事实上的拘束力或说服性的'参照力'，因此要支撑这种拘束力，就必须加强法院裁判中的说理。"① 而司法裁判中的论证说理需要通过充分阐明裁判结论的形成过程和正当性理由，在多元主体之间展开充分的论证说理，以此提高司法裁判的可接受性。因此，全面解析参照指导性案例说理论证过程及说理论证过程中的多元互动因素就成为裁判文书参照指导性案例说理论证方式研究中需要探讨的首要问题。

### 一、指导性案例为论证判决结论提供裁判理由

从法律技术角度来说，因立法之需要，制定法规则在描述事实时经常使用内涵少、外延广的法律术语，而省略了很多细节；但案件的事实却是非常具体和丰富的，因此以抽象的概念来涵摄具体的事实场景（简单地运用制定法的某个概念标签贴到案件上）是危险的，而且法条所使用的概念越抽象就越危险。为了化解这种危险，就需要通过某种方式将规则中的事实具体化，即将抽象的规则变成更具体、适用范围更窄的规则，以使之对待判案件更具针对性，案例指导制度就是这样一种方式。就指导性案例具体形成过程来说，其实就是一个将待判案件关键事实与制定法规则所描述之事实或先例中之事实不断对比，然后将待判案件事实中之额外细节不断加入制定法规则或先例之判决理由，并不断改变、调适其法律后果，直至法官达到内心确信，以形成新的更适合待判案件之规则的过程。② 在这一过程中，通过对抽象法律概念进行解释使之实现了对案件细节的有效涵摄，制定法规则的抽象概念与具体案件的事实场景之间实现了有效沟通、对接，新的更具体的裁判规则开始形成，

① 何家弘、刘品新：《法治国家建设中的司法判例制度研究》，经济科学出版社 2017 年版，第 238 页。
② 陈兴良主编：《中国案例指导制度研究》，北京大学出版社 2014 年版，第 741–742 页。

以抽象概念涵摄具体事实场景（简单地运用制定法的某个概念标签贴到案件上）的危险得以化解。于此，从积累司法经验角度来看，作为化解裁判危险的产物，在此过程中形成的新的更具体的裁判规则不只具有一次性实践价值，实际上它还可以成为同类案件裁判过程中沟通抽象法律规则与具体案件事实关系的有力辅助媒介。由此，司法者可以将化解裁判危险过程中形成的新的更具体的裁判规则进行概括提炼，作为此后同类案件依法裁判的规范指引，这正是指导性案例形成的根本依据所在。从论证说理角度来看，作为沟通抽象规则与具体案件关系的规范指引、辅助媒介，指导性案例在裁判文书中被作为论据论证裁判理由，无疑可以成为相关主体理解待判案件与法律规则关系的有益思维指引和辅助手段。于此，"遵循指导性案例内在要义并在待审案件论证说理时，结合个案事实，融入裁判说理部分的表述，接受指导。法官在处理同类或类似案件时，应将对指导性案例整体内容的正确理解转化为针对待审案件合法合理的司法判断。"[①] 由此，司法实践中指导案例的基本功能在于为论证判决结论提供裁判理由。在裁判文书释法说理时，除法律法规、司法解释外，最高人民法院发布的指导性案例也是论证裁判理由的重要依据。[②]

## 二、影响裁判文书参照指导性案例说理论证的基本因素

就论证说理来说，指导性案例要在裁判文书中充分发挥说理论证功能，首先需要立足说理论证选择参照指导性案例论证表达的基本要素，在此基础上，根据论证需要合理设定论证表达的基本结构。从裁判文书中指导性案例说理论证实践来看，指导性案例是法官展开论证说理所持有的一个重要论据；而法官则是参照指导性案例实施论证说理的主要法定主体；当事人既是参照指导性案例论证说理的发起主体之一，更是参照指导性案例论证说理的主要说服对象。因此，指导性案例因素、法官因素、当事人因素成为裁判文书参照指导性案例说理论证的三个基本要素。

（一）法官因素

作为司法实践的产物，"案例所具有的实践性特征，对裁判行为的全过

---

① 胡云腾等：《〈关于案例指导工作的规定〉的理解与适用》，载《人民司法》2011 年第 3 期。
② 参见《最高人民法院关于加强和规范裁判文书释法说理的指导意见》。

程生动展示、对裁判思路和理由的具体分析和深入阐释、对裁判要旨的高度提炼，使其在统一法官的法律思维方式、裁判思路和价值取向方面具有无可比拟的优势。通过侧重于对法官自由裁量权行使过程和方法的规范，既可以通过引导和规范法官自由裁量权的行使，指导法官适法、提升法官能力，又能有效避免机械司法，为实现个案公正和类案公正的统一奠定基础。"① 但是，在指导性案例具体适用中，指导性案例是否在司法过程中被参照适用，既取决于司法实践的客观需要，也取决于法官个体的主观判断，这就涉及法官的审判经验、概括能力、价值倾向等个体因素。司法权是一种判断权，作为中立者，法官裁判案件需要立足自身审判经验缜密思考、理性判断，形成内心确信。诚如波斯纳所说："法官习惯于扪心自问，什么后果更合乎情理，更有道理。他要牢记决定一个案件的许多公认的考量，其中包括了但不仅仅是制定法的文字、先例以及其他司法决策的常规材料，还包括常识、政策偏好以及其他许多东西。"② 实际上，这些因素正是司法者在长期审判活动中的个体实践经验积累，也成为司法者未来裁断案件的基本思想前见。由此，法官的审判经验、概括能力、价值倾向等因素成为实践中是否参照指导性案例、参照哪个指导性案例的判断基础。

　　具体到指导性案例参照适用，如何判断指导性案例事实与待决案件事实的相似性，是指导性案例参照适用的基本前提。在此过程中，不仅需要法官的审判经验，还需要法官的价值判断。"在基本法律事实比较过程中，需要法官首先对待决案件的案情进行法律抽象化，将复杂的案件事实加工成抽象的法律关系，明确案件争议焦点和法院应裁判的核心问题。"③ 在此基础上，法官将抽象化案件事实与指导性案例的事实构成互相比对，确定指导性案例是否可以适用。同时，法律体系不仅是行为规范体系，更是价值判断体系。"由于法律价值的多元性，在司法实践过程中会出现法律规范得出的判决难以兼顾所有法律价值的情况，此时如果待决案件与指导性案例在价值选择上

---

① 席建林、董燕：《统一法律适用背景下对完善案例指导制度的思考》，载《上海政法学院学报》2012 年第 4 期。

② ［美］理查德·波斯纳：《法官如何思考》，苏力译，北京大学出版社 2009 年版，第 190 页。

③ 孟祥磊、徐平：《论类比推理在案例指导制度中的适用》，载《法律适用》2015 年第 8 期。

面对相似的判断时，就可以判断二者在法律规范价值取向问题上具有相似性。"① 由此可见，法官的审判经验、概括能力、价值倾向对于指导性案例的参照适用具有重要影响，在裁判文书参照指导性案例论证说理过程中对此应当予以关注。

（二）当事人因素

《〈关于案例指导工作的规定〉实施细则》第 11 条第 2 款规定：公诉机关、案件当事人及其辩护人、诉讼代理人引述指导性案例作为控（诉）辩理由的，案件承办人员应当在裁判理由中回应是否参照了该指导性案例并说明理由。于此，"从法理上说，法官回应当事人的诉求是司法的重要内容，也是司法具有可接受性的基本要求。法官一旦忽视了当事人的诉求，从程序上来说，应当成为发回重审的理由。"② 因此，指导性案例要发挥论证说理功能就需要对当事人因素予以关注。与抽象法律规则、司法解释不同，指导性案例通过裁判过程全程展示，将其中蕴含的裁判规则以直观易解的方式呈现出来，使一般社会个体比较容易理解指导性案例蕴含的裁判规则。当待判案件与特定指导性案例基本案情"相似"时，从维护自身利益出发，本着同案同判的朴素法治认知，当事人参照指导性案例的基本诉求由此形成。不过，实践中虽然当事人十分重视参考或者参照指导性案例，但是因为其对指导性案例与待判案件的相似性关联缺乏确切的把握，因而在提出参照指导性案例诉求时带有一定的直觉而非理性，这就要求有一定的专业力量辅助当事人适用指导性案例。于此，当事人的代理人，尤其是律师等职业法律人在此过程中可以发挥重要作用，弥补当事人适用指导性案例的能力不足。当然，在此过程中还有一类特殊的当事人——企业、事业组织、国家机关等法人主体，作为特殊的诉讼主体，它们一般都拥有自己的法务机构，可以为自身法律事务提供专业的法律服务，因此，这类诉讼主体往往具有专业处理法律事务的能力，这使它们可能具有适用指导性案例的专业能力。综合以上分析，在裁判文参照指导性案例说理论证过程中，从维护自身利益出发，基于同案同判的

---

① 孟祥磊、徐平：《论类比推理在案例指导制度中的适用》，载《法律适用》2015 年第 8 期。
② 彭中礼：《司法判决中的指导性案例》，载《中国法学》2017 年第 6 期。

朴素法治认知，当事人提出了参照指导性案例的诉求；借助于外在或内在专业力量，当事人具有了一定适用指导性案例的专业能力，于此，当公诉人、案件当事人提出待判案件应当参照某指导性案例的意见时，法院应当在裁判文书中对此予以分析和回应；同时对这类诉讼主体援引指导性案例的法律分析应当给予适当参考。于此，既有利于加强裁判文书的释法说理，也有利于增强裁判的说服力和公信力。

（三）指导性案例因素

作为论证依据，在判决结论论证过程中，指导性案例能否成为裁判理由关键在于其是否具有辅助论证说理价值，是否有助于法律规则与案件事实之间实现更好沟通。因为真正的"疑难案件是指，案件事实无法与现存的法律规则建立起关联，或者可以同时与两条或两条以上的法律规范（包括但不限于法律原则和规则）建立起几乎同等强烈的关联。前者即我们所说的无法可依，后者则是一个案件同时触及了至少两条以上的规范，而这些规范之间又几乎处于同一个重量级，从而无法判断究竟谁比谁更优先。如果说前者还可以通过解释法律（比如最高人民法院的司法解释）等方式被转化为例行案件的话，后者处理起来就要棘手得多，而所谓的真正的疑难案件，经常指的就是这种。"① 它需要司法者能够化解以抽象概念涵摄具体事实场景（简单地运用制定法的某个概念标签贴到案件上）的危险，在抽象法律规则与具体案件事实之间实现有效沟通、对接，而指导性案例制度的价值正在于此。它通过对化解以抽象概念涵摄具体事实场景（简单地运用制定法的某个概念标签贴到案件上）危险形成的有助于法律规则与案件事实沟通的新的裁判规则进行概括提炼，由此形成指导性案例，为此后同类案件实现法律规则与案件事实有效沟通提供规范指引。于此，指导性案例中存在着助力法律规则与案件事实实现更好沟通的创新因素。

但是，指导性案例要在司法实践中运用创新性因素发挥论证说理功能，就需要指导性案例能够被社会个体充分认知和理解。这就要求指导性案例的文本表达直观明了、简洁易懂、能够便于社会个体理解。因为法律规则、司

---

① 陈兴良主编：《中国案例指导制度研究》，北京大学出版社 2014 年版，第 737 页。

法解释为了实现一般性、规范性，往往采用诸多专业术语，比较精练、抽象，具有一定的涵摄概括能力，不过这也导致一般社会个体对此不易理解，而指导性案例的价值正在于弥补这一缺陷。它首先通过裁判要点的精练概括实现了抽象法律规则具体化，在指导性案例与抽象法律规则之间实现了关联，为抽象法律规则与具体案件事实实现关联、对接提供了沟通的桥梁。从抽象法律规则—案例裁判要点—具体案例事实的逻辑关联来看，由于裁判要点是抽象法律规则的具体化，对裁判要点的论证引述有助于社会个体理解抽象法律规则与具体案件事实之间的涵摄、规制关系，促使相关主体更好地认同、接受裁判结论。其次，指导性案例通过对案例基本案情、裁判结果、裁判理由进行具体展示，为社会个体更好地理解裁判要点中蕴含的裁判规则、主动参照指导性案例说理论证提供了更为直观的事实基础。因此，无论是对裁判要点精练的归纳概括，还是对案例基本案情、裁判结果、裁判理由简洁的条理叙述，都会对社会个体理解指导性案例、参照指导性案例说理论证产生一定的积极影响。最后，如果说指导性案例的创新性因素是其发挥论证说理功能的内在实质依据，那么指导性案例便于理解的文本表达则是其发挥论证说理功能的外在形式依据。

## 三、裁判文书参照指导性案例说理论证的基本结构

裁判文书参照指导性案例说理论证本质上是一个多元主体之间互相说服与接受的互动过程。在这一过程中，法官个体的中立因素、当事人的利益因素、指导性案例的制度因素成为裁判文书参照指导性案例说理论证过程需要呈现的基本要素。为了充分发挥指导性案例的说理论证功能，全面合理呈现相关主体因素、制度因素，就需要理性设定裁判文书参照指导性案例说理论证的基本结构。从总体来看，裁判文书中参照指导性案例进行说理论证不仅需要在形式上表明对指导性案例的参照适用，更重要的在于呈现以指导性案例为论证理由论证裁判结论的过程。因此，裁判文书中参照指导性案例说理论证包括两大部分：一是裁判文书参照指导性案例的规范表达形式，这部分主要从指导性案例制度规范方面进行论证，既主动表明对指导性案例的参照适用，又对当事人参照诉求予以明确回应；二是裁判文书参照指导性案例的

有效实体内容，这部分首先探讨关键事实比对，在此基础上辅助论证抽象法律规则与待判案件事实之间沟通、涵摄，助力裁判结论为各方接受与实现。具体到裁判文书参照指导性案例的规范表达部分，立足司法者立场，裁判文书参照指导性案例既需要主动表明对指导性案例的参照适用，又需要对当事人参照指导性案例的诉求予以明确回应；具体到裁判文书参照指导性案例的有效实体内容部分，在明确关键事实与法律适用之间主从关系基础上，基于法律论证外部证成与内部证成的结构分析，裁判文书参照指导性案例既需要呈现制定法规范与裁判要点有机融合中构建裁判规则的外部证成过程，也需要呈现裁判规则涵摄案件事实形成判决结论的内部推演过程。由此，涵盖形式与内容、逻辑条理、层次分明的裁判文书参照援引指导性案例的说理论证结构基本形成，这一文本结构既有利于遵循参照援引指导性案例的形式规范要求，也有利于实现参照援引指导性案例的论证说理功能，是裁判文书参照指导性案例说理论证的基本模式。

## 第二节　裁判文书参照指导性案例的规范表达形式

判例具有拘束力的形式表现为，法官在判决书中直接援引判例，作为判决说理或论证的组成部分。也就是说，判例拘束力是以判例援引为其形式表现的。在普通法系国家，法官遵循先例时需直接援引，不仅仅是在实质上适用先例中的判例规则，而且是宣告判决时所依据的权威渊源。如果只依据判例规则而没有说明其渊源，就不能说明法官是在依法裁判。相比之下，在大陆法系国家，成文法是最主要的法律渊源，判例规则常常是成文法规则解释或续造的结果，是一种次要渊源甚至辅助性渊源。法官判决时即使需要在实质上遵循次要渊源对主要渊源的特定解释，似乎也只需说明主要渊源，而无须说明次要渊源。① 具体到司法裁判中，如果法官参照了次要渊源——先例的裁判思路，但是其在裁判文书中也可能对先例并不加以援引，而是直接依

---

① 宋晓：《判例生成与中国案例指导制度》，载《法学研究》2011 年第 4 期。

据主要渊源——法律规则作出裁判结论，于此就可能形成一种先例的隐性适用。同样，在成文法作为主要法律渊源的中国，对指导性案例的参照也可能存在这种隐性适用。这种隐性参照从表面看似乎不会对裁判活动造成不良影响，因为参照指导性案例主要是参照其沟通法律规则与个案事实之间关系的思路、方法，只要裁判过程中参照了就可以达到裁判案件的目的，并非必须在裁判文书中直接援引。但是，事实上，参照指导性案例其实是参照其中的裁判规则，即裁判要点蕴含的裁判规则。当缺乏明确的直接援引形式要求时，指导性案例的参照就可能被认为是参考其中阐明的理论、学说，而不是直接援引指导性案例作为论证理由，如此法官即使有对学说的尊敬之意，也难有对先例的敬畏之心。由此，法官在参照指导性案例之时，将可能出于个案目的自由采择，而没有受指导性案例拘束的压力。指导性案例制度制约自由裁量行为、统一法律适用的制度设计目标就难以实现，指导性案例制度的权威性、拘束力就难以形成。

## 一、指导性案例的规范引述形式

《〈关于案例指导工作的规定〉实施细则》第 11 条第 1 款规定：在裁判文书中引述相关指导性案例的，应在裁判理由部分引述指导性案例的编号和裁判要点。针对此款规定，立足司法实践，实务界人士认为：既然《规定》第 7 条规定的是"各级人民法院在审判类似案件时应当参照"指导性案例，在裁判文书中要求"应当"引述才符合该规定的精神，也符合审判公开、透明的要求，便于人民群众监督。同时，因为指导性案例在我国是新生事物，各地法官普遍没有养成参照指导性案例的裁判习惯，故有必要在《细则》中予以强调。另外，对如何具体引述提出明确要求，也可以促进裁判文书在引述指导性案例方面更加统一和规范。① 如果从说理论证角度来说，在裁判文书中引述指导案例裁判要点可能意义更大。从指导性案例本身结构来看，每一个指导性案例在明确其裁判要点的同时都会明确与其相关的法律条文，因

---

① 郭锋、吴光侠、李兵：《〈《关于案例指导工作的规定》实施细则〉的理解与适用》，载《人民司法》2015 年第 17 期。

为每一个"指导性案例都依附于一定的法条，是对具体法律条文的进一步明确和解释。法官在裁判案件的过程中根据案件事实找到需要适用但却过于抽象或原则的法律规范时，就需要注意是否存在关于此法律条文解释的指导性案例。"① 由此，当相关法律条文作裁判依据时，作为辅助媒介的裁判要点的引述可以有助于各方对法律规则与待判案件之间涵摄关联的理解，进而促进对裁判结论的认同和接受。综上所述，在裁判文书中明确援引指导性案例编号和裁判要点是裁判文书中指导性案例参照适用的基本形式规范。之所以如此规定，一方面，从规范指导性案例参照角度来看，在裁判文书中引述指导性案例编号和裁判要点对于规范适用指导性案例具有非常重要的现实意义；另一方面，明确援引指导性案例裁判要点既有利于发挥指导性案例在裁判文书中的说理论证作用，也有利于相关主体迅速把握论证重点、明确论证思路，促进司法裁判被更好地接受和实现。

在具体实践中，2015 年最高人民法院制定颁布《〈关于案例指导工作的规定〉实施细则》后，有学者曾进行了参照指导性案例裁判文书部分样本的实证分析，发现："法官引述指导性案例的表达位置和方式不统一，存在与《细则》相抵触的地方。在法官援引指导性案例的所有裁判文书中，未叙明案例编号的占83%，未引述案例裁判要点的占76%。"② 随着《〈关于案例指导工作的规定〉实施细则》的颁行实施，近年来裁判文书参照指导性案例在形式上基本上实现了规范化。但是，实践中仍然存在着一些问题：比如，广东省肇庆市中级人民法院（2018）粤 12 民终 671 号民事判决书中在参照指导性案例 24 号裁判要点时将其表述为"案例要旨"，虽然这不会影响对指导性案例的参照援引，但是对于指导性案例制度权威性的确立、对自由裁量权拘束力的形成会产生一定的影响。因此，从指导性案例制度发展角度来看，在裁判文书中引述指导案例编号和裁判要点对于规范参照指导性案例、逐步推广指导性案例参照援引、确立指导性案例制度的权威性具有重要意义。

---

① 雷磊、牛利冉：《指导性案例适用技术的国际比较》，载《治理研究》2018 年第 1 期。

② 赵瑞罡、耿协阳：《指导性案例"适用难"的实证研究——以 261 份裁判文书为分析样本》，载《法学杂志》2016 年第 3 期。

## 二、回应当事人的参照诉求

就裁判文书参照指导性案例的规范表达来说，立足司法者立场，裁判文书参照指导性案例既需要主动表明司法者对指导性案例的参照援引，也需要司法者对当事人参照援引指导性案例的具体诉求予以明确回应。《〈关于案例指导工作的规定〉实施细则》第 11 条第 2 款明确规定：公诉机关、案件当事人及其辩护人、诉讼代理人引述指导性案例作为控（诉）辩理由的，案件承办人员应当在裁判理由中回应是否参照了该指导性案例并说明理由。于此，对当事人参照援引指导性案例具体诉求进行回应既是对一种法定义务的履行，也是对指导性案例规范参照援引的具体表现。

（一）回应当事人参照诉求的具体要求

"指导性案例本身具有的正确的决定性判决理由和经最高审判组织确定认可的程序安排，共同构成了指导性案例在司法运用中的说服力和指导作用，其拘束力是内在的、事实上的作用，而不能直接作为裁判依据适用。所以，指导性案例在司法运用中只能定位为指导，体现在法官履行审判职责，形成内心确认时，对法官裁判同类或类似个案产生影响。案例指导旨在'指导'，这表明指导性案例同大量的普通案例有所不同，指导的内涵非常丰富，包括参照、示范、引导、启发、规范、监督等多重含义，需要进行全面理解和把握。"① 从当事人角度来看，一般情况下，当事人并不是专业的法律职业者，其所提出参照指导性案例的诉讼请求，更多是基于对特定指导性案例的认同，本着同案同判的基本认知提出的参照诉求。从说理论证角度来看，为了有针对性地说服当事人，不论指导性案例是否被参照适用，也不论当事人是否具有适用指导性案例的专业素养，都需要针对当事人的参照诉求作出理性回应，因为当法官有针对性地对当事人参照诉求作出回应时，这一回应本身就是针对当事人的一个理性说服，就有利于说服当事人更好地接受法官作出的裁判结论。正如学者们所说："既然公诉人、案件当事人提出案件应当参照某指导性案例的意见，以此作为控（诉）辩意见，法院理应在裁判文书中进行分

---

① 胡云腾等：《〈关于案例指导工作的规定〉的理解与适用》，载《人民司法》2011 年第 3 期。

析和回应，这样可以加强裁判文书释法说理，增强裁判的说服力和公信力。"① 另外，《〈关于案例指导工作的规定〉实施细则》第 10 条规定：各级人民法院审理类似案件参照指导性案例的，应当将指导性案例作为裁判理由引述，但不作为裁判依据引用。由此关于指导性案例制度的定位规定可以看出，指导性案例在司法实践中的主要功能被定位在说理论证上。在司法实践中，说理论证本质上是多元主体互相说服与接受的一个互动论证过程，当一方提出诉讼请求时需要另一方有针对性地对此作出回应。具体到指导性案例参照适用，在公诉人、案件当事人提出参照指导性案例诉求时，作为相对方的法官就需要对此作出及时回应，这样不仅可以有效回应公诉人、当事人诉求中说服当事人接受裁判结论，更重要的是及时回应公诉人、当事人参照诉求可以保护公诉人、当事人参照指导性案例的积极性，引导更多诉讼主体主动参照援引指导性案例，从而促进指导性案例的适用、推广。

因此，无论从论证说理角度还是从指导性案例制度推广适用角度来说，在裁判文书中及时回应当事人参照诉求都至关重要。具体到实践中，法官对当事人参照诉求作出回应，除了对指导性案例参照或不予参照明确回应外，还需要在说明理由时适当参考当事人对援引指导性案例的分析，这样才能更好地回应当事人的诉求与关切。因为提出参照指导性案例诉求的当事人或者本身是企业组织、事业单位、国家机关，抑或是获得律师等职业法律人辅助的当事人。为了说服法官参照适用特定指导性案例，他们往往都会在其起诉、上诉、申诉诉求中，对特定指导性案例与自身涉法案件进行充分比对、分析，证明其在关键事实、诉讼争点上具有相似性，应当适用特定指导性案例。因此，他们对此进行的比对分析，无疑是一种专业的论证分析，可以成为法官参照适用特定指导性案例的重要参考。同时，从说理论证角度来说，适当参考当事人对援引指导性案例的论证分析也有利于说服其接受最终的裁判结论。因为，当法官决定参照特定指导性案例时，这类特殊当事人提供的关于参照特定指导性案例的比对分析，可以成为法官论证指导性案例与待判案件之间

---

① 郭锋、吴光侠、李兵：《〈《关于案例指导工作的规定》实施细则〉的理解与适用》，载《人民司法》2015 年第 17 期。

具有相似性的思路参照；当法官决定对特定指导性案例不予参照时，为了说服当事人接受其决定，就需要围绕当事人主张援引指导性案例的论证分析进行有针对性的解析、反驳，从而有利于其接受法官作出的不予参照指导性案例的裁定结论。

（二）回应当事人参照诉求的实例解析

在王某与朱某某机动车交通事故责任纠纷一案中，一审法院认为："关于本案外伤参与度在赔偿中如何适用的问题。根据《中华人民共和国侵权责任法》第二十六条规定，被侵权人对损害的发生也有过错的，可以减轻侵权人的责任。《中华人民共和国道路交通安全法》第七十六条第一款第（二）项规定，机动车与非机动车驾驶人、行人之间发生交通事故，非机动车驾驶人、行人没有过错的，由机动车一方承担赔偿责任；有证据证明非机动车驾驶人、行人有过错的，根据过错程度适当减轻机动车一方的赔偿责任。"同时，参照最高人民法院发布的指导性案例24号：荣某某诉王某、永诚财产保险股份有限公司江阴支公司机动车交通事故责任纠纷案，"虽然朱某某的个人体质状况对损害后果的发生具有一定的影响，但这不是侵权责任法等法律规定的过错，朱某某不应因个人体质状况对交通事故导致的伤残存在一定影响而自负相应责任。故外伤参与度在本案计算赔偿数额时不适用。"① 由此，一审法院依据法律规定，参照指导性案例24号将外伤参与度排除于赔偿数额计算之外。针对一审裁判参照指导性案例24号作出的将外伤参与度排除于赔偿数额计算之外的裁决，当事人一方王某认为："原判引用荣某某诉永诚保险公司机动车交通事故责任纠纷案件来否认本案外伤参与度错误。根据侵权责任法的规定，采取过错责任为一般原则，朱某某的个人疾病引起的赔偿额度不应由王某承担，否则加重不该由侵权人承担的部分。行为人仅需对自己行为造成的后果承担责任，不是行为人造成的部分，行为人无须承担。"②

面对当事人一方否定参照指导性案例的诉求，二审裁判进行了有针对性的论证回应："关于外伤参与度问题。根据《中华人民共和国侵权责任法》

---

① 参见安徽省淮南市田家庵区人民法院（2017）皖0403民初4534号民事判决书。

② 参见安徽省淮南市中级人民法院（2018）皖04民终772号民事判决书。

第六条第一款、第二十六条的规定，行为人因过错侵害他人民事权益，应当承担侵权责任，被侵权人对损害的发生也有过错的，可以减轻侵权人的责任。本案中，朱某某的过错在于驾驶非机动车未实行右侧通行，其只应因该过错而承担相应责任。虽然朱某某自身存在'颈椎退行性变'，但其个人体质状况仅是事故造成后果的客观因素，并无法律上的因果关系，亦不是侵权责任法等法律所规定的过错。故原判认定计算朱某某损失数额时不适用外伤参与度并无不当，原判在审理本案时参照最高人民法院发布的相关指导案例并无不当。本院予以确认。"① 在此可以看到：二审裁判为了回应当事一方诉求，首先从王某提出的"过错责任"之"过错"内涵入手，明确区分了朱某某本身存在的行为过错与朱某某自身存在的个体特殊体质因素——"颈椎退行性变"。在此基础上进一步明确朱某某自身存在的个人体质状况——"颈椎退行性变"仅仅是影响事故后果的客观因素，二者之间并无法律上的因果关系，亦不是侵权责任法等法律所规定的过错情形，由此最终确认一审裁判在审理本案时参照最高人民法院发布的相关指导性案例并无不当，于此，对当事人一方王某主张排除指导性案例参照诉求予以了明确回应并进行了有针对性的论证说理。

## 第三节　裁判文书参照指导性案例的有效实体内容

《〈关于案例指导工作的规定〉实施细则》第 9 条规定：各级人民法院正在审理的案件，在基本案情和法律适用方面，与最高人民法院发布的指导性案例相类似的，应当参照相关指导性案例的裁判要点作出裁判。在指导性案例中，"裁判要点"直接概括了该指导性案例中体现的主要规则，完全可以独立于基本案情而存在，成为自洽的抽象法律规则。之所以实践中规则伴随着案例存在而并非单独公布，正是为了在待决案件和指导性案例之间进行基本案件（事实）上的相似性比较。可以说，案件事实层面上的比较是决定性

---

① 参见安徽省淮南市中级人民法院（2018）皖 04 民终 772 号民事判决书。

和压倒性的，只要案件事实部分（尤其是关键事实部分）具有相似性，就可以决定法律适用上的相似性，进而参照指导性案例形成类似的判决结果。在这个过程中，法律适用上的相似性是附随的，并非与基本案件事实中相似性的比较位于同一层面上。[①]　于此，"判决书说理的关键在于，基于案件的关键事实找到适合于本案的规范依据。"[②]　详细而全面地表述关键事实相似性比对结论成为裁判文书参照指导性案例的有效实体内容之一。

## 一、全面表述关键事实相似性比对结论

"英美法律人具有较为精细和准确的方法探索不同的客件事实；将表面相似的案件区别开来；依照需要的抽象程度又尽可能具体、灵巧地抽出一般规则和原则，与此同时，却始终围绕着手边的问题及其事实背景；他们比大陆法律人更直率、公开地讨论这些问题，大陆法律人仍经常不得不对案件事实进行'归类'，以便尽可能快地使案件就范于最贴近'指导原则'，即使这种归类过于粗糙和简单，也在所不顾。"[③]　然而，这种对立在指导性案例适用中却实现了统一。因为当法官用抽象规则涵摄具体案件时，因立法之需要，制定法规则在描述事实时经常使用内涵少、外延广的法律术语，而省略了很多细节，但案件的事实却是非常具体和丰富的，因此以抽象的概念来涵摄具体的事实场景（简单地运用制定法的某个概念标签贴到案件上）是危险的，而且法条所使用的概念越抽象就越危险。由此需要一种制度设计或方式设置对此风险进行化解，指导性案例制度正是这样一种实现法律规则与案件事实有效沟通的媒介制度设计，于此，抽象规则与具体案件之间就关键事实的沟通、比对变成了指导性案例、待判案件和相关法条三者之间围绕关键事实的沟通与比对。在这一比对过程中，指导性案例与相关法条之间的关键事实比对、沟通因形成上的逻辑关联需要遵循制定法具体到抽象的归类思维；指导

---

①　孙光宁：《反思指导性案例的援引方式——以〈《关于案例指导工作的规定》实施细则〉为分析对象》，载《法制与社会发展》2016 年第 4 期。

②　李红海：《案例指导制度的未来与司法治理能力》，载《中外法学》2018 年第 2 期。

③　［德］茨威格特、克茨：《比较法总论》（上），潘汉典、米健、高鸿钧、贺卫方译，中国法制出版社 2017 年版，第 484 页。

性案例与待判案例之间的关键事实比对、沟通因同案同判的逻辑相关需要遵循判例法个体到个体的类比思维；而抽象法律规则与待判案件事实之间的涵摄、规制则通过指导性案例的中间媒介实现了沟通，同时这两种法律思维方式也因指导性案例的媒介而实现了融合。正如一位学者所说，由于"法官对于先例的援引全部集中于判决理由，对应法官裁判方法中涵摄的部分。涵摄本意就是强调'不断往返于事实与规范之间'，将对判例的援引作为说理的依据，恰好是对演绎推理结构中涵摄部分的内容的填充，使判例制度和演绎推理在形式上能够有机融合。"① 由此，在指导性案例与待判案件就关键事实比对过程中，形成了独具特色的关键事实比对机制：法官可以相关法律条文设定的事实要件为比对框架，以指导性案例蕴含的关键事实要素为比对依据，融抽象制度理性与直观司法经验于一体，进行指导性案例与待判案件之间的关键事实比对，这样既有利于指导性案例与待判案件之间展开关键事实沟通、对比，也有利于裁判中指导性案例说理论证功能的充分发挥。由此，展示指导性案例与待判案件之间就关键事实比对这一过程对于当事人接受参照指导性案例论证裁判结论具有重要意义。

（一）全面表述关键事实相似性比对结论的基本要求

"我国指导性案例的裁判要点相当于普通法系国家中的判决理由或大陆法系中的裁判要旨，为案件事实提供了类型化分析的路径。在裁判要点指陈事实范围内的案件事实是待决案件必须具备的，否则裁判要点将不能作为案件的裁判理由来具体适用。因而，在指导性案例的适用过程中，当下案件中的事实与指导性案例中的事实必须同时符合裁判要点中的事实类型。"② 实际上，指导性案例裁判要点之所以可以为案件事实提供类型化分析路径，追根溯源在于其所依附的相关法律条文，因为一般法律条文都是依循事实要件＋法律后果的逻辑结构类型化规则建构的结果，其中的事实要件部分不仅构成指导性案例裁判要点建构的规范基础，而且也是指导性案例与待判案件相似性比对过程中确定、比对关键事实的规范依据。因此，从参照指导性案例说

① 张骐等：《中国司法先例与案例指导制度研究》，北京大学出版社2016年版，第134页。
② 雷磊、牛利冉：《指导性案例适用技术的国际比较》，载《治理研究》2018年第1期。

理论证来说，在关键事实比对过程中呈现相关法律条文与指导性案例之间的逻辑关联意义重大。在明确相关法律条文与指导性案例之间的事实关联，明确关键事实比对框架基础上，法官结合指导性案例可以基本确定互相比对的关键事实。由此，当面对待判案件时，就应当以相关法律条文设定的事实要件为比对框架，以特定指导性案例蕴含的相关事实要素为比对依据，同待判案件主要事实情节进行比对，全面展现指导性案例与待判案件之间就关键事实的比对过程，以此确定指导性案例是否参照适用。

在指导性案例适用中，一般遵循这样的基本逻辑：当法官遇到待决案件A时，通过指导性案例索引技术发现指导性案例B可能与A具有相似性。B受法律适用规则D的支配，在对比案件基本事实、法律关系、案件背景等基本属性具有相似性之后，判定A与B具有相似性，而将B中的法律适用规则D映射到待决案件A中，这实际上是一个类比推理的过程。同时，在这一过程中还隐藏着一个归纳推理的问题，只是这种归纳并不完全，人们从这种归纳中得出一项裁判规则，并通过与演绎推理的三段论结合，而导出法律适用结果。正是由于这种不完全归纳，使前述推理的或然性大大增加，如果使用不当，很可能会得出荒谬的结论。因此，在类比推理中，应与案例区别技术相结合。案例区别技术与类比推理共同构成一个完整的案例指导制度法律推理方法。[①] 具体到指导性案例适用中，当指导性案例与待决案件之间就关键事实比对相似性为主时，指导性案例中的裁判规则即可适用于待决案件；而当指导性案例与待决案件之间关键事实比对存在差异性，差异性大于相似性时，就可能需要作出差异性判决，此时就需要案例区别技术来判断应作出何种差异性判决。于此，当法官准备参照指导性案例时，其应当主要呈现指导性案例与待决案件之间关键事实比对的相似性；当法官决定对指导性案例不予参照时，其可能需要主要呈现指导性案例与待决案件之间关键事实比对中存在的差异性。

（二）全面表述关键事实相似性比对结论的实例解析

如前所述，当法官准备参照指导性案例时，其应当主要呈现指导性案例

---

① 孟祥磊、徐平：《论类比推理在案例指导制度中的适用》，载《法律适用》2015年第8期。

与待决案件之间关键事实比对的相似性；而当法官决定对指导性案例不予参照时，其可能需要呈现指导性案例与待决案件之间关键事实比对中存在的差异性。可见，基于关键事实比对结果的不同，裁判文书中需要呈现的主要比对内容也应有所差别。在此，笔者选取了两份民事裁判文书，分别从参照指导性案例时的指导性案例与待决案件之间关键事实的相似性比对，和不予参照指导性案例时的指导性案例与待决案件之间关键事实的差异性比对，两个维度分别进行解析。吕某与北京京煤集团总医院大台医院因生命权、健康权、身体权纠纷一案主要呈现指导性案例与待决案件之间关键事实的相似性比对过程，而周某某与袁某某、袁某云、支某某机动车交通事故责任纠纷一案则主要呈现指导性案例与待决案件之间就关键事实的差异性比对过程。

在吕某与北京京煤集团总医院大台医院因生命权、健康权、身体权纠纷一案中，关于吕某自身存在骨质疏松因素是否减轻大台医院责任问题。"最高人民法院荣某某诉王某、永诚财产保险股份有限公司江阴支公司机动车交通事故责任纠纷案件裁判要点指出（指导性案例 24 号），交通事故的受害人没有过错，其体质状况对损害后果的影响不属于可以减轻侵权人责任的法定情形。本案中，鉴定报告指出，吕某脊柱椎体骨质疏松明显，此种情况下，脊柱在遭受同等外力作用下较正常人易出现骨折等不良后果。参照指导性案例所指明，个人体质原因不是侵权责任法等法律规定的过错，吕某不应因个人体质状况对摔落导致的伤残存在一定影响而自负相应责任。"① 在此，可以看出，"吕某脊柱椎体骨质疏松明显，此种情况下，脊柱在遭受同等外力作用下较正常人易出现骨折等不良后果。"这种涉案事实与指导性案例 24 号提及的特殊体质状况这一关键事实基本相似：一方面，二者都属于个体特殊体质因素，都是一种客观因素；另一方面，二者虽然都影响了损害后果，但都不属于个体过错因素。由此，这成为待判案件参照指导性案例 24 号说理论证的事实前提。

而在周某某与袁某某、袁某云、支某某机动车交通事故责任纠纷一案中，针对"本案是否应当参照最高人民法院于 2014 年 1 月 26 日发布的 24 号指导

---

① 参见北京市第一中级人民法院（2017）京 01 民终 9545 号民事判决书。

性案例作出裁判问题，或者本案确定赔偿责任时是否应当将司法鉴定'外伤参与度'的结论作为基本依据"的争议，法官则从指导性案例 24 号与待判案件之间关键事实差异性角度进行了论述：在指导性案例中，"当事人个人体质（年老骨质疏松）因素造成其容易骨折，且个人体质因素在损害后果中仅起次要作用，而本案周某某不仅存在颈椎退行性变等个人体质问题，而且其椎管狭窄、某某等疾病也是造成颈髓损伤及伤残的主要原因。故此，本案与上述指导性案例的案情不相一致，周某某关于本案应按该指导性案例认定袁某某承担全部责任、不应考虑参与度，并据此要求袁某某、袁某云、支某某承担全部责任的主张不能成立，本院不予支持。"① 通过法官的比对论述可以看到：在指导性案例 24 号中，个人体质因素在损害后果中仅起次要作用，而在待判案件中周某某自身存在的颈椎退行性变、椎管狭窄、某某等个人体质问题是造成颈髓损伤及伤残的主要原因，因此，就指导性案例与待决案件之间就关键事实比对来看，显然差异性大于相似性，于此，法官排除了对指导性案例 24 号的参照适用。

## 二、完整呈现指导性案例辅助法律规则涵摄待判案件过程

如前所述，当指导性案例与待决案件之间就关键事实比对相似性为主时，指导性案例中的裁判规则即可适用于待决案件。由此，完整呈现指导性案例辅助法律规则涵摄待判案件形成裁判结论过程就成为裁判文书论证说理的重要内容。

（一）呈现指导性案例辅助法律规则涵摄待判案件过程的基本要求

在成文法体制下，指导性案例所创制的是裁判规则。这种裁判规则是成文法的细则化，"是从案例中所提炼出来的法律适用解释性规则、法律规范补充性规则或者关于事实认定和法律适用等的裁判方法。"② 它具有弥补成文法的抽象性与一般性的特殊功能，因而具有独立的存在价值。实践中，法官在根据司法三段论进行法律适用时，并不像概念法学所说的像自动售货机一

---

① 参见河南省新乡市中级人民法院 2016 豫 07 民终 2122 号民事判决书。
② 孙海龙、吴雨亭：《指导案例的功能、效力及其制度实现》，载《人民司法》2012 年 13 期。

样地适用法律，而是在创造性地适用法律。这种创造性主要表现为将抽象的、一般的法律规范转化为适合于个案的裁判规则。裁判规则形成的过程，是法官对法律规范进行解释的过程，也是法官进行演绎推理的过程。由于这一推理以法律规范为逻辑起点，因而推导出来的裁判规则是在法律规范体系之内的。如果说这是一种造法，那么它与立法是完全不同的。因此，与其说是造法，不如说是发现法律。相对于立法的设计生成规则，裁判规则的形成机制更接近于自然生成规则。可以说，裁判规则是司法裁量的必然结果。裁判规则对于个案纠纷的解释具有直接的、实际的效力，因而是判决的根据。与此同时，裁判规则又具有一般化特征，因而具有被此后判决的可参照性。[①] 因为当"如新创立的裁判规则为嗣后的法官们所维持，因此在法律生活中被遵守的话，那么该新造的裁判规则即获得了普遍化的法律效力，即事实上成为一条明确的法律规范，并可直接适用于与当前案件相似的案件，而无须再引用在证立过程中所引用的其他支持规则。"[②] 由此，指导性案例作为这种裁判规则的制度载体，要想在司法实践中发挥作用，就需要在司法裁判中将制定法规范与指导性案例中的裁判要点有机融合，针对具体案件构建裁判规则，作为裁断待判案件的基本法律依据。于此，对制定法规范与指导性案例中裁判要点有机融合过程的逻辑呈现，有利于说服相关主体认同对指导性案例的参照适用，接受以制定法规范与裁判要点融合建构的裁判规则作为法官裁断案件的基本依据。

如果说制定法规范与裁判要点有机融合构建裁判规则的过程相当于法律论证外部证成的过程，那么用裁判规则涵摄待判案件得出裁判结论的演绎过程则相当于法律论证内部证成的推理表达。因此，在对制定法规范与指导性案例中裁判要点进行有机融合后建构裁判规则过程的逻辑呈现基础上，还需要呈现用裁判规则涵摄待判案件所得出裁判结论的演绎过程，如此才能完整展示指导性案例在裁判文书中参照的说理论证过程，才能更好地说服当事人及相关主体接受参照指导性案例作出的裁判结论。"案例指导制度的目的不

---

① 陈兴良主编：《中国案例指导制度研究》，北京大学出版社 2014 年版，第 34 - 35 页。
② 张其山：《司法三段论的结构》，北京大学出版社 2010 年版，第 110 页。

是扼杀法官的自由裁量权，而是通过提高法官的司法技术和规范理性来实现法律适用的基本一致，让法官的自由裁量权处于法律的约束之中。而这种约束机制是通过要求法官在判决理由中论证其裁判符合法律精神来实现的。仔细分析一些被指责为'同案不同判'的案件，人们批评的焦点主要不是判决结果的不一致，而是判决理由的不充分。故案例指导制度实现'同案同判'的路径，不是为法官提供裁判的'模子'，而是为法官提供理解法律、解释法律和正确适用法律的思维方法和司法技术。事实上，就对法官自由裁量权的约束而言，要求法官为他的每一个裁判结论充分论证，要比要求法官简单说明是否参照了某一个指导性案例更有实质意义。"[1] 因此"作为一种统一法律适用的机制，案例指导制度的适用条件不应局限于'缺乏明确具体的制定法规范'。即使有明确具体的制定法规范，法官也需注意相关的指导性案例，以确保责任认定等具有较大裁量空间的事宜得到合理裁判。"[2] 由此，指导性案例适用的主要价值在于沟通抽象法律规则与具体案件事实，在裁判文书中充分说理论证，以此规制法官自由裁量权、说服相关法律主体接受最终裁判结论。在这一过程中，参照指导性案例说理论证的关键在于辅助相关法律条文、指导性案例裁判要点、具体案件事实之间实现有效对接，构建针对待判案件的裁判规则；在此基础上，最终通过演绎推理将裁判规则适用于待判案件从而形成裁判结论。由此，从说理论证角度来看，在参照指导性案例背景下，用裁判规则涵摄待判案件得出最终裁判结论也应成为裁判文书参照指导性案例方式的又一重要内容。

（二）呈现指导性案例辅助法律规则涵摄待判案件过程的实例解析

在中国人寿财产保险股份有限公司遵义市中心支公司与王某、张某机动车交通事故责任纠纷一案中，针对伤残等级是否应当扣减原告自身因素部分的诉讼争议，一审裁判参照指导性案例 24 号进行了论证："关于伤残等级是否应扣减原告自身因素部分的问题。根据最高人民法院 24 号指导性案例原告荣某某诉被告王某、永诚财产保险股份有限公司江阴支公司机动车交通事故

---

① 吴英姿：《谨防案例指导制度可能的"瓶颈"》，载《法学》2011 年第 9 期。
② 徐昕：《迈向司法统一的案例指导制度》，载《学习与探索》2009 年第 5 期，第 157-164 页。

责任纠纷案之精神，交通事故的受害人没有过错，其体质状况对损害后果的影响不属于可以减轻侵权人责任的法定情形。故应严格按照九级伤残计算损失为24579.64×20×20%＝98318.56元。"① 一审宣判后，中国人寿财产保险股份有限公司遵义市中心支公司上诉称："王某经过医院检查鉴定目前损害后果为外伤及自身疾病共同导致，伤残等级应该按照一般进行计算。"

因此，针对王某个人体质状况对交通事故导致的伤残是否应当负相应责任的争议，二审法院参照指导性案例再次进行了详细的说理论证。"《中华人民共和国侵权责任法》第二十六条规定：'被侵权人对损害的发生也有过错的，可以减轻侵权人的责任'，《中华人民共和国道路交通安全法》第七十六条第一款第（二）项规定，机动车与非机动车驾驶人、行人之间发生交通事故，非机动车驾驶人、行人没有过错的，由机动车一方承担赔偿责任；有证据证明非机动车驾驶人、行人有过错的，根据过错程度适当减轻机动车一方的赔偿责任。因此，交通事故中在计算残疾赔偿金是否应当扣减时应当根据受害人对损失的发生或扩大是否存在过错进行分析。本案中，交通事故认定书已明确张某负事故全部责任、王某无责任。同时，最高人民法院指导性案例24号的裁判要点载明，交通事故的受害人没有过错，其体质状况对损害后果的影响不属于可以减轻侵权人责任的法定情形。因此，虽然王某的个人体质状况对损害后果的发生具有一定的影响，但这不是侵权责任法等法律规定的过错，王某不应因个人体质状况对交通事故导致的伤残存在一定影响而负相应责任。"②

就二审裁判参照指导性案例24号说理论证来看，首先，法官将《中华人民共和国侵权责任法》《中华人民共和国道路交通安全法》相关法条进行融贯，明确："交通事故中在计算残疾赔偿金是否应当扣减时应当根据受害人对损失的发生或扩大是否存在过错进行分析。"在此基础上，与指导性案例24号裁判要点有机融合，形成了针对待判案件的裁判规则：在交通事故伤残等级认定中是否应当扣减原告自身因素部分问题上，交通事故受害人自身如

①　参见贵州省遵义市汇川区人民法院（2016）黔0303民初3496号民事判决书。
②　参见贵州省遵义市中级人民法院（2017）黔03民终3216号民事判决书。

果没有侵权责任法等法律规定的过错，其体质状况对损害后果的影响不属于可以减轻侵权人责任的法定情形。其次，以形成的裁判规则为推理大前提，以待判案件具体事实为推理小前提——"交通事故认定书已明确张某负事故全部责任、王某无责任"，用裁判规则涵摄待判案件具体事实推理演绎出裁判结论："虽然王某的个人体质状况对损害后果的发生具有一定的影响，但这不是侵权责任法等法律规定的过错。王某不应因个人体质状况对交通事故导致的伤残存在一定影响而负相应责任。"由此，二审裁判立足外部证成，通过制定法规范与裁判要点有机融合首先构建起裁断案件的裁判规则，在此基础上，从内部证成出发，用裁判规则涵摄待判案件，最终参照指导性案例24号得出了针对伤残等级是否应当扣减原告自身因素部分争议的裁判结论。

总之，在指导性案例制度基本功能定位于司法裁判论证说理背景下，如何在裁判文书中充分发挥指导性案例说理论证功能成为裁判文书参照指导性案例方式研究关注的主要问题。由此，围绕裁判文书运用指导性案例说理论证进行表达因素选择、文本结构设定就成为贯穿裁判文书参照指导性案例方式研究的两个主要论题。从表达因素来看，指导性案例的规则创新和文本表述因素、法官的价值倾向、概括能力与审判经验因素、当事人提出参照指导性案例的动机与能力因素成为裁判文书中参照援引指导性案例论证说理需要关注的主要因素。在此基础上，为了充分发挥参照援引指导性案例说理论证功能，在指导性案例参照援引文本结构设定上，从总体来看，裁判文书中参照指导性案例进行说理论证不仅需要在形式上表明对指导性案例的参照适用，更重要的在于呈现以指导性案例为论证理由论证裁判结论的过程。因此，裁判文书中参照指导性案例说理论证包括两大部分：一是裁判文书参照指导性案例的规范表达形式，这部分主要从指导性案例制度规范方面进行论证，既主动表明对指导性案例的参照适用，又对当事人参照诉求予以明确回应；二是裁判文书参照指导性案例的有效实体内容，这部分首先探讨关键事实比对，在此基础上辅助论证抽象法律规则与待判案件事实之间沟通、涵摄，助力裁判结论为各方接受与实现。具体到裁判文书参照指导性案例的规范表达部分，立足司法者立场，裁判文书参照指导性案例既需要主动表明对指导性案例的参照适用；又需要对当事人参照指导性案例的诉求予以明确回应；具体到裁判文书参照指导性案例的有效实体内容部分，在明确关键事实与法律适用之间主从关系基础上，基于法律论证外部证成与内部证成的结构分析，裁判文书参照指导性案例既需要呈现制定法规范与裁判要点有机融合中构建裁判规则的外部证成过程，也需要呈现裁判规则涵摄案件事实形成判决结论的内部推演过程。由此，涵盖形式与内容、逻辑条理、层次分明的裁判文书参照援引指导性案例的说理论证结构基本形成，这一文本结构既遵循了参照援引指导性案例的形式规范要求，也有利于实现参照援引指导性案例的论证说理功能，可以有效增强司法裁判的释法说理功能，助力司法裁判被当事各方理性接受与实现。

# 后 记

　　案例指导制度创设的时间并不长，对于已经非常习惯于适用制定法规则的法官来说，这是一项崭新的制度。很多法官对案例指导制度仍然不够熟悉，在裁判文书中自觉运用指导性案例的比例也不高，因此，案例指导制度并未获得预期中的良好效果。其中，如何参照指导性案例是整个案例指导制度运行中的核心环节，而法官们恰恰对此环节尤为陌生。基于此种现状，在借鉴古今中外经验的基础上，本书集中对指导性案例的参照问题进行了初步探索，以期为相关司法实践提供理论参考。案例指导制度仍然处于初创阶段，对其展开的研究也才刚刚起步，本书的合作者也以青年学者为主，他们是：

　　孙光宁，山东大学（威海）法学院教授，博士生导师。

　　侯晓燕，山东大学（威海）法学院博士研究生。

　　孙　跃，山东大学（威海）法学院博士研究生。

　　贾建军，山东大学（威海）法学院博士研究生。

　　雷槟硕，上海交通大学凯原法学院博士研究生。

　　张　华，山东大学法学院硕士研究生。